Frank Riemensperger | Svenja Falk

NEUES WAGEN

Frank Riemensperger | Svenja Falk

NEUES WAGEN

Deutschlands digitale Zukunft
zwischen den USA und China

REDLINE | VERLAG

Bibliografische Information der Deutschen Nationalbibliothek
Die Deutsche Nationalbibliothek verzeichnet diese Publikation in der Deutschen Nationalbibliografie. Detaillierte bibliografische Daten sind im Internet über http://dnb.d-nb.de abrufbar.

Für Fragen und Anregungen
info@redline-verlag.de

1. Auflage 2021

© 2021 by Redline Verlag, ein Imprint der Münchner Verlagsgruppe GmbH
Türkenstraße 89
D-80799 München
Tel.: 089 651285-0
Fax: 089 652096

Umschlaggestaltung: Karina Braun
Umschlagabbildung: dobrodzei/Shutterstock
Satz: Carsten Klein, Torgau
Druck: GGP Media GmbH, Pößneck
Printed in Germany

ISBN Print 978-3-86881-807-9
ISBN E-Book (PDF) 978-3-96267-245-4
ISBN E-Book (EPUB, Mobi) 978-3-96267-246-1

Weitere Informationen zum Verlag finden Sie unter

www.redline-verlag.de

Beachten Sie auch unsere weiteren Verlage unter www.m-vg.de

Inhalt

Einleitung

Es ist Zeit. Es ist sogar höchste Zeit. Wir sollten – nein, wir müssen NEUES WAGEN! In diesem Jahrzehnt nämlich wird sich die Zukunft Deutschlands entscheiden, wird sich auch zeigen, ob die Europäische Union dem geopolitischen Druck standhält, vielleicht sogar neue Stärke entwickelt. Mit den USA und China nämlich positionieren sich zwei neue Gegenspieler, die um Vorherrschaft in der Welt ringen – um technologische Vorherrschaft. Die Fähigkeit, Innovation zu skalieren ist es, die künftig darüber entscheiden wird, wie die Welt regiert wird und wer schließlich dabei das Sagen hat.

Die Covid-19-Pandemie hat das mehr als deutlich gezeigt: Ohne digitale Technologien ist die moderne Welt nicht überlebensfähig. Zu verflochten sind Absatzmärkte und Produktion, zu mobil die Gesellschaften, zu komplex die Infektionswege und zu knapp die Zeit, um neue Therapien und Impfstoffe gegen einen bis dato unbekannten Erreger zu entwickeln. Diejenigen Nationen, die von Anfang an konsequent digitale Technologien einsetzten, um die Krise zu begrenzen, haben deshalb die geringsten Opferzahlen zu beklagen. Deutschland, das sich mit seinem hohen Niveau an wissenschaftlichem Sachverstand und Medizintechnik relativ gut geschlagen hat, hat daraus gelernt. Da es an der Digitalisierung im Gesundheitswesen leider noch »gehapert« habe, so CDU-Gesundheitsminister Jens Spahn im August 2020, investierten Bundesregierung und Krankenkassen nun die Rekordsumme von 4,3 Milliarden Euro in den Ausbau der Notfallversorgung, vor allem deren digitale Basis.

Deutschland hat einiges aufzuholen, denn die Exportnation hat sich zu lange auf den bewährten Ruf und die Qualität ihrer Produkte verlassen. Der Erfolg hat träge gemacht, und zu spät wurde erkannt, dass es schon längst nicht mehr ausreicht, immer nur noch besser und schneller werden zu wollen. Die Industrie braucht stattdessen völlig neue Geschäftsmodelle und Kooperationen in digitalen Ökosystemen. Um diese Entwicklung zu machen, benötigt sie aber auch eine digitale Infrastruktur – den Ausbau von Breitbandversorgung und 5G, den Voraussetzungen für das Industrielle Internet und die Nutzung von Daten als Rohstoff für neue Ideen und Lösungen. Sie braucht eine klare politische Linie und staatliche Förderung – nicht nur finanziell, sondern auch als tägliche Praxis des *eGovernment*.

Weiteres Zögern ist nicht mehr hinnehmbar. Die jüngste Geschichte nämlich zeigt, wie schnell sich die Welt wandelt und wie rasch der Titelverteidiger Deutschland in der zweiten Liga landen könnte. Erst rund drei Jahrzehnte ist es her, dass hier die Mauer fiel und die Blockpolitik mit dem Zusammenbruch des Kommunismus beendet schien. Internet und Computer brachten die ganze Welt einander näher. Die Kräfte des Marktes und der kapitalistischen Wirtschaft hatten gesiegt, die New Economy löste geradezu einen Goldrausch aus. Eine neue Generation von Unternehmern eroberte mit kreativen Geschäftsideen die Szene, doch viele konnten sich nicht lange am Firmament halten. Gleichzeitig führte die entfesselte Welt zu einem spektakulären Aufstieg der Mittelschicht und zum wirtschaftlichen Aufstieg in vielen Teilen der Erde.

Doch nach der Jahrtausendwende wurde die Euphorie der Globalisierung bereits von Zerfallserscheinungen überschattet: dem Beben der Banken und der folgenden internationalen Schuldenkrise. Terrororganisationen begannen ihren asymmetrischen Krieg, soziale Netzwerke brachten die traditionsreichen klassischen Medien in Bedrängnis – die größte Revolution der Öffentlichkeit seit der Erfindung der Druckerpresse. Große digitale Plattformunternehmen wie Amazon oder Google eroberten die Poleposition der Weltwirtschaft, quer zu allen Grenzen und Hierarchien. Digitale Newcomer überholten in kürzester Zeit an der Börse Traditionsunternehmen, die viele Jahrzehnte an ihrem Aufstieg gearbeitet hatten. Disruption wurde zum hässlichen Synonym von »digital«.

Dabei wird leicht übersehen, dass in jeder Krise die Chance für einen Neuanfang steckt, und manchmal erst der Zusammenbruch überalterter Strukturen den Weg für neue Ideen bahnt. Ein Blick nach China zeigt, wie unbelastet durch frühere Erfolge sich dort neue Geschäftsmodelle in Industrie und Wirtschaft durchsetzen konnten. Im sogenannten Leapfrogging überspringen Innovationen dort technologische Zyklen – zum Beispiel die Phase der stationären Computer: China hat so mit einem Satz das mobile Zeitalter erobert. Auf diese Weise konnte der frühere *Low-Cost*-Produzent in kurzer Zeit in der Klasse der *High-End*-Hersteller landen. Chinesen sind neugierig, flexibel und optimistisch. Ihre Geschäftsmodelle sind simpel, digital und skalierbar. Natürlich spielen dabei die staatliche Unterstützung und der Datenfluss eine große Rolle, der mehr oder weniger ungebremst erfasst und der Industrie zur Verfügung gestellt wird.

Dass Deutschland und Europa andere Vorstellungen von demokratischen Rechten haben als China ist selbstverständlich. Doch die hiesige Debatte über Datenschutz fällt ideengeschichtlich in das vergangene Jahrhundert. So wie er zum Beispiel aus dem deutschen Grundgesetz abgeleitet wird, dient er ausdrücklich dem Schutz der individuellen Privatsphäre und berücksichtigt in keiner Weise das Potenzial, das die Digitalwirtschaft zum Nutzen der Allgemeinheit aus dem Rohstoff Daten freisetzen könnte. Diese Diskussion muss neu geführt werden und zwar rasch – denn ohne Daten gibt es keine neuen Geschäftsmodelle und keinen Fortschritt.

Hinzu kommt, dass Deutschland sich wieder einmal in der Pufferzone zwischen zwei Großmächten befindet – nur dass sich der atlantische Partner USA zusehends aus Europa und der Nato zurückzieht und seine Interessen eher in die pazifische Region verlagert. Wie politisch und wirtschaftlich souverän kann Deutschland, kann Europa ohne den *Big Brother* sein, und welche technologischen Voraussetzungen sind dafür nötig? Das Internet wird sich über kurz oder lang teilen, so die Prognosen, in eine westliche und eine asiatische Hälfte, dominiert von den USA bzw. China. Dabei geht es nicht nur um Auseinandersetzungen wie um die auch in Amerika sehr erfolgreiche Kurzvideoplattform TikTok, die auf Druck der US-Regierung den Besitzer wechseln soll. Es geht auch um Sicherheitsrisiken, wie sie die USA in der Beteiligung des chinesischen Mobilfunkherstellers Huawei am 5G-Netz sehen, dem internationalen Marktführer auf diesem Sektor. Und es geht um technologische Schnittstellen und Standards, die enorme Bedeutung für die physische Welt haben, die zunehmend digital betrieben wird.

Wo findet sich Deutschland in diesem *Tech War* wieder? Hier, zwischen Scylla und Charybdis, kommt die Frage nach der technologischen Souveränität Europas ins Spiel: Können wir es uns noch länger leisten, von einer kleinen Anzahl von Cloud-Anbietern abhängig zu sein? Müssen wir uns als Exportnation entscheiden, wen wir künftig mit unseren Produkten beliefern? Kann man ohne China überhaupt noch Geschäfte machen? Wollen wir das und unter welchen Voraussetzungen? Auf welchem Gebiet können wir der Macht der amerikanischen und chinesischen Hyperscaler, Cloudanbietern wie Google oder Alibaba, etwas entgegensetzen?

Ohne europäische Einigung und ohne Bündelung der wirtschaftlichen Kräfte in der EU werden sich diese Fragen nicht beantworten lassen. Wir brauchen also eine tabufreie und ungeschminkte Auseinandersetzung über die wirtschaftliche und politische Zukunft Europas. Wir brauchen mutige Ideen, wie beispielweise den Vorschlag, ein militärisches Cyber-Abwehrsystem unter Beteiligung von Airbus auf einer zweiten Schiene auch für die Industrie nutzbar zu machen. Wir brauchen ehrgeizige Ziele wie das, ein europäisches Hochgeschwindigkeits-Internet durch ein eigenständiges Satellitennetz zu ermöglichen.

Die enormen Investitionen und Kredite, die jetzt den Sturzflug der Wirtschaft als Folge der Pandemie abfangen sollen, zeigen, dass die Gefahren erkannt werden und die Bereitschaft zu handeln da ist. Diese Finanzleistungen müssen auf der europäischen Ebene mit dem *Green Deal* und seinem Aktionsprogramm für Kreislaufwirtschaft verschränkt werden, die ein digitaler Innovationshub sind. Nur die Verbindung von der analogen mit der digitalen Welt kann die Probleme einer Welt lösen, in der Rohstoffknappheit, Klimawandel und nicht zuletzt planetare Gesundheit die wichtigsten Herausforderungen geworden sind. Dafür brauchen wir intelligente Infrastruktur. Aus *Made in Germany* muss *Made in* und *Operated by Germany* werden. Nur das kann der deutschen Wirtschaft neue Wertschöpfungspotenziale eröffnen und unser Land in die Zukunft führen.

KAPITEL 1

Zeitenwende: das Ende der westlichen Dominanz?

Die Pandemie als Wendepunkt

Covid-19 verändert die Welt

Anfang Dezember 2019 erkrankten vier Personen im chinesischen Wuhan an einer Art Grippe. Das fiel kaum auf in einer Elf-Millionen-Stadt, deren Bahnhof täglich von Tausenden Menschen frequentiert wurde, die hierher zur Arbeit kamen, in andere Teile Chinas weiterreisten oder einkaufen wollten. Der beliebte *Seafood Market* war nur zwei Straßen von dem Verkehrsknotenpunkt entfernt.

Ende des Monats gab es bereits Dutzende von Fällen einer viralen Lungenentzündung in Wuhan. Sie sprach nicht auf die üblichen Behandlungsmethoden an. Nach heutiger Schätzung waren es damals bereits mindestens 1000 Kranke, von denen jeder zwei oder drei weitere Menschen ansteckte. Am 31. Dezember informierte China die Weltgesundheitsorganisation von einer Epidemie, die man jedoch unter Kontrolle habe. Währenddessen machten sich Hunderte Millionen Chinesen auf, um mit ihren Verwandten und Freunden das chinesische Neujahrsfest zu feiern. Allein am 1. Januar verließen 175 000 Menschen die Stadt, konnte später aus Mobilfunkdaten rekonstruiert werden.[1]

Rasch bahnte sich die Infektion in China ihren Weg. Aber nicht nur dort. Rund 900 Menschen fuhren Anfang Januar nach New York, 2200 nach Sidney, 15 000 nach Bangkok. In Tokio, Seoul, Singapur und Hongkong wurden die ersten Fälle der rätselhaften Erkrankung gemeldet. Später stellte man fest, dass – damals unerkannt – schon vorher erste Infektionen in Europa existierten. Aber erst am 31. Januar 2020 wurden Reisen von und nach Wuhan untersagt.

Der Rest der Geschichte ist bekannt: mehrere Millionen infizierter Menschen, viele Tote – die noch offene Bilanz einer Pandemie, wie sie seit der Spanischen Grippe von 1918 nie wieder in diesem

Ausmaß aufgetreten war – und hoffentlich, so die Lehren daraus gezogen werden – auch nie wieder auftreten wird.

Die zwei Gesichter der Globalisierung

Für viele Menschen war nicht nur die gesundheitliche Bedrohung ein Schock. Sondern vor allem auch die Tatsache, dass die gesamte globale Weltordnung auf den Kopf gestellt wurde. Die volks- und betriebswirtschaftlichen Lehrbücher müssen in Zukunft den bekannten Konjunkturzyklen einen bis dato neuen hinzufügen: den vollständigen Stillstand einer Volkswirtschaft. Statt freiem Warenverkehr und Reisefreiheit gab es plötzlich geschlossene Grenzen. Ausgangsbeschränkungen und Lockdowns schränkten das öffentliche Leben und auch die individuelle Selbstbestimmung ein. Waren, auch wichtige Medikamente, blieben aus, weil die Lieferketten unterbrochen waren. Gemüse verrottete auf den Feldern, weil die Erntehelfer ausblieben. Der Tourismus kam zu einem völligen Stillstand. Auch wurde deutlich, wie fragil eine Wirtschaft ist, die ihre Güter rund um die Welt transportiert, teilweise mit einem Energieaufwand, der angesichts der Klimaveränderung schon längst nicht mehr vertretbar ist. Mitten in der Krise wurde die Welt aber auch ein Stück lebenswerter: Satellitenbilder zeigten, wie schnell die Luft über den urbanen Zentren klar wurde. Delfine eroberten im Mittelmeer die verlassenen Hafenstädte zurück. »Wir sollten uns nicht nur um die akute Bedrohung kümmern«, so der Historiker Yuval Harari, »sondern auch überlegen, in welcher Art von Welt wir leben wollen, wenn der Sturm vorbei ist«.[2]

Technologie als Scheidepunkt

In der Welt von morgen werden es digitale Technologien sein, die mehr denn je das Leben bestimmen – Wirtschaft und Kultur, Politik und Gesellschaft, Wissenschaft und Gesundheit. In bisher ungekannter Weise verdichten und beschleunigen sie die Entwicklung dieses Planeten bis zu einem Punkt, wo es darum geht, dessen Überleben zu sichern – neue Optionen zu finden angesichts von Ressourcenknappheit und Klimawandel. Diese ungeheure Dynamik konnte erst im letzten Jahrzehnt des vergangenen Jahrtausends einsetzen, als die Erstarrung zwischen West und Ost sich löste und einem multifokalen Denken Platz machte. Digitale Technologien vernetzten nun die Welt – quer zu physischen Grenzen und mentalen Ideologien. Ihr Fokus wandelte sich von Optimierung und Landkarten hin zu Analysen, Innovation und Gestaltung. Diejenigen Nationen, die das verstanden hatten und mutig auf die neuen Technologien setzten, machten einen riesigen Sprung – das beweist die ambitionierte Entwicklung Asiens. Die Globalisierungseuphorie, zeigt sich, war nur eine Zwischenphase auf dem Weg zu einer neuen Weltordnung –mit einem starken Kontinentaldrift in Richtung Asien. Seine technologischen Ambitionen machen nun China zum zentralen Player – in Konkurrenz mit den USA.

Die Krise als Katalysator

Die internationalen Organisationen, größtenteils auf amerikanische Initiative nach dem Zweiten Weltkrieg geschaffen, um eine gemeinsame Richtung vorzugeben, haben schon lange keinen wirklichen Einfluss mehr. Die festgefahrene Welthandelsorganisation WTO, die Machtlosigkeit der Vereinten Nationen und die finanzielle Abhängigkeit der Weltgesundheitsorganisation WHO sind nur die prominentesten Beispiele. Auch die zwischenstaatlichen Vereinbarungen der Pariser Klimakonferenz von 2016 sind weit davon entfernt, eingehalten zu werden. Wichtige internationale Verträge, zum Beispiel zu Abrüstung und Handel, werden gekündigt. Der Nordatlantikpakt gerät in Schieflage, da das wichtigste Mitglied, die USA, den Fokus seines Interesses längst auf die andere Seite der Erde, den Pazifik, gerichtet hat (siehe Seite 41).

Das dramatische Kopf-an-Kopf-Rennen der beiden Kandidaten während der US-Wahl 2020 machte deutlich, dass sich die Polarisierung der Politik, innen- wie außenpolitisch, fortsetzt.

Diese globale Unsicherheit führt dazu, dass viele Länder beginnen, sich vor allem um sich selbst zu kümmern. Internationale Solidarität ist zunehmend zum Fremdwort geworden. Auch der ehemals führende Westen scheint sich nicht mehr auf gemeinsame Werte einigen zu können, Allianzen bröckeln. Die Europäische Union ist nach den Worten eines ihrer Protagonisten, Jacques Delors, in Gefahr unterzugehen.[3] Auch im virtuellen Raum entstehen immer mehr abgeschottete Sphären: Das *World Wide Web* zerfällt zusehends in zwei Domänen, die von den rivalisierenden Mächten China und USA beherrscht werden. China hat unter seinem Staatspräsidenten Xi Jinping neues Selbstbewusstsein erlangt und will mithilfe technologischer Innovationen an die historische Großmachtrolle des Landes anknüpfen. Die USA als ehemaliger »Architekt und Bauherr« einer globalen Weltordnung, wie Sigmar Gabriel das nannte[4], ziehen sich auf nationale Werte zurück und schotten sich zunehmend ab. In diesem Systemwettbewerb, der auch als *Tech War* bezeichnet wird, geht es um die technologische Vorherrschaft. Deutschland und Europa müssen sich in diesem Spannungsfeld politisch und wirtschaftlich neu aufstellen und dringend ihr Technologiedefizit wettmachen.

Innovation in Rekordgeschwindigkeit

Covid-19 hat hier für mehr Tempo gesorgt: Längst fällige Infrastrukturen und Investitionen konnten plötzlich mobilisiert werden und haben Deutschland ein Stück weiter in die Zukunft katapultiert. Bis dato konnten im internationalen Vergleich die gesundheitlichen Folgen auch bei hohen Fallzahlen in Grenzen gehalten werden. Trotz föderalen Hickhacks und Abstimmungsproblemen hat Deutschland in diesen Zeiten der enormen Unsicherheiten

seine Stärken wieder einmal bewiesen. Obwohl als Hochrisiko-
gebiet eingestuft, gelang es, durch vorausschauende Planung die
befürchtete Überlastung des Gesundheitssystems zu vermeiden.
Pensionierte Ärzte, Medizinstudenten, Bundeswehr und zusätzliche Pflegekräfte wurden mobilisiert. Bis zu zehn Milliarden Euro
wurden in Hilfspaketen für Krankenhäuser und Kliniken zugesagt,
um die Intensivkapazitäten in kurzer Zeit zu verdoppeln, auf rund
55 000 Betten.[5] In kürzester Zeit wurde eine digitale Plattform geschaffen, über die Intensivpflegeplätze bundesweit verwaltet und
gesucht werden können. Das hat mit dazu beigetragen, dass die
Letalitätsraten im internationalen Vergleich niedrig blieben.

Die Infektionsraten konnten so weit gedrückt werden, dass das
doppelte Risiko von saisonaler Grippe plus Covid-19 im Frühjahr
2020 weitgehend entkoppelt wurde. Im Gegensatz zu vielen anderen Ländern kann in Deutschland auch umfangreich getestet
werden. Eine Panne in Bayern im August 2020, bei der die Test-
ergebnisse von Urlaubsrückkehrern nur mit großer Verspätung
übermittelt wurden, weil die passende Software fehlte, zeigte nur,
wie wichtig die Digitalisierung im Gesundheitswesen längst ist.
Pharmaunternehmen wie Bayer setzten stillgelegte Produktionslinien von Medikamenten wieder in Gang. Ein neues Infektions-
schutzgesetz »bei einer epidemischen Lage von nationaler Trag-
weite« soll auch beim föderalen Thema Gesundheit im Krisenfall
für bundesweit einheitliches Handeln sorgen.

Deutschland kann mehr!

Einen weiteren Innovationsruck stellte die Ausweitung digitaler
Kommunikation dar, zum Beispiel mit Homeoffice-Plätzen: Anfang
Mai 2020 arbeiteten laut der Mannheimer Corona-Studie, in der
täglich über 500 Menschen befragt werden, rund 23 Prozent der
deutschen Arbeitnehmer im Homeoffice.[6] »Dass mobiles Arbeiten
und mobiles Lernen zum Standard werden könnten, schien bislang

undenkbar. Jetzt aber werden wie unter einem Brennglas die immensen Potenziale sichtbar, die digitale Technologien grundsätzlich bieten – im Kampf gegen das Virus wie auch in der Reduzierung des Berufsverkehrs und verkehrsbedingter Emissionen. Alle Unternehmen sind gefordert, Homeoffice für die dafür geeigneten Tätigkeiten einzuführen. Die Politik muss das Arbeitsrecht zwingend modernisieren, etwa indem aus der Zeit gefallene Regelungen wie die elfstündige ununterbrochene Mindestruhezeit gestrichen und der starre Acht-Stunden-Tag durch eine wöchentliche Höchstarbeitszeit ersetzt werden«, so Bitkom-Präsident Achim Berg.[7] Drei Viertel aller Arbeitnehmer sind nach Umfragen des Bundesverbands Digitale Wirtschaft bereit, in einem Homeoffice zu arbeiten, mehr als die Hälfte würden es sogar sehr begrüßen. Etwa die Hälfte der Arbeitnehmer gehen auch davon aus, dass ihr Arbeitgeber dafür technisch bereit ist.[8]

Selbst die über Jahrzehnte digitalisierungsresistenten Schulen und Universitäten sind während der Pandemie auf Onlinekurse umgestiegen. Holprig – aber ein Anfang. Gerade im Bereich der Bildung ist noch einiges zu tun, denn sie ist das Herzstück von Wettbewerbsfähigkeit und Lebensqualität.

Unternehmen haben die Besprechungen ihrer Mitarbeiter durch Videokonferenzen ersetzt. Entertainment-Anbieter wie Netflix, YouTube, Amazon und Disney haben auf Initiative der Bundesregierung ihre Streamingqualität reduziert, um die Netzkapazitäten nicht zu überlasten. Die Bundesnetzagentur hat sich mit den vier großen nationalen Netzbetreibern sowie den lokalen Glasfaseranbietern M-net und NetCologne in Verbindung gesetzt, um die Kommunikationsnetze in Gang zu halten.[9] Der Wunsch nach ausreichenden Kapazitäten wird hoffentlich den in Deutschland immer noch schleppenden Breitbandausbau befördern und auch für breite Akzeptanz der 5G-Netze sorgen. Das Internet der Dinge könnte dadurch ein gutes Stück näher rücken. Deutschland kann also weit mehr, als es bisher zu leisten gewillt war.

Datenschutz neu gedacht

Die informationelle Selbstbestimmung wird unter dem Eindruck der Dynamik der Entwicklung der Pandemie neu überdacht. Ursprünglich in der Verfassung verankert als Kernbereich der Privatsphäre wird die Nutzung von Telekommunikationsdaten plötzlich zur öffentlichen Angelegenheit und zu einer, die andere Menschen schützen kann. In China, aber auch im demokratischen Südkorea ist das Smartphone zum wichtigen Instrument des *Tracing* geworden, das langfristig hilft, Infizierte und ihre Kontakte aufzuspüren, um die Infektionsketten zu unterbrechen. Das verändert die Einstellung gegenüber der Nutzung von Daten. Das Robert-Koch-Institut hat zum Beispiel eine »Datenspende«-App auf den Markt gebracht, die über Fitness-Tracker und Smartwatches die freiwillige Übermittlung von Vitaldaten wie Blutdruck und Temperatur ermöglicht, anonymisiert, aber geografisch verortet.

Einen anderen Ansatz verfolgt die deutsche Corona-Warn-App der Bundesregierung, die über Bluetooth-Funktechnik Abstände zwischen den Usern misst und so feststellt, ob jemand in Kontakt mit Infizierten gekommen ist. Nur deren Daten sind – mit Zustimmung der Betroffenen – auf einem zentralen Server gespeichert. Die Smartphones rufen immer wieder die aktualisierten und anonymen Listen der Covid-19-Patienten ab und vergleichen diese mit den eigenen Kontakten. Die Daten werden nur auf den jeweiligen Handys gespeichert und nicht auf einem zentralen Server. Alle 15 Minuten soll sich die Bluetooth-ID ändern, um ein darüber hinausgehendes Personen-Tracking zu verhindern.[10]

Auf dem Sprung in die digitale Dekade

Es lernen also alle gerade sehr viel und im Schnelldurchlauf dazu – Politik, Verwaltung, Wirtschaft und die Bürger. Dabei zeichnet sich ab, dass besondere Führungsqualitäten (siehe Seite 168) gefordert sind, um diesen Crashkurs in Zukunft nicht nur mit Bravour zu absolvieren, sondern auch mit Mehrheiten hinter sich in der Praxis umzusetzen, national wie international. Der Internationale Währungsfonds geht im Jahr des Covid-19-Schocks von einem Rückgang der globalen Wirtschaftsleistung um 4,4 Prozent aus, in der Eurozone sogar von 7,6 Prozent (Stand Oktober 2020).[11] Das ist ein weit stärkerer Einbruch als während der Finanzkrise 2009. Damals wurde ein BIP-Rückgang von 0,1% verzeichnet. Gemeinsame Anstrengungen und Finanzinstrumente sind notwendig, um die Wirtschaft weltweit wieder in Gang zu setzen.

Mehr als jedes zweite Land der Welt wandte sich an den Internationalen Währungsfonds mit der Bitte um Hilfe.[12] Die Produktion muss – vielleicht auf Jahre hinaus – unter besonderen Auflagen zum Gesundheitsschutz der Arbeitnehmer gefahren werden. Die internationalen Lieferketten haben bemerkenswerterweise weitestgehend standgehalten, werden aber jetzt zunehmend auf Resilienz überprüft.[13]

Ein Blick in die vergangenen drei Dekaden seit der Wende macht deutlich, wie schnell sich die Welt ändert, und vor welchen Herausforderungen wir in den kommenden Jahren stehen. Vor dreißig Jahren herrschte noch Euphorie wegen des Endes des Kalten Krieges. Zehn Jahre später war die Globalisierung auf ihrem Höhepunkt, doch mit Terror, Investitionsblasen und Finanzkrise zeichneten sich auch Ermüdungserscheinungen ab. In der letzten Dekade vor der Pandemie kehrte dann Ernüchterung ein, auf allen Ebenen. Ist das das Ende der klassischen Demokratien, der freien Märkte? Dieses Buch versucht zu klären, wohin uns dieses kommende Jahrzehnt führen wird, das mit einer weltweiten Gesundheits- und Wirtschaftskrise begann. Es ist nach unserer Überzeugung die entscheidende Dekade, die für Deutschland eine Wende bringen muss – von *Made in* zu *Made in* und *Operated by Germany*. In der digitalen Technologie liegt der Schlüssel für unsere Zukunft.

Die Dekade des Wandels (1990 – 2000)

Drei Jahrzehnte ist es erst her, dass die Welt nach den Zerwürf-
nissen zweier Weltkriege und ihren Folgen zur Ruhe zu kommen
schien. Die Spaltung der Welt durch den ideologischen und politischen Antagonismus zweier Blöcke samt eines ruinösen Wett-
rüstens schien einer neuen, friedlicheren Ordnung zu weichen, in
der die Kräfte des freien Marktes wirkten. Die Wiedervereinigung
Deutschlands stand im Mittelpunkt dieses Wandels. Viele hatten
sie für unmöglich gehalten. Doch letztlich war sie eine Folge des
Zusammenbruchs der Planwirtschaft und der Unfähigkeit der DDR-
Führung, sich auf die von Staatspräsident Gorbatschow geforderte
neue Offenheit des Glasnost einzustellen. Auf den friedlichen und
anhaltenden Protest der Bevölkerung hatte die Honecker-Regie-
rung keine Antwort, und 1989 wurde – in einem bis heute nicht
ganz aufgeklärten chaotischen Akt – die Grenze geöffnet – der Beginn des Mauerfalls. Am 3. Oktober 1990 vereinigten sich die beiden deutschen Republiken, die einander seit ihrer Gründung 1949
nie diplomatisch anerkannt hatten.

Das Ende der Blöcke und die Globalisierung

Die Unabhängigkeitserklärung der baltischen Staaten im Frühjahr
1990 leitete dann auch den Zerfall der Sowjetunion ein. Der sogenannte Augustputsch 1991 in Moskau gegen die Reformen von
Michail Gorbatschow scheiterte. An die Stelle der UdSSR trat die
Gemeinschaft Unabhängiger Staaten (GUS), die einen Teil der früheren Sowjetrepubliken repräsentierte. Der als Reformer geltende
Boris Jelzin wurde erster demokratisch gewählter Präsident Russ-
lands.

Der Zusammenbruch des Kommunismus gab der Idee einer Europäischen Union verstärkt Schubkraft. 1993 vollendete sich mit

dem Vertrag von Maastricht der Binnenmarkt mit dem freien Verkehr von Waren, Personen, Dienstleistungen und Kapital. Die USA, Kanada und Mexiko gründeten 1994 das nordamerikanische Freihandelsabkommen NAFTA. Der Finanzmarkt erlaubte Investitionen rund um die Welt. 1995 trat in Europa das Schengen-Abkommen in Kraft, das Grenzkontrollen weitgehend abschaffte.

Es ist wichtig, sich die ungeheure Dynamik dieser Dekade noch einmal in Erinnerung zu rufen. Als die Sowjetunion und mit ihr die Wirtschaftsordnung von ganz Osteuropa zusammenbrachen, und sich gleichzeitig auch China mit Sonderwirtschaftszonen und Joint Ventures (siehe Seite 67) dem Westen gegenüber öffnete, schien der Sieg des Liberalismus gekommen: Der amerikanische Politikwissenschaftler Francis Fukuyama verkündete das »Ende der Geschichte«;[14] liberale Demokratie und freie Marktwirtschaft hätten sich, so Fukuyama, im politischen Wettbewerb durchgesetzt.

Endlich hatten sich die beiden großen antagonistischen Blöcke aufgelöst, die Schlagbäume geöffnet, und Wohlstand und Weltfrieden schienen ein ganzes Stück näher gerückt. So endete 1994 auch die seit Beginn des Jahrhunderts herrschende Apartheid in Südafrika. Nelson Mandela, der 27 Jahre in politischer Haft verbracht hatte, wurde zum ersten schwarzen Präsidenten seines Landes gewählt. Doch andernorts ließen veränderte Machtverhältnisse bis dahin unterdrückte ethnische Konflikte aufbrechen – wie 1994 in Ruanda beim Völkermord an den Tutsi oder im ehemaligen Jugoslawien, dessen Teilnationen sich in mehreren Kriegen gegenseitig das Erbe Titos streitig machten.

Die Wirtschaft aber war optimistisch. Die Globalisierung verbreitete einen neuen hoffnungsvollen Spirit, den einer neuen Weltwirtschaftskultur. Viele Unternehmen wollten nun grundsätzlich alles internationalisieren: ihre Kunden, ihre Produktion, ihre Finanzierung und ihr Management. Der wachsende Strom grenzüberschreitender Güter und Gelder, Ideen und Menschen sollte drei Jahrzehnte lang die Welt prägen. Er gab der Wirtschaft enorme Schubkraft: 85 Prozent der in den vergangenen 100 Jahren getätigten Investitionen entstanden (inflationsbereinigt) nach 1990.[15]

Radikaler Wandel: Computer und das Internet

Die Dynamik spiegelte sich auch auf der Ebene der technologischen Entwicklung wider. Computerisierung und Kommunikationstechnologien bewirkten seit den 1980er-Jahren einen radikalen Wandel in beinahe allen Lebensbereichen, der sich bis heute fortsetzt. Eine völlig neue Dimension erhielt diese Entwicklung aber erst durch das Internet. Durch Forschungsförderung des amerikanischen Militärs wurde Anfang der 1970er-Jahre das Internet-Protokoll TCP/IT erarbeitet, das Verbindungen auch über Mobilfunk und Satelliten ermöglichte. Im Europäischen Forschungszentrum CERN wurde dann 1989 das *World Wide Web* geschaffen. Das WWW vernetzte die bis dahin verstreuten Informationen im Internet zu einem Hypertext, über den weltweit Computer vernetzt werden konnten. In diesem konnte man bald navigieren und suchen. Das öffnete das WWW für einen viel breiteren Anwenderkreis, zum Beispiel ließ sich darüber eine neue Art von Post verschicken – die ersten E-Mails. 1996 gehörte das Internet bereits zur Massenkultur und zum Ende des Jahrzehnts nutzte es beinahe die Hälfte der US-Bürger; in Deutschland waren es 28 Prozent.[16] Mobiltelefone fanden weite Verbreitung, ab 1997 setzte sich das Messaging mit SMS durch.

Ähnlich eroberten Computer, die kleiner, handlicher und leichter zu bedienen waren, nun auch Privathaushalte. In den 1990er-Jahren setzten sich grafische Benutzeroberflächen durch, und das von Apple geprägte »Schreibtisch«-Konzept wurde zum Industriestandard.[17] Die Windows-Versionen 3.0, 95 und 98 von Microsoft verbreiteten sich rasch, Linux kam ab Mitte des Jahrzehnts als wichtiges Open-Source-Betriebssystem auf den Markt. Farbmonitore galten nun als Standard bei Computern. Bürotechnik- und EDV-Kenntnisse wurden schon zu Beginn der 1990er-Jahre für Angestellte im Büro unabdingbar. Auch in Deutschland wurden nun Roboter in der Fertigung eingesetzt.[18]

Die New Economy

Die technologische Entwicklung ermöglichte ganz andere Geschäftsmodelle – und verlangte sie auch. Die Dynamik der globalen Märkte, vor allem aber auch der technologische Wettbewerb zwangen auch bis dahin erfolgreiche Unternehmen zum radikalen Umdenken und zur Neustrukturierung. Das betraf nicht nur das Personal und den Vertrieb, sondern auch Produktionsweise und Organisation. Auf so gut wie jeder Unternehmensebene sahen sich die Verantwortlichen mit völlig neuen Fragen und Herausforderungen konfrontiert: Das bedeutete Qualitätsmanagement, Optimierung, Downsizing, Outsourcing, Neudefinition der Kernkompetenzen und Business Process Reengineering.

Was unterscheidet die New Economy von der alten, fragte die *Harvard Business Review* damals?[19] Dabei geht es im Kern um eine Wissensrevolution, war die Antwort – neues Wissen, das vermittelt durch die neuen digitalen Technologien keiner Hierarchie mehr folgt, sondern von allen Seiten fließt, von Kunden, Lieferanten, Geschäftspartnern und Kollegen. Die gewonnenen Informationen seien das eigentliche Kapital im Wettbewerb zwischen den Unternehmen und nur wer ihren freien Fluss anrege und gewährleiste, mache einen guten Job. Die wichtigsten Qualitäten dabei seien es, Ängste zu nehmen und Vertrauen zu stärken.

Unternehmen wie Xerox, Boeing, Apple und Motorola begannen also in den 1990ern, ihre Produkte neu um die Konsumenten herum aufzustellen und diese aktiv in die Entwicklung einzubeziehen.

Dienstleistungen wurden immer wichtiger und es wurde zunehmend deutlich, dass die digitale Wirtschaft einer radikal anderen Logik folgt als die der industriellen: Sie ist keine durch Knappheit bestimmte Ökonomie, sondern eine des Überflusses.[20]

Netzwerke als Vorbild

Gleichzeitig machte sich Kevin Kelly, Gründer der Zeitschrift *Wired*, Gedanken zur Netzwerk-Ökonomie. Vor dem Hintergrund der Komplexitäts- und Chaosforschung legte der Digital-Pionier lineare Extrapolationen und Erfolgsmodelle ad acta und forderte stattdessen, sich an den Erfolgsmodellen der Natur zu orientieren, ihrer Flexibilität und Agilität.

In der Netzwerkökonomie ging es laut Kelly nicht mehr bloß um Optimierung, sondern um Innovation. Statt Erfolgreiches weiter zu perfektionieren, müsse der Schritt auf unbekanntes Territorium gemacht werden. Dafür sei am besten gewappnet, wer in Netzwerken agiere und sie stärke, denn sie böten Alternativen, Umwege, Informationen und neue Wertschöpfung. Das alte Wissen hingegen müsse hinter sich gelassen, vielleicht sogar zerstört werden. Und: Das Tempo des Werdens und Vergehens neuer Ideen, Projekte und Produkte, so Kelly, beschleunige sich schneller denn je.[21]

Der Goldrausch der Dotcoms

Das galt auch für die wirtschaftliche Entwicklung: 1995 zum Beispiel wurden in den USA 24 Prozent mehr als im Vorjahr in Computer und Kommunikationstechnologien investiert und das trug zu annähernd einem Drittel des US-Wirtschaftswachstums bei. Der Standard&Poor's Aktienindex legte in zwei Jahren um 65 Prozent zu. »Die US-Wirtschaft«, lobte damals der Wirtschaftsdienst *Bloomberg*, »hat sich einem fundamentalen Wandel unterworfen.«[22] Der

Technologieindex NASDAQ stieg innerhalb von nur vier Jahren von 1000 Punkten (1996) bis auf 5000 Punkte (März 2000).

In den 1990er-Jahren explodierte die Zahl der Internetnutzer weltweit: von 16 Millionen 1995 auf 304 Millionen im Jahr 2000.[23] Das neue Medium ermöglichte bis dahin unbekannte Vertriebsmodelle und eröffnete den Onlinehandel. Eine Firma wie Amazon, ursprünglich für den elektronischen Buchhandel konzipiert, eroberte rasch die unterschiedlichsten Produktsegmente und Verkaufssparten. Damals wurden Risikokapital und Börsengänge der Grundstock für die heutige Wirtschaftskraft einiger der Internetpioniere.

Besonders spektakulär war die Unternehmensgeschichte von Yahoo. 1996 ging Yahoo mit nur 46 Angestellten an die Börse, ein Jahr später war der Aktienwert auf 517 Prozent gestiegen. 1998 verdreifachten sich die Gewinne und die Aktienerlöse stiegen von einem auf 13 Cent pro Anteil.[24] Die Euphorie hielt jedoch nur wenige Jahre an, und heute ist Yahoo, inzwischen vom Kommunikationsriesen Verizon gekauft, eher glücklos. Nur wenige Onlineunternehmer konnten sich letztlich durchsetzen. Der Anlage-Guru Warren Buffett warnte Ende der 1990er-Jahre bereits vor der Spekulationsblase, die dann nach 2000 auch platzte und etliche der Newcomer wie auch ihrer Anleger mit sich riss. Auch in Deutschland verloren vor allem Klein- und Privatanleger, die dem Internet-Hype aufgesessen waren, ihr Geld.

Doch diejenigen Unternehmen, die die Blase überstanden, expandierten weiter – etwas langsamer, aber mit Erfolg. »Die Herren der alten Wirtschaft haben den jungen Eroberern wenig entgegenzusetzen – sie sind zu arm«, kommentierte der *SPIEGEL* im Jahr 2000 die Mega-Fusion zwischen dem traditionellen Medienkonzern TIME-Warner und dem Internetanbieter AOL. Und schon damals dämmerte auch in Deutschland, dass das Internet weit mehr bot als nur einen neuen Vertriebskanal: »Die neue Ökonomie basiert auf totaler Transparenz. Im Netz konkurriert jeder Anbieter mit jedem anderen, virtuelle Marktplätze entstehen, auf denen der Käufer – vom Privatmann bis zum Großkunden – das günstigste Angebot auswählen kann. Das wird weitreichende Folgen haben.« [25]

Das Internet sei wie die Kambrische Explosion vor 550 Millionen Jahren, sagte der Amazon-Gründer Jeff Bezos, heute der reichste Mensch der Welt – der Sprung vom Ein- zum Vielzeller. Auch ein anderer Gigant des Internetzeitalters wurde in den 1990er-Jahren gegründet: Google. 1997 ging die Suchmaschine online und hängte rasch ihre Mitbewerber ab. Die Kombination von einer übersichtlichen Oberfläche, Schnelligkeit und kontextsensitiver Werbung macht Google zur derzeit am häufigsten genutzten Suchmaschine der Welt, das Unternehmen bietet inzwischen eine Vielzahl weiterer Dienstleistungen an (z. B. Google Maps). Google (seit 2015 unter dem Dach von Alphabet) ist seit 2012 durchgehend auf der Liste der Top-10-Unternehmen nach Marktkapitalisierung weltweit und hält heute 44 Prozent des globalen Online-Werbemarktes. [26]

Geschäfte als kreativer Prozess

Damals wandelte sich übrigens der Terminus »business model« in den Begriff für eine neue Art von Geschäft, dessen Erfolgsaussichten sich erst noch herausstellen müssen, quasi *learning by doing*. Der amerikanische Wirtschaftsjournalist Michael Lewis beschrieb das so: »Das Geschäftsmodell der meisten Internetunternehmen bestand darin, eine große Menschenmenge auf eine Webseite zu ziehen und gleichzeitig anderen anzubieten, dort Werbung zu schalten. Anfangs war nicht klar, ob das funktionieren würde.«[27]

Geschäftsmodelle sind aber vor allem auch Ideen, deren Erfolgschancen sich dank moderner Kommunikationstechnologien relativ rasch testen und verändern lassen – wenn man in Kategorien der Netzwerkökonomie, ihrer potenziell endlosen Skalierbarkeit und niedriger Grenzkosten denkt. Die Entwicklung drahtloser und in-

ternetbasierter Kommunikation hat den Weg für neue Geschäftsideen freigemacht, die zur Umorganisation von Unternehmen führen – zum Beispiel weg von einer rein auf Produktion basierenden
Wertschöpfung hin zu Dienstleistungen. So stellen mittlerweile Unternehmen wie Amazon oder Alibaba den Kontakt zwischen Anbietern und Usern her, mithilfe mehrseitiger Plattformen. Mit ihrer
Position an der Schnittstelle zwischen Angebot und Nachfrage gelingt es ihnen, den Zugang zum Kunden zu besetzen.

Solche Geschäftsmodelle unterscheiden sich grundsätzlich von
denen anderer, produzierender Unternehmen. Marshall W. Van Al-
styne, Professor an der Boston University und Vordenker zu Platt-
form-Geschäftsmodellen, bringt es auf den Punkt: »Produkte haben
Eigenschaften, Plattformen haben *communities*«.[28] Sie beschleunigen Geschäftsbeziehungen und senken deren Transaktionskosten.
Im Falle der Konkurrenz um dieselbe User-Gruppe setzt sich meistens nur einer durch, nach dem Prinzip »*The winner takes it all*«.[29]
Was zählt ist die Fähigkeit, digitale Ökosysteme aufzubauen und
über die Besetzung der Schnittstelle zum Kunden zwischen Angebot und Nachfrage Monopole zu schaffen. Dies können naturge-
mäß nur wenige, aber der Erfolg der großen Plattformunternehmen
löste einen Run auf die Etablierung vergleichbarer Geschäftsmodelle in allen Industrien aus. Das Geschäftsmodell der zweiseitigen
Plattform gewinnt vor allem gegen Ende der 1990er-Jahre enorm
an Fahrt – mit vielen Dienstleistungen im Bereich Handel, Tourismus und Medien.

Die Dekade der Globalisierung (2001 – 2010)

Terror polarisiert die Welt

Nine Eleven – das Datum des Terroranschlags auf das World Trade Center 2001 ist genauso zum Synonym des Schreckens geworden wie die ikonischen Bilder der brennenden Zwillingstürme des World Trade Center, die schließlich mitten in New York zusammenbrachen. An die 3000 Menschen kamen damals ums Leben, das Attentat legte den Grundstein für viele der Friktionen, die die Welt bis heute prägen.

Dieser Terroranschlag sollte das noch junge Jahrhundert völlig verändern. Der symbolträchtige Angriff auf ein internationales Handelszentrum, den Inbegriff westlicher Werte, wurde zur Legitimation eines *Global War on Terrorism* unter amerikanischer Führung – dem Einmarsch in Afghanistan und dem nicht weniger umstrittenen Irakkrieg mit dem Sturz von Saddam Hussein. In Deutschland, das den Golfkrieg logistisch und finanziell unterstützte, wurde zum ersten Mal diskutiert, ob die Bundeswehr auch außerhalb des NATO-Gebiets, *out of area,* aktiv werden dürfe, wenn es ein UN-Mandat dafür gäbe.[30]

Der Golfkrieg zeigte auch, wie weit neuartige digitale Technologien bereits kriegsbestimmend waren: Das reichte vom Globalen Navigationssystem (GPS), das die Navigation in der Wüste erleichterte, über das Warn- und Steuersystem (AWACS) bis hin zum Einsatz »eingebetteter« Frontjournalisten und gefälschter Satellitenaufnahmen zu Propagandazwecken. Bis heute dauert der sogenannte *War on Terror* an und führt zu andauernden Spannungen zwischen der muslimischen und der westlichen Welt, ohne dass es gelungen wäre, den radikalen Fundamentalismus wirklich zu besiegen.

Das Beben der Bankenkrise

Aber noch eine weitere Krise erschütterte das Selbstvertrauen der westlichen Welt: Auf den Dotcom-Hype, der 2000 zu einem Börsenkrach führte (siehe S. 29ff.), folgte 2007 eine Immobilienblase. Als sie platzte, löste der Zusammenbruch des amerikanischen Finanzinstituts Lehman Brothers im September 2008 eine weltweite Bankenkrise aus. Rund 30 Prozent der *High Risk Mortgage Securities* wurde von ausländischen Banken gehalten, darunter auch der Deutschen Bank, HSBC und der Credit Suisse. Rettungsaktionen durch staatliche Kredite ließ in vielen Ländern deren Staatsverschuldung ansteigen, was unter anderem zur Krise des noch jungen Euro führte, der gerade erst 2002 eingeführt worden war. Den genauen materiellen und immateriellen Schaden kann man schwer beziffern. Ökonomen der Commerzbank haben aber versucht, die Kosten der Krise zu berechnen: 7,3 Billionen Euro oder 1500 Euro pro Erdenbürger waren das Ergebnis.[31] Die wahren Kosten gingen jedoch weit darüber hinaus: Der Glaube an eine permanente »Revolution der Märkte« und dem als wachstumsförderlich verstandenen Rückbau des Staates wurde ad absurdum geführt.[32]

Nachbeben: die Schuldenkrise

»Was 2007 als isolierte Störung auf dem amerikanischen Markt für minderwertige Hypotheken begann«, so die Stiftung Wissenschaft und Politik, »verwandelte sich rasch in eine globale Finanzkrise, die Vermögen in Billionenhöhe vernichtet hat.«[33] Um den Euro zu retten, erhielt Griechenland, das beim Eintritt in die Eurozone eine deutlich zu geringe Verschuldung angemeldet hatte, mehrere Hilfspakete, das erste im Jahr 2010. Die Kredite sollten über radikale Sparprogramme zurückgezahlt werden. Das führte zu einer Kettenreaktion von immer schlechteren Bewertungen der Staatsanleihen, wachsenden Risikozuschlägen, sinkender Wettbewerbsfähigkeit und steigender Arbeitslosigkeit, die auch andere verschuldete Staaten, nämlich Portugal, Italien, Irland und Spanien mitriss. Die Ratingagentur Standard & Poor's bewertete den Reformprozess als wenig Erfolg versprechend und stufte sogar 13 von 16 Euroländern in der Bonität herab.

Die staatlichen Rettungspakete entlasteten die Banken, die gleichzeitig am meisten von der Austeritätspolitik profitierten, weil das Geld zur Deckung ihrer Kredite zurückfloss.

Um die Konjunktur wieder anzukurbeln, wurden die Leitzinsen gesenkt, was, so fürchten viele, eine neue Immobilienblase auslösen könnte.

Die Krise wurde zur entscheidenden Wende für die europäische Währungsunion, weil sie bis heute die Divergenz von Wachstum und Einkommen in der EU vertiefte. 2004, bei der Erweiterung, war von Europaskepsis in den neuen Beitrittsländern Estland, Lettland, Litauen, Malta, Polen, Slowakei, Slowenien, Tschechien, Ungarn und Zypern noch nichts zu hören. 2007 traten auch Bulgarien und Rumänien bei. Der Vertrag für eine gemeinsame Europäische Verfassung, die weitere Kompetenzen der Länder an EU-Institutionen abgetreten hätte, scheiterte jedoch, weil er nur von 18 Staaten ratifiziert wurde. 2007 wurde stattdessen das Lissabon-Abkommen (mit dem Grundlagenvertrag) geschlossen.

Der Aufstieg der Schwellenländer

Zu Beginn der Dekade waren auf internationaler Ebene viele Vorzeichen noch positiv: China war 2001 der Welthandelsorganisation WTO beigetreten, ein Schritt, mit dem weltweit große Hoffnungen auf weitere Liberalisierung verbunden wurden. Sein rasanter Aufstieg führte zu einem Boom auf dem Rohstoffmarkt. Die BRIC-Staaten (Brasilien, Russland, Indien und China) galten als die vielversprechenden Newcomer auf dem Weltmarkt – ein vielgelesener Investment-Report von Goldman Sachs[34] prognostizierte damals, dass sie sogar die bis dahin reichsten Länder der Welt bis zum Jahr 2050 ablösen könnten – eine Euphorie, die später als *BRICmania* in die Geschichte einging. Und in den USA wurde mit Barack Obama 2008 der erste Afroamerikaner zum Präsidenten gewählt.

Die Finanzkrise von 2008 war aber weitaus mehr als ein Einbruch, sondern leitete eine Dekade von Wachstumsschwäche und Austeritätspolitik ein: Der Welthandel erlebte einen ersten Einbruch, die Kapazität der grenzüberschreitenden Wertschöpfungsketten sank, die Zahl grenzüberschreitender Anleihen fiel, wie auch der Anteil ausländischer Direktinvestitionen (von 3,5 Prozent Anteil am BSP 2007 auf 1,3 Prozent 2018).[35] Die multinationalen Unternehmen hielten sich zurück.

Soziale Netzwerke und *eGovernment*

Die Digitalisierung und das Internet durchdrangen immer weitere Bereiche der Gesellschaft. Die ersten sozialen Netzwerke veränderten mit Friendster (2002), MySpace (2003) und Facebook (2004) die Kommunikation dramatisch und anhaltend. 2020 sind fast zwei Drittel der Welt online – 4,54 Milliarden Menschen – und vier von fünf Usern sind dabei in digitalen sozialen Netzwerken aktiv. Das verändert die Partnersuche genauso wie das Konsumverhalten, die Mediennutzung oder das Wahlverhalten.[36] Mobiltelefonie wurde nun massentauglich und internetfähig. YouTube und Streaming-Dienste machten den terrestrischen Fernsehsendern Konkurrenz und brachen deren Monopolstellung auf.

Auch die politischen Institutionen begannen, das neue Medium für sich zu entdecken. Die UN begann bereits 2001, die *eGovernment*-Reife von Staaten zu messen und zu bewerten, welche Dienstleistungen die Bürger über das Internet in Anspruch nehmen konnten.

Dabei wurde zunächst die reine Onlinepräsenz der 190 UN-Mitgliedsstaaten gemessen, zunehmend aber auch die Rolle der digitalen Technologien in einer umfassenden Transformation von Servicebereitstellung, Bürgerkommunikation und Innovation in der öffentlichen Verwaltung.[37]

Die Sharing-Ökonomie

Unternehmen des Informationszeitalters erschienen als Leistungsintegratoren auf der Bildfläche. Nicht der Verkauf von Produkten stand mehr im Vordergrund, sondern die Vermittlung von Produkten und Dienstleistungen und die Besetzung der Schnittstelle zum Kunden. Was wie eine Non-Profit-Veranstaltung klang, war jedoch knallhartes Geschäft. Plattformunternehmen kontrollierten die Interaktion zwischen Anbietern und Nutzern und stellten so zahlreiche Industrien auf den Kopf. Hotels, Taxiunternehmen und Restaurants wurden völlig neuen Dynamiken ausgesetzt.

Ebay, Airbnb und Uber wurden zu Prototypen dieser Geschäftsmodelle der ersten Dekade des neuen Jahrhunderts – es sind Plattformen, die davon profitieren, dass User auf ihnen für andere User Angebote machen. Sie begründeten die *sharing economy*. Jeremy Rifkin betonte schon im Jahr 2001, dass in den kommenden Dekaden nicht mehr Besitz zähle, sondern der Zugang zu Gütern, Produkten und Ideen.[38]

Das ubiquitäre Internet

Wer mit dem Internet nicht umgehen konnte, drohte nun von der Gesellschaft abgehängt zu werden, denn bald lief so gut wie nichts mehr ohne dieses ubiquitäre Medium – ob es nun die Gebrauchsanleitung für den Fernseher war, die nur noch elektronisch zur Verfügung stand, oder das Buchen von Reisen und Hotels, der Kauf von Medikamenten und Kleidung oder Dienstleistungen von Banken und Versicherungen.

Mit dem Internet der Dinge entstand auch die Vision einer Virtualisierung von Produktion, Vertrieb und Kundenservice über das Internet, ermöglicht durch zunehmende Miniaturisierung und Kostensenkung der Sensortechnik und die expandierende Rechnerleistung mithilfe der Cloud.

Das Ende dieser Dekade markiert den Übergang zu einer Ära, in der Smartphones und Tablets als mobile Medien von überall den Kontakt herstellen können, nicht nur in den Industrieländern, sondern auch in den Schwellen- und Entwicklungsländern. Streaming-Dienste wie Netflix, Amazon Prime oder Apple-TV und Online- und Messaging-Dienste wie Instagram, Snapchat, Tumblr und WhatsApp fanden inzwischen Hunderte Millionen Nutzer. Blogger oder sogenannte *Influencer* wurden zu neuen Medienberufen, während der traditionelle Journalismus zunehmend in die Krise geriet.

Die Dekade der Spaltung (2011 – 2020)

Radikalisierung auf allen Ebenen

Das Erbe der zweiten Dekade waren eine weltweite Rezession und die Schuldenkrise im Euroraum. Besonders Griechenland, Spanien und Italien kämpften mit Haushaltsdefiziten und hoher Arbeitslosigkeit von insbesondere jungen Menschen. Soziale Ungleichheit und Verteilungsgerechtigkeit wurden international zum Thema. Das lieferte Munition für Globalisierungsgegner und Kapitalismuskritiker: Am 17. September 2011 fanden die ersten Demonstrationen der Occupy Wall Street-Bewegung statt, die sich innerhalb weniger Wochen zur größten Protestbewegung Nordamerikas entwickelte und auch in Deutschland Anhänger fand.

Armut, Inflation und drastische Preiserhöhungen bei Produkten des täglichen Lebens schürten die Unzufriedenheit, die im Dezember 2010 zum sogenannten Arabischen Frühling führte und zu Revolten und Bürgerkriegen in Staaten wie Tunesien, Ägypten und Bahrein, Libyen, Syrien und Jemen. Die Flüchtlingsströme, die in der Folge nach Europa drängten, reißen bis heute nicht ab. Der Höhepunkt war von 2015 bis 2018: In dieser Zeit wurden mehr als 1,3 Millionen Asylanträge in Deutschland gestellt.[39] Die Entscheidung von Kanzlerin Angela Merkel, die deutsche Grenze für Tausende Flüchtlinge zu öffnen, hatte im Inland wie in der EU zu viel Bewunderung, aber auch Kontroversen geführt, und den Aufstieg radikaler, fremdenfeindlicher Parteien gefördert. 2016 fand in Großbritannien das Referendum statt, das schlussendlich vier Jahre später zum Austritt Großbritanniens aus der EU, dem Brexit, führen sollte. Die griechische Staatsschuldenkrise verschärfte sich, sodass ein drittes Hilfspaket geschnürt werden musste und dort Neuwahlen notwendig wurden, um die Sparmaßnahmen durchzusetzen.

Die politische Lage blieb auch an anderen Fronten unruhig. Zwar wurde der Al-Qaida-Führer Osama bin Laden 2011 von einer amerikanischen Eliteeinheit in Pakistan getötet, doch bald darauf erhob sich im Irak und in Syrien eine neue Terrorbewegung: der Islamische Staat. Russland annektierte 2014 die Halbinsel Krim und steht seither im Konflikt mit der Ukraine. Gleichzeitig verschärften sich die Spannungen zwischen den USA und China, wo seit 2013 Xi Jinping neuer Staatspräsident ist.

2013 war auch das Jahr, in dem Edward Snowden als Mitarbeiter der National Security Agency der USA sensible Informationen über ein US-Überwachungsprogramm der Öffentlichkeit bekannt gemacht hatte, und die Organisation WikiLeaks gab 2016 an, bereits zehn Millionen geheimer Dokumente »geleakt« zu haben.[40] Die unrechtmäßige Veröffentlichung von Hillary Clintons E-Mails während des US-Wahlkampfs könnte die demokratische Kandidatin den Sieg gekostet haben. Mit Donald Trump gelangte ein ultrakonservativer und in jeder Hinsicht unkonventioneller Präsident an die Spitze der USA – der sich nicht an die üblichen Rituale hielt, sondern am liebsten über Twitter kommunizierte, eine neue Phase politischer Verlautbarung.

Naturkatastrophen und Extremwetterlagen rückten die Klimaerwärmung durch fossile Brennstoffe in den Fokus der Weltöffentlichkeit. Das Pariser Abkommen von 2016 setzte als Folge des United Nations Framework on Climate Change (UNFCC) Reduktionsziele für CO_2 fest, um die Erwärmung des Planeten auf unter zwei Grad gegenüber dem vorindustriellen Level zu begrenzen. Das Verfehlen dieser Ziele und die Schwerfälligkeit der internationalen Politik führten zu einer außerparlamentarischen Protestbewegung, angeführt von Schülern und überwiegend jungen Akteuren, inspiriert von der Schwedin Greta Thunberg und ihrer Fridays for Future-Bewegung. Ohne soziale Medien wäre diese Protestbewegung wie viele andere kaum mehr denkbar.

Der Handelskonflikt um gegenseitige Strafzölle zwischen den USA und China wurde im Frühjahr 2020 durch ein erstes Handelsabkommen erst einmal abgeschwächt, doch die Debatten um das Handelsbilanzdefizit der USA sind damit nicht aus der Welt, auch nicht der Streit um das geistige Eigentum und den Technologietransfer. Die Beteiligung des Telekommunikationskonzerns Huawei am Aufbau des europäischen 5G-Netzes bezeichnen die USA als Sicherheitsrisiko[41] (siehe Seite 171f.). Donald Trumps Vorwürfe, der »*Chinese virus*« sei an der weltweiten Rezession schuld, diente nicht dazu, die Beziehungen zu verbessern.

Zunehmend konkurrieren nun die USA und China um die geopolitische Region des Pazifik, eine Entwicklung, die übrigens bereits unter Barack Obama einsetzte. 2011 hatte dieser in einer Rede vor dem australischen Parlament erklärt, von nun an würden die USA eine pazifische und keine atlantische Nation mehr sein: »Nach einer Zeit, in der wir zwei Kriege geführt haben, die uns viele Opfer gekostet haben, an Leben und an Geld, wenden sich die USA nun dem großen Potenzial der Asien-Pazifik-Region zu. Dieser neue Fokus spiegelt eine tiefe Wahrheit wider – die USA waren immer eine pazifische Nation und werden es immer sein.« Er verwies auf seine eigenen familiären Wurzeln auf Honolulu und die vielen Einwanderer aus dieser Region: »Generationen von Amerikanern haben hier gedient und sind hier gestorben, dafür, dass sich die Demokratie durchsetzte, dafür, dass wirtschaftliche Wunder Hunderten Millionen zu Wohlstand verholfen haben. Amerikaner haben mit ihnen gemeinsam für diesen Fortschritt ihr Blut gegeben – und wir werden es nicht zulassen (...), dass das rückgängig gemacht wird.« Die Asien-Pazifik-Region sei, so Obama, die am schnellsten wachsende Region der Erde und könne Jobs und Möglichkeiten für die Amerikaner schaffen.[42]

Offene Märkte – nur ein Zwischenspiel?

Die fortschreitende Liberalisierung von Handel, Investitionen und Finanzmarkt – lange Jahrzehnte war sie auf die westlichen Industrieländer beschränkt geblieben. Doch nach 1990 sprang der Funke auch auf die Schwellenländer über, als zum Beispiel Indien und Russland ihre Autarkiepolitik aufgaben. Wertschöpfungsketten globalisierten sich und damit die internationale Arbeitsteilung, verbunden mit einer in ihrem Umfang bis dato einmaligen Dynamik des sozialen Aufstiegs in den Schwellenländern.

Wo aber sind sie hin, die Glanzlichter der Globalisierung, die Fantasien von weltweitem Frieden, der durch wirtschaftlichen Wohlstand geschaffen wird, die Vision des grenzenlosen Handels und der schrankenlosen Freiheit? »Die größte Geschäftsidee der vergangenen Jahrzehnte steckt in einer tiefen Krise«, schrieb der britisch-amerikanische *Economist* in einer Titelgeschichte im Januar 2017 und – »die Vorteile von Skalierung und Arbitrage sind verblasst«.[43]

Hat der Westen noch etwas zu sagen in der Welt? Die Münchner Sicherheitskonferenz, Treffpunkt internationaler Akteure aus Politik, Verteidigung, Wirtschaft und Wissenschaft, gab sich zum Ende dieses dynamischen Jahrzehnts die selbstkritische Vision der *Westlessness*[44] als Motto. Schließlich zeigten die Debatten tief greifende Risse zwischen den ehemaligen Partnern, unterschiedliche Interessen, Sichtweisen und Glaubenssysteme. Angesichts des rasanten Aufstiegs Chinas, das als Technologieführer und Wirtschaftsmacht die USA herausfordert, scheint es für die Europäer jedoch mehr denn je nötig, die Kräfte zu bündeln, um Kurs zu halten und den Anschluss an die führenden Weltmächte nicht zu verlieren.

Denn die Dominanz des Westens geht ihrem Ende zu, glaubt der Politologe und Asienexperte Kishore Mahbubani.[45] 200 Jahre lang haben die westlichen Länder die Welt zur bisher produktivsten Zivilisation geformt. Doch blickt man auf die Zahlen des britischen Ökonomen Angus Maddison, der spezielle Methoden entwickelte, um historische Wirtschaftsdaten zu errechnen, dann scheint dieser zivilisatorische Erfolg nur ein Ausreißer in der Weltgeschichte gewesen zu sein, ein künstliches Phänomen, ermöglicht durch die Industrielle Revolution. Schließlich waren vom Beginn der modernen Zeitrechnung bis 1820 China und Indien die größten Volkswirtschaften. Kann es also sein, dass die Welt heute einfach wieder zu ihrer historischen Normalität zurückkehrt?

Die Gewichte verschieben sich

Nicht nur die historischen Daten, auch die aktuellen Zahlen sprechen dafür, dass nun der Osten, mit China an der Spitze, wieder die Macht übernimmt.[46] 2020 überrundet das Bruttosozialprodukt Asiens das der gesamten übrigen Welt. Bis 2030 soll dieser Erdteil rund 60 Prozent des globalen Wirtschaftswachstums tragen. Die Region Asien-Pazifik wird mit 90 Prozent auch die überwältigende Mehrheit der 2,4 Milliarden Menschen starken neuen Mittelklasse stellen, die die Weltwirtschaft vorantreiben wird.

Genau betrachtet ist das auch kein Wunder: Die gesamte Bevölkerung des Westens – je nachdem, wie umfassend man diesen definiert – umfasst rund 327 Millionen Menschen in den USA und 741 Millionen in Europa. Mit Australien, Kanada und Neuseeland mögen es maximal 1,1 Milliarden sein, mit abnehmender Tendenz. Die Gesamtbevölkerung der Erde aber beträgt 7,8 Milliarden. Der Westen macht also nur etwa 14 Prozent aus.

Für den Ökonomen Kishore Mahbubani, 30 Jahre lang Diplomat seiner Heimat Singapur, zuletzt als deren UN-Botschafter in New York und zeitweilig auch Vorsitzender des Weltsicherheitsrates, spricht dieses Ungleichgewicht Bände: Ein Siebtel der Welt könne nicht auf Dauer die Mehrheit dominieren.[47] Er empfiehlt deshalb: »Die früher führenden westlichen Mächte müssen lernen, Gesellschaften ihr Vertrauen zu schenken, deren Identität nie völlig die des Westens sein wird.«[48]

Optimismus versus Abschottung

Aber was bedeutet das? Gibt es einen Systemwechsel? Einen Unterschied machen nicht nur die beeindruckenden wirtschaftlichen Eckdaten: Die asiatische Entwicklung wird von großem Vertrauen in die Zukunft getragen, die Skepsis gegenüber politischen Institutionen hingegen ist deutlich geringer. Es scheint, als würde der Westen zerfallen, während der Zusammenhalt in Asien wächst. Der indisch-stämmige Experte für Internationale Politik und Bestsellerautor Parag Khanna beschreibt das so: »Die USA und Europa sehen neue Mauern entstehen, doch quer durch Asien fallen sie.«[49]

2020: Wenig Vertrauen in die Regierung
Die Veränderungen zum Vorjahr (in %) zeigen Verschlechterungen in 10 von 28 Ländern

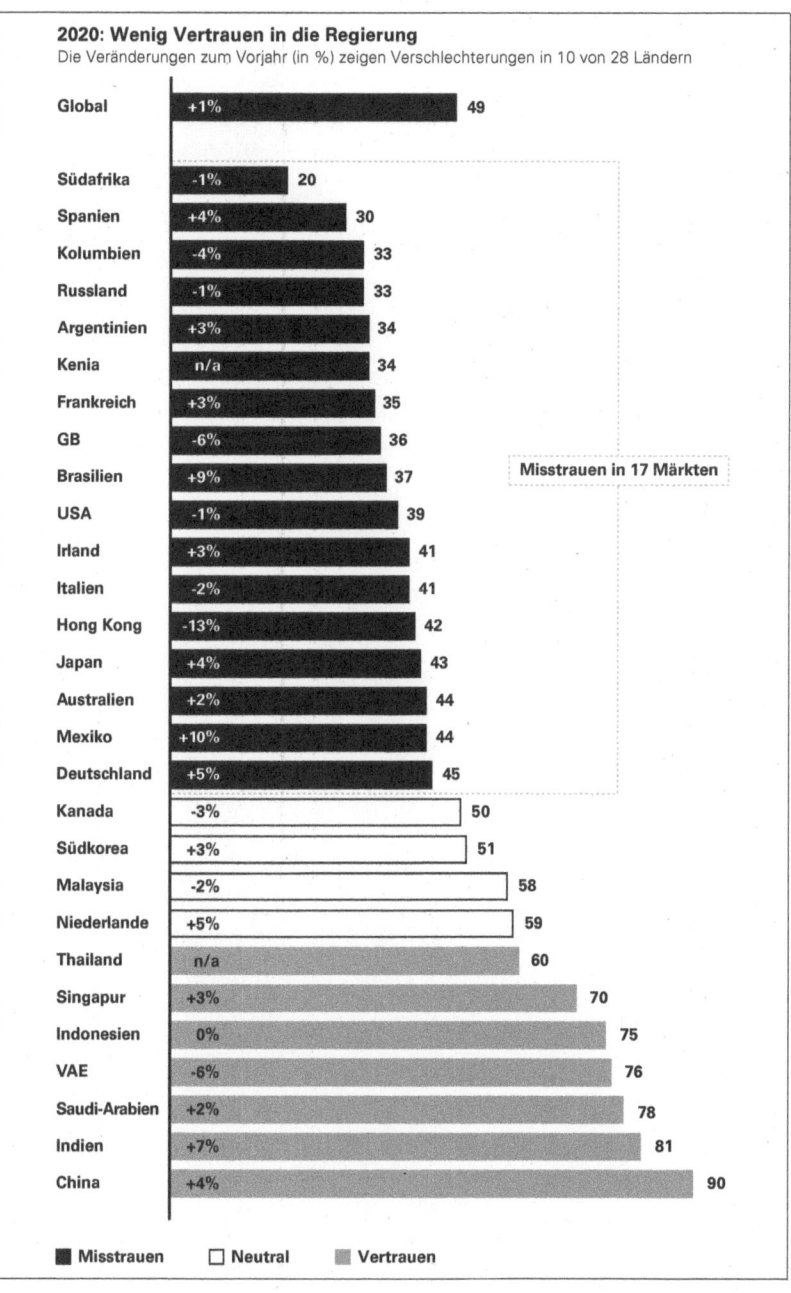

Land	Veränderung	Wert
Global	+1%	49
Südafrika	-1%	20
Spanien	+4%	30
Kolumbien	-4%	33
Russland	-1%	33
Argentinien	+3%	34
Kenia	n/a	34
Frankreich	+3%	35
GB	-6%	36
Brasilien	+9%	37
USA	-1%	39
Irland	+3%	41
Italien	-2%	41
Hong Kong	-13%	42
Japan	+4%	43
Australien	+2%	44
Mexiko	+10%	44
Deutschland	+5%	45
Kanada	-3%	50
Südkorea	+3%	51
Malaysia	-2%	58
Niederlande	+5%	59
Thailand	n/a	60
Singapur	+3%	70
Indonesien	0%	75
VAE	-6%	76
Saudi-Arabien	+2%	78
Indien	+7%	81
China	+4%	90

Misstrauen in 17 Märkten

■ Misstrauen ☐ Neutral ▨ Vertrauen

Quelle: Edelman Trust Barometer[50]

Staatskapitalismus als *Role Model*?

2012 übernahm in China Xi Jinping die Führung, erst als Generalsekretär der Kommunistischen Partei, dann auch als Staatspräsident. Er gilt als Autokrat oder, wie die Chinesen das nennen, »überragender Führer«. Dennoch leitet er einen Staat, der nach kapitalistischen Prinzipien agiert – ohne die Säulen der klassischen Demokratie. Doch was bedeutet Kapitalismus heute? Der gemeinsame Nenner ist eine an Profitstreben organisierte Produktionsform, die auf der Basis von frei verhandelbaren Löhnen Arbeit schafft, einen hohen Anteil an Privatkapital nutzt und nicht zentral organisiert ist. Der ehemalige Chefökonom der Weltbank, Branko Milanovic, zeigt, dass sich der Kapitalismus als einziges Wirtschaftssystem durchgesetzt hat. Wie sich die Märkte allerdings unter diesem Rubrum organisieren, so der Ökonom an der New York City University, dafür gäbe es unterschiedliche Varianten.[51]

Wenn man den rasanten Aufstieg Chinas verfolgt, dann scheint der Staatskapitalismus in diesem Spannungsfeld keine schlechten Karten zu haben. Bisher zumindest hat es China immer verstanden, die Schwächen staatlicher Lenkung und mangelnder Transparenz abzufedern, während sich in den USA, insbesondere in Pandemiezeiten, zeigt, dass der freie Markt ohne staatliche Lenkung wichtige Funktionen, wie zum Beispiel die Erhaltung und Sicherung der Gesundheit, nicht erfüllen kann. Die schweren Opfer, welche die Nation durch das Covid-19-Virus bringen musste, könnten dem bisherigen amerikanischen Modell der Staatsferne ein Ende bereiten und zu mehr Steuerung und Lenkung führen.

In China, auch das hat die Pandemie sehr deutlich demonstriert, kann der Staatskapitalismus mit vielerlei Lenkungsmechanismen rasch Ressourcen mobilisieren und Zuteilungen vornehmen. In diesem System erschließen Staatsbetriebe die Rohstoffe und schaffen Arbeitsplätze. Die politische Führung gibt planwirtschaftliche Ziele und Zukunftsstrategien vor, wie etwa »*Made in China 2025*«.

Privatwirtschaftliche Betriebe haben zwar in diesem Rahmen erheblichen Spielraum, aber letztlich bleiben sie vom Wohlwollen des Staates abhängig und konkurrieren auch darum. Für wirtschaftlichen Erfolg genauso wie für Linientreue werden einzelne Unternehmen mit besseren Konditionen und Staatsaufträgen belohnt und sie erhalten zum Beispiel Zugang zu staatlich gesammelten Daten. Der Markt dient also dazu, Wohlstand zu schaffen – und das stärkt gleichzeitig die politischen Eliten. Die Planwirtschaft ist jedoch nie so stark, dass sie den gesamten Markt kontrollieren kann, sondern steht in einem gewissen Spannungsfeld dazu. Dieses Modell ist Vorbild für viele Schwellenländer.

»Die Idee der Menschenrechte ist ein ehrbares Ziel, aber nicht universell, nicht von Gott gegeben«, relativiert zum Beispiel Joan Xu, eine Kulturanthropologin und prominente Drehbuchautorin des chinesischen Films, die auch auf dem World Economic Forum auftritt. »An einem bestimmten Punkt der europäischen Geschichte bestand dafür Konsens. Wenn Sie sich aber die soziale Entwicklung Chinas ansehen, dann stellen Sie fest, dass es den meisten Menschen dort jetzt viel besser geht, auch wenn es Probleme gibt. Der Konflikt mit den USA ist ein Kampf der Narrative um Werte.«[52]

Die Wirtschaftspolitik in den USA führt dazu, dass sich Monopole oder Oligopole bilden, in denen Preisabsprachen Güter verteuern (siehe Seite 54). Die Innovationskraft verblasst. Die Finanzkrise rund um die Lehman Brothers hat außerdem gezeigt, dass dieser steuerungsarme Kapitalismus dem Crash nicht standhalten konnte, während die staatlich gelenkte Wirtschaft Chinas ihn gut verkraftete.

Der britische Historiker Niall Ferguson warnt davon, den Staatskapitalismus und den freien Markt als Gegensatz zu verstehen. In Wahrheit gebe es in nahezu allen Ländern eine mehr oder weniger ausgeprägte Form von staatlicher Wirtschaftsintervention. Das eigentlich Entscheidende sei, ob die Länder eine rechtliche

Ordnung hätten, die den Wohlstand, der aus dem Wirtschaftswachstum hervorgehe, auch gerecht verteile.[53]

Hat der Westen schon verloren, wie Mahbubani behauptet? Ist die Geschichte des westlich geprägten Kapitalismus nun tatsächlich an ihr Ende gekommen? Wir glauben nein. Aber – drei Dekaden nach dem Fall der Berliner Mauer stehen wir in jedem Fall an einem Wendepunkt der Geschichte.

Nach rund 30 Jahren des Aufschwungs und der scheinbar grenzenlosen Vernetzung der Welt nämlich senken sich die Schlagbäume wieder, virtuell und auch real. Die liberale Demokratie und das Prinzip offener Märkte sind heute nicht mehr konkurrenzlos. Die Covid-19-Pandemie mit ihren Reisebeschränkungen und Grenzschließungen hat die Renationalisierung von Märkten und Politik verstärkt. Die Lieferketten werden umstrukturiert und kürzer gefasst – dichter an die heimischen Märkte gezogen (siehe Seite 127ff).

Demokratie mit Fragezeichen

Das hat Folgen auch für die offene Gesellschaft, für die Demokratie. Der jüngste Report des britischen Centre for the Future of Democracy[54] bestätigt: Vor allem in den Industrieländern ist die Unzufriedenheit mit der Demokratie so groß wie noch nie zuvor. Mitte der 1990er-Jahre war die Mehrheit der Bevölkerung in den Staaten Nord- und Lateinamerikas, Europas und Australien-Asiens (für die gesicherte und langfristige Datenvorsätze vorliegen) noch ganz zufrieden mit dem Zustand ihrer Demokratien. Doch bis 2020 ist die Zahl der Unzufriedenen um zehn Prozent angestiegen (von 47,9 auf 57,5 Prozent) und bildet nun die Mehrheit. In Europa zeigte sich das zuletzt an den Ergebnissen der Wahlen für das Europäische Parlament 2019, wo es populistischen Parteien in Frankreich, Italien, Spanien und Griechenland gelang, Sitze zu erringen.

Während es früher alle paar Jahre Krisen und Euro-Skeptizismus gab, zeigt sich nun eine über zehn Jahre anhaltende Stimmung der *Malaise*, konstatierten die Demokratieforscher. Klare Ausnahmen sind die Länder Schweiz, Norwegen, Dänemark, die Niederlande und Luxemburg, wo die Zufriedenheit so groß ist wie nie zuvor.[55] Die Viruspandemie könnte aber auch hier zu unerwarteten Verwerfungen führen, dem Ruf nach »Effizienzpolitik«.

Eine demokratisch verfasste Regierung, wird immer deutlicher, reicht alleine nicht mehr aus, um das Vertrauen der Wähler zu gewinnen – oft scheinen ihre Abläufe in dieser sich rasant verändernden Welt zu schwerfällig und zu langsam, um auf Entwicklungen adäquat zu reagieren. Lösungen sind gefragt und Politiker müssen »*performen*«, herzeigbare Erfolge erzielen. Konventionelle Parteikarrieren und die Art und Weise, wie Eliten in diesem Land immer noch rekrutiert werden, führen jedoch nicht ausreichend zu dem Potenzial, »*out of the box*« zu denken.

Repatriierung statt Globalisierung

Statt der erhofften Einigkeit sind multifokale Zentren der Macht entstanden, mit neuen Brandherden und zum Teil viel unberechenbarer und deshalb risikoreicher als die Wirkmacht der alten Blöcke. Wirtschaftspolitik ist erneut zur Waffe in der politischen Auseinandersetzung geworden. Investitionen gehen zurück und viele Länder »repatriieren« ihre Finanzströme: 2018 haben die entwickelten Nationen ihre grenzüberschreitenden Investitionen um 40 Prozent zurückgefahren, auf 558 Milliarden US-Dollar. Die Investitionen deutscher multinationaler Unternehmen im Ausland sanken 2019 um 16 Prozent auf 77 Milliarden US-Dollar.[56] Doch besonders großen Einfluss hatte die Politik der USA.

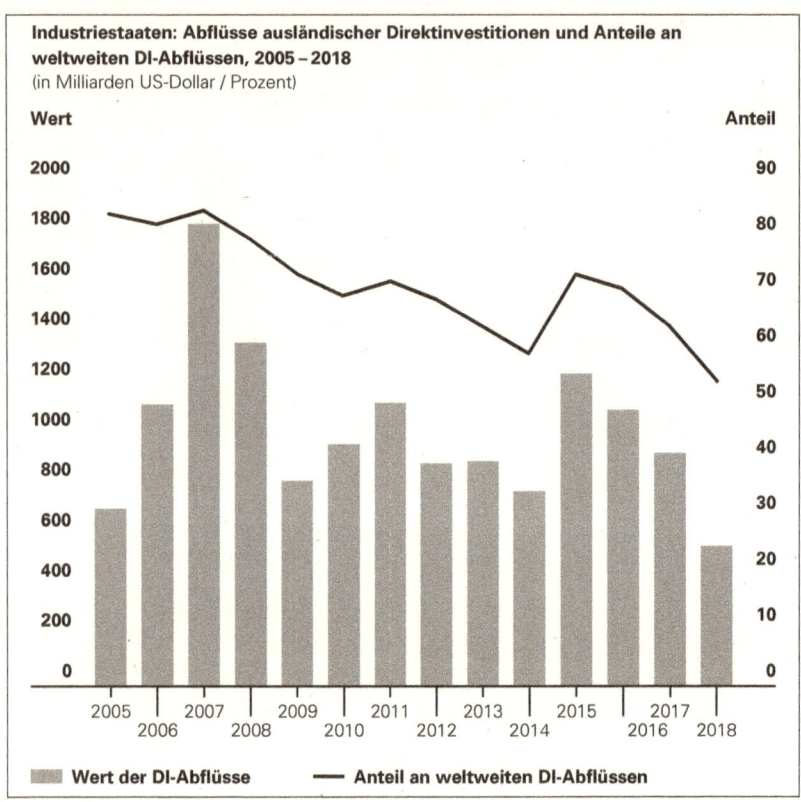

Industriestaaten: Abflüsse ausländischer Direktinvestitionen und Anteile an weltweiten DI-Abflüssen, 2005 – 2018
(in Milliarden US-Dollar / Prozent)

Quelle: UNCTAD 2019[57]

Dabei waren es die USA, die nach dem Zweiten Weltkrieg eine neue Weltordnung initiierten, angefangen mit dem Bretton-Woods-Abkommen von 1944, das eine neue Währungsordnung festlegte. »Wenn wir einen freieren Warenfluss hätten – freier im Sinne von weniger Diskriminierung und Behinderung – sodass die Länder nicht mehr eifersüchtig aufeinander wären und die Lebensbedingungen sich für alle bessern würden, dass da nicht mehr die Unzufriedenheit wäre, aus der Kriege entstehen – dann hätten wir vielleicht eine reale Chance auf andauernden Frieden«, schrieb der damalige amerikanische Außenminister Cordell Hull in seinen Memoiren.[58]

Das Ende der globalen Organisationen?

Doch inzwischen verabschieden sich die USA, der immer noch mächtigste Staat der Welt, Schritt für Schritt aus den Weltorganisationen, sie kritisieren die NATO, blockieren die Streitschlichtung der Welthandelsorganisation WTO, steigen auf dem Höhepunkt der Viruskrise in den USA aus der Weltgesundheitsorganisation WHO aus, kündigen das Pariser Klimaabkommen. Bei einer Rede vor den Vereinten Nationen 2019 erklärte US-Präsident Donald Trump: »Die Zukunft gehört nicht den Globalisten. Die Zukunft gehört Patrioten.«[59] Aber auch unabhängig von der Parteizugehörigkeit wird ein protektionistischer Kurs die Wirtschaftspolitik der USA in den kommenden Jahren prägen: »eine Koalition der Willigen statt Völkerrecht«, kommentierte das Magazin *Cicero* den von Trump eingeschlagenen Kurs.[60]

Ohne die starken USA aber sind die meisten großen internationalen Organisationen machtlos. UN-Generalsekretär António Guterres thematisierte das bei der Eröffnung der Generaldebatte der 73. Generalversammlung 2018: »Der Multilateralismus steht genau dann unter Beschuss, wenn wir ihn am meisten brauchen.« Universelle Werte erodierten, die Weltordnung sei weniger klar und demokratische Prinzipien würden infrage gestellt. Fragil und umstritten sind auch die internationalen Instrumente der Währungspolitik wie der Euro-Rettungsschirm oder die im Zuge der Covid-19-Krise diskutierten Corona-Bonds. Und natürlich gibt es auch Dissens in der Flüchtlingsfrage und beim UN-Migrationspakt.

Während sich die USA symbolträchtig hinter ihren Zaun zu Mexiko zurückziehen, baut China neue multilaterale Institutionen wie die Neue Entwicklungsbank (NDB) oder die Asiatische Infrastruktur-Investitionsbank (AIIB) auf. Auch hier zeigt sich die Abkehr von der Dominanz des Westens.[61] Parallel zu den Verfallserscheinungen der Institutionen des vergangenen Jahrhunderts zeichnet sich ein klarer Trend hin zu Staats-Autokratien ab, vor allem in Entwicklungs- und Schwellenländern. Eine Studie der Bertelsmann Stiftung von 2018 hob hervor, dass weltweit 4,2 Milliarden Menschen in Demokratien leben, 3,3 Milliarden aber in Autokratien.[62]

Wiedererwachte Nationalgefühle

Gegen die Infektionsgefahr durch Covid-19 konnte die britische Queen nichts tun – außer ihrem Volk durch Appelle an das Nationalgefühl den Rücken zu stärken. Durchhalten und Disziplin, zwei Tugenden, welche die Briten auch schon durch den Blitzkrieg getragen hatten – an den die Königin in einer ihrer raren Fernsehansprachen erinnerte.

Kommunikationsexperten erklärten das so: »Jetzt, mehr denn je, brauchen die Menschen des Vereinigten Königreichs jemanden, an den sie sich halten können, jemanden, dessen Worten man vertrauen kann.«[63] Auch Emmanuel Macron appellierte an die Einheit der Nation, und Italiens Staatspräsident Sergio Mattarella forderte: »Seid einig wie nach dem Krieg!«[64] Angela Merkel erinnerte in ihrer Fernsehansprache indirekt an die deutsche Wiedervereinigung, in dem sie versicherte, wie sehr sie mit ihrer persönlichen Biografie als ehemalige DDR-Bürgerin die Freiheit schätze und die notwendigen Bewegungseinschränkungen deshalb bedauere. Die Herausforderung, so die Kanzlerin weiter, sei größer als nach dem 2. Weltkrieg.[65]

Statt internationale Absprachen zu treffen und Solidarität zu zeigen, beriefen sich in der Covid-19-Krise die meisten Staaten auf ihre Identität und ihr Nationalgefühl. Doch irgendwann wird ein Punkt kommen, wo sie zur Kooperation und zu globalen Steuerinstrumenten zurückkehren müssen – zum Beispiel, wenn es um die gerechte Verteilung eines neuen Impfstoffes geht.

Neue Marktkonzentration

Lange vor der politischen Renationalisierung gewinnen Plattformunternehmen in der Wirtschaft an enormem Einfluss, ihre Machtposition beruht auf einer globalen Konzentrationsbewegung. Die meisten sind digitale Plattformunternehmen. Das gilt für sieben der zehn wertvollsten Unternehmen weltweit, sie sind seit dem zweiten Quartal 2017 ungebrochen unter den Top 10: Zwei davon sind chinesisch, fünf haben ihren Hauptsitz in den USA. Die folgende Liste ist vom 19. August 2020.

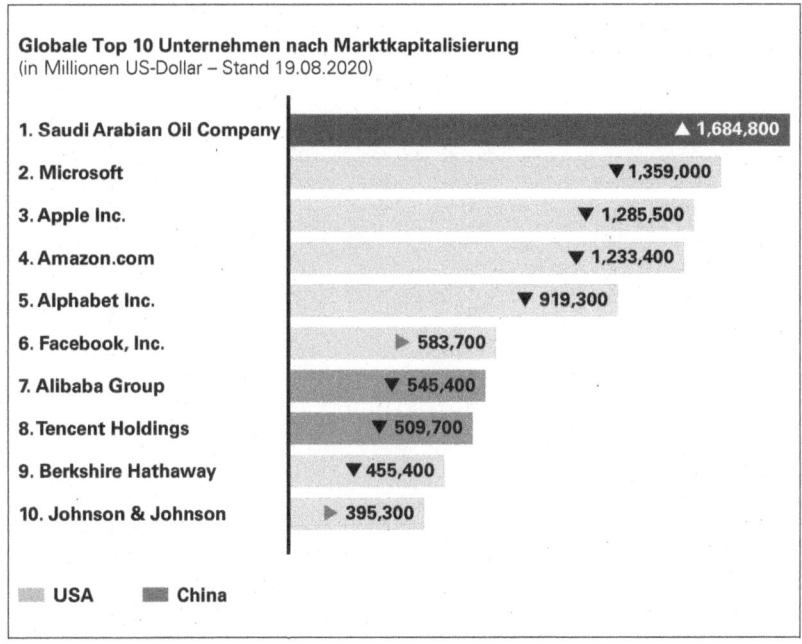

Globale Top 10 Unternehmen nach Marktkapitalisierung
(in Millionen US-Dollar – Stand 19.08.2020)

1. Saudi Arabian Oil Company	▲ 1,684,800
2. Microsoft	▼ 1,359,000
3. Apple Inc.	▼ 1,285,500
4. Amazon.com	▼ 1,233,400
5. Alphabet Inc.	▼ 919,300
6. Facebook, Inc.	▶ 583,700
7. Alibaba Group	▼ 545,400
8. Tencent Holdings	▼ 509,700
9. Berkshire Hathaway	▼ 455,400
10. Johnson & Johnson	▶ 395,300

▨ USA ▨ China

Quelle: Statista[66]

Zunehmende Marktkonzentration ist eine Herausforderung für den Wettbewerb. In einem vielbeachteten Buch hat der Ökonom Thomas Philippon die brisante These aufgestellt, dass die USA die Idee freier Märkte aufgegeben hat. Der französische Wissenschaftler, der aktuell an der Leonard N. Stern School of Business an der Universität New York lehrt, fragte sich, warum etwa Mobilfunktarife in den USA so viel höher sind als in Europa. Daraus entstanden ist ein Buch über die Marktkonzentration in den USA: *The Great Reversal*.[67] Darin beschreibt er, wie stark Monopole und Oligopole die Märkte der Vereinigten Staaten prägen. Mit 300 US-Dollar monatlich bezahle jeder US-Bürger die Marktkonzentration teuer, kritisiert er, während die Europäer vom Wettbewerb profitierten. Vor 20 Jahren seien viele Güter und Dienstleistungen in den USA billiger gewesen als in der EU, doch heute kosteten Internet, Mobiltelefonie und Flugtickets in Amerika mehr als in Europa oder Asien. So zahlte man im Jahr 2018 für eine Breitband-Internetverbindung im Schnitt 31 US-Dollar in Frankreich, 39 US-Dollar in Großbritannien, aber 68 US-Dollar in den USA – also rund doppelt so viel.

Die Ursache dafür sieht der Wissenschaftler in einer Politik begründet, die zu Monopolbildung führt. Während in der EU zum Beispiel lange Jahre der Wettbewerb im Flugverkehr gefördert worden sei, hätten die US-Aufsichtsbehörden dem Zusammenschluss von Carriern zugestimmt, ohne besondere Auflagen daran zu knüpfen. Angesichts der Macht der Marktführer und ihrer Möglichkeiten, Wettbewerber aufzukaufen oder zum Beispiel auch Heerscharen von Lobbyisten zu finanzieren, so Philippon, werde es nicht leicht, in den USA wieder zu mehr Wettbewerb zurückzukehren. Nehme man die ganze Ineffizienz der Monopolunternehmen zusammen, gingen 1,25 Billionen US-Dollar an Löhnen und Gehältern jährlich durch fehlenden Wettbewerb verloren.[68] Inzwischen hat die Covid-19-Pandemie die Karten zusätzlich neu gemischt und es besteht die Gefahr, dass der Protektionismus und damit potenziell die Marktkonzentration auch in anderen Ländern zunehmen (siehe auch Seite 168).

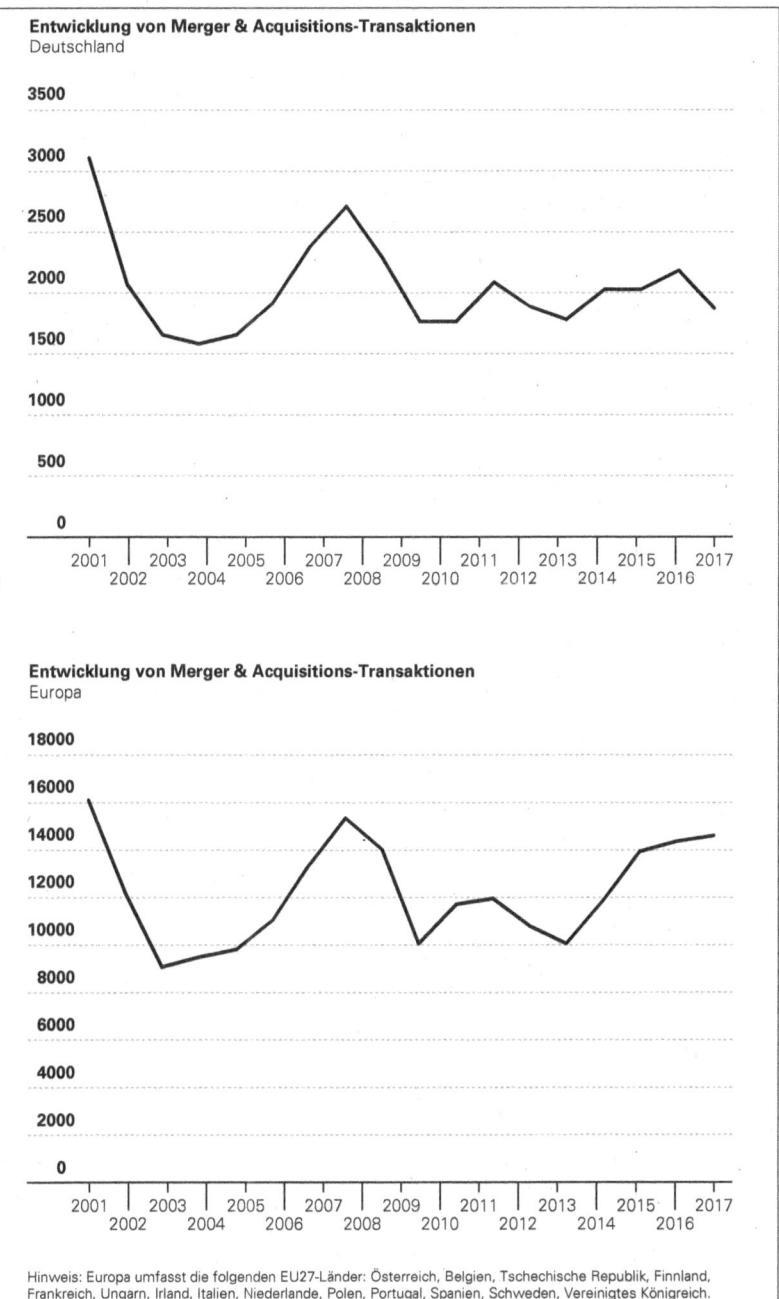

Entwicklung von Merger & Acquisitions-Transaktionen
Deutschland

Entwicklung von Merger & Acquisitions-Transaktionen
Europa

Hinweis: Europa umfasst die folgenden EU27-Länder: Österreich, Belgien, Tschechische Republik, Finnland, Frankreich, Ungarn, Irland, Italien, Niederlande, Polen, Portugal, Spanien, Schweden, Vereinigtes Königreich.

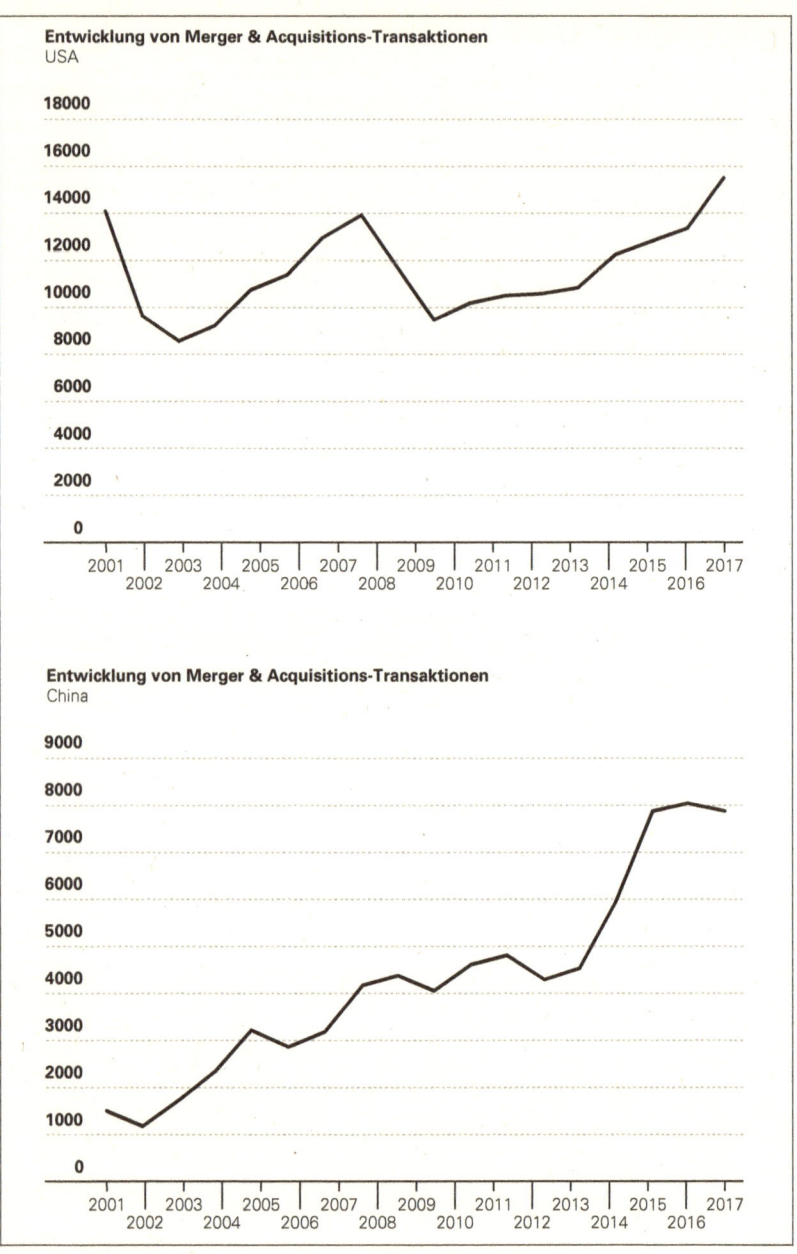

Entwicklung von Merger & Acquisitions-Transaktionen
USA

Entwicklung von Merger & Acquisitions-Transaktionen
China

Quelle: Accenture Research basierend auf Thomson Financial, Institute for Mergers, Acquisitions and Alliances (IMAA) analysis.

Aus volkswirtschaftlicher und wettbewerbstheoretischer Sicht ist Marktkonzentration ein Indiz für weniger Wettbewerb, mit negativen Auswirkungen auf Preise und Qualität von Produkten oder Dienstleistungen. In der Folge kommt es zu weniger Verjüngung der Unternehmenslandschaft, weniger Firmen gehen an die Börse. Wettbewerber werden aufgekauft. Insbesondere in den USA und China sind diese Tendenzen deutlich.

Der Internationale Währungsfonds warnt in einer groß angelegten Untersuchung, dass eine weiter zunehmende Konzentration Einkommensverteilung, Wachstum, Innovation und Beschäftigung nachhaltig hemme.[69]

Kommt die neue Leitwährung aus China?

China hat sich eine herausragende Sonderstellung auf dem Sektor der elektronischen Bezahlsysteme erworben: Die beiden Onlineriesen Alibaba und Tencent dominieren den Zahlungsverkehr, der überwiegend mobil abgewickelt wird. Von Peking und anderen chinesischen Monopolen ausgehend erobert dieser Trend die Welt – auch diese technologische Entwicklung wird durch das Covid-19-Virus und die Erfordernisse des *Social Distancing* beschleunigt: Kontaktloses Zahlen wird nun in vielen Ländern und in vielen Geschäften bevorzugt.

Der technologische Vorsprung auf dem Gebiet der Zahlsysteme könnte sogar den US-Dollar auf die hinteren Plätze verweisen. Die Goldreserven in Fort Knox und die US-Kontrolle des internationalen Bankenverkehrs über Swift, die Society for Worldwide Interbank Financial Telecommunication in Belgien, verlieren an Wichtigkeit angesichts einer Fülle virtueller Währungen, die seit der Erfindung von Bitcoin neu geschaffen wurden. Dabei geht es nicht nur um die Abwicklung von Zahlungen, sondern auch um eine politische Kontrolle über Zahlsysteme. Wenn zum Beispiel jemand eine Antiquität in Myanmar aus Deutschland heraus bezahlen wollte, konnte es passieren, dass die über Swift abgewickelte Zahlung aus politischen Gründen abgelehnt wurde.

Auch wenn viele der neuen digitalen Zahlsystem noch im Experimentierstadium sind – China zeigt, wie schnell sich Märkte darauf einstellen können. Gleichzeitig investiert das Land massiv in *Fintech* und arbeitet daran, ein internationales Zahlungssystem aufzubauen. Mit Alipay zum Beispiel kann man bereits grenzüberschreitend Überweisungen tätigen. Was so still anfängt, könnte mit einem Schlag, so der britische Historiker Niall Ferguson, zum D-Day für die USA werden: dann nämlich, wenn China seine weltweiten Bezahlnetze zu einem einzigen verknüpft und eine neue Leitwährung kreiert. Ein US-Ansatz für ein globales digitales Zahlsystem ist Libra, die Facebook-Währung, die immerhin ein Potenzial von 2,4 Milliarden Usern hinter sich hat. Doch Facebook hat ein Vertrauensproblem und viele Partner sind wieder ausgestiegen. Auch die US-Finanzinstitutionen sind zurückhaltend. Doch wenn sich die USA nicht bald auf den Weg zu einer international anschlussfähigen virtuellen Währung machen, so Ferguson, werden sie empfindliche Machteinbußen hinnehmen müssen.

Technologie wird Geschichte schreiben

In nur 30 Jahren hat sich die Welt nicht zuletzt aufgrund digitaler Technologien völlig verändert – sie ist schneller geworden, vernetzter, vielfältiger, aber auch kontroverser. Das Ende der geopolitischen Blöcke hat nicht lange angehalten: Es bahnt sich ein neuer Systemwettbewerb an, zwischen den USA und China. Auch wenn dabei anfangs vor allem Handel, Zölle und Sicherheitspolitik im Fokus standen – es wird immer deutlicher, dass es in Wirklichkeit um technologischen Vorsprung geht, denn dieser wird über die Zukunft des Planeten bestimmen, über wirtschaftlichen Erfolg und politische Macht. Es geht also um das Internet der Dinge,

Quantum Computing oder Künstliche Intelligenz. Gerade Letzterer wird eine zentrale Rolle zugeschrieben, so der russische Präsident Putin: »Wer in diesem Bereich die Führung übernimmt, wird Herrscher der Welt«.[70]

Wirtschaftlicher Erfolg wird zukünftig auf der Digitalisierung von Wertschöpfungsnetzwerken basieren, in denen Tausende von Unternehmen zusammenarbeiten. Der internationale Wettbewerb spielt sich zwischen digitalen Ökosystemen ab. Wie relevant aber ist die europäische Wirtschaft in diesem Szenario noch – welche Rolle kann vor allem Deutschland spielen?

Zentral ist dabei die Frage, auf Basis welcher Daten digitale Technologien entwickelt werden können. Der Kampf darum beginnt gerade »und das Hauptschlachtfeld wird Europa sein«[71], so EU-Kommissar Thierry Breton auf der Münchner Sicherheitskonferenz 2020. Hier hatte er die USA und China gleichermaßen im Sinn. Nach wie vor ist jedoch das Verständnis von China in Europa nicht groß. Thomas Reichart, ehemaliger Leiter des Ostasien-Studios des ZDF drängt darauf, dies umgehend zu ändern: »China ist mittlerweile eine Weltmacht, und was dort geschieht, betrifft uns in Europa und Deutschland unmittelbar. [...] Denn China steht nicht vor unserer Haustür, es ist schon da. Und es wird höchste Zeit, zu verstehen, was das für uns bedeutet.«[72]

Zu China gibt es viele Urteile und Vorurteile, doch wer den asiatischen Weg verstehen will, der muss sich im Land selbst umsehen, Unternehmen besuchen und mit chinesischen Managern und ihren internationalen Partnern sprechen. Wir sind deshalb im Dezember 2019, kurz vor dem Ausbruch der Covid-19-Pandemie, in drei der wichtigsten Wirtschaftsmetropolen gereist: nach Shanghai und das benachbarte Hangzhou sowie in das südwestlicher liegende, an Hongkong angrenzende Shenzhen.

KAPITEL 2

Der Flug des Drachen: Asiens Aufstieg

»Von der Seite sieht man klarer«

Wer zurückblickt auf die Geschichte eines Landes, betonte Clifford Geertz einmal, der glaubt, jede Entwicklung bewege sich zwangsläufig auf den Punkt in der Gegenwart zu, von dem aus man diese gerade betrachtet.[73] Blicke man aber von der Seite auf das Land und seine Historie, dann öffneten sich ganz neue Perspektiven, dann könne man sich ganz andere Zukünfte vorstellen als jene, in der man gerade lebt. »Von der Seite sieht man klarer!« – vielleicht kannte der amerikanische Ethnologe dieses chinesische Sprichwort, dessen Sinn wir so langsam begreifen lernen, wenn wir an China denken. Denn dort entwickelt sich gerade eine Zukunft, die in keine unserer Projektionen passt – schon gar nicht in die linearen Fortschreibungen unserer liberalen westlichen Gesellschaftsordnungen.

Der chinesische Weg ist gerade auch im Zusammenhang mit der Covid-19-Pandemie intensiv diskutiert worden – die radikale Eindämmung des Erregers, das intensive *Tracking* und *Tracing* mithilfe Künstlicher Intelligenz und Big Data – fern von jedem Datenschutz europäischer Prägung[74], aber auch die Disziplin und der Einfallsreichtum, mit deren Hilfe die chinesische Wirtschaft schon nach rund drei Monaten wieder angefahren wurde. Die Eindrücke und Bewertungen über China lassen sich nicht mathematisch auf einen Nenner bringen. Wer in Asien unterwegs ist, muss lernen, mit Gegensätzen als Teil eines Ganzen zurechtzukommen, so wie Yin und Yang einander begrenzen und doch auch ergänzen.

Auf dieser kulturellen Basis beruhen auch Geschäftsideen und Business-Modelle, von denen viele Inspiration auch für die deutsche und europäische Wirtschaft sein können. Denn auch, wenn die Rahmenbedingungen in China andere sind als in Europa, so sind doch die Trends weltweit dieselben: Datenbasierte Geschäftsmodelle rücken ins Zentrum der Wertschöpfung, Innovation wird zur Haupttriebkraft der Wirtschaft und Nachhaltigkeit zum wichtigsten Thema des Planeten. Und mehr denn je zählt Schnelligkeit in der Umsetzung und Skalierung.

Unsere Reise nach China zeigte uns, wie dynamisch und zukunftsorientiert die chinesische Wirtschaft agiert. Und auch, wenn das Virus die Entwicklung Asiens vorübergehend stark bremst und China selbst zum ersten Mal seit Jahrzehnten ein Minus-Wachstum hinnehmen muss, so erweisen sich, auch das hat die Krise gezeigt, seine digitalen Geschäftsmodelle als stabil und flexibel genug zugleich (siehe Seite 71ff.). Sie werden China zur führenden Wirtschaftsnation der Welt machen – auch wenn auf dem Weg dahin noch eine Reihe struktureller Probleme zu lösen sind, etwa die sehr hohe Verschuldung (ca. 330 Prozent des BIP), die Schaffung solider sozialer Sicherungssysteme vor dem Hintergrund einer alternden Gesellschaft sowie die Incentivierung und Umsetzung von nachhaltigen Wachstumsmodellen in allen Industrien.

Reise nach China

In zehneinhalb Stunden in die Zukunft! Anders lässt sich ein Flug von Frankfurt nach Shanghai nicht beschreiben. Denn jeder Besuch in einer der Metropolen Chinas bringt neue Überraschungen, beeindruckende Superlative und zeigt Stolz und Selbstbewusstsein dieses Landes, das auf so eine lange ruhmreiche Vergangenheit zurückblicken kann. China, die Wiege des Wissens, hat schon vor unserer Zeitrechnung Technologien hervorgebracht, von denen der philosophische Wegbereiter des Empirismus, Francis Bacon, in der Renaissance bereits schrieb, sie hätten »das Antlitz der Welt« verändert – Druckkunst, Schießpulver und den Magneten: »die erste in der Literatur, die zweite in der Kriegskunst und die dritte in der Seefahrt. Dieser Revolution sind unzählige Veränderungen gefolgt, und zwar dergestalt, dass keine Macht, keine Sekte, kein Stern mehr Einfluss auf die menschlichen Geschäfte ausgeübt hat, als diese drei mechanischen Erfindungen.«[75]

Beim Landeanflug auf den Flughafen Shanghai-Pudong, dahinter die futuristische neue Skyline der alten Hafenstadt, stellt sich ein vielleicht ähnliches Gefühl ein – dass keine Macht mehr Einfluss auf die menschlichen Geschicke hat als diese. Denn China ist dabei, eine neue technologische Ära einzuläuten, welche die wirtschaftlichen Beziehungen der Welt grundlegend verändern wird.

Die Fragen, die wir uns stellen, kommen nicht von ungefähr, sondern sind das Ergebnis von Gesprächen mit zahlreichen Kunden, Allianzpartnern und wissenschaftlichen Experten weltweit: Wie ist es China gelungen, entlang von Wertschöpfungsketten Ökosysteme zu schaffen und diese auch zu skalieren? Wie wird dort aus Daten Wert geschaffen? Wir fragen uns, wie der Riesenstaat, der bis eben noch als Standort für Niedriglohn-Jobs und als nicht enden wollende Quelle von »Schnelldreher«-Produkten und Imitaten galt, plötzlich zum *Role Model* für Innovation avancieren konnte? Ist die Entwicklung wirklich so rasant, oder ist die Wahrnehmung der Europäer so langsam? Vielleicht beides. Wo steht China im Verhältnis zur bisherigen Technologiemacht Nr. 1 – den USA? Und wo bleibt Europa in diesem Wettrennen der Titanen?

Der »Lange Marsch« und die kurzen Wege

Der »Lange Marsch« hatte Mao, dem Begründer der Volksrepublik China, militärisch zum Sieg verholfen. Nach seinem Tod aber waren es eher die Abkürzungen, die China politisch und wirtschaftlich voranbrachten – ein ganz eigener, unkonventioneller Weg, den der Politikwissenschaftler und Gründungsdirektor des Mercator Institutes for China Studies, Sebastian Heilmann, als einen Politikstil à la Guerilla bezeichnet.[76] Denn auch wenn dem chinesischen Weg immer wieder – analog zum wirtschaftlichen Zusammenbruch des »Ostblocks« – ein baldiges Ende prophezeit wurde, auch wenn der wachsende wirtschaftliche Wohlstand ohne demokratische Reformen nicht machbar schien, so hat sich die chinesische

Führung immer wieder als äußerst anpassungs- und lernfähig erwiesen, wenn es darum ging, »heiklen Herausforderungen« zu begegnen. »Ob das jetzt Fragen der Nachfolge waren oder Unruhen in der Bevölkerung«, so Heilmann und seine Kollegin, die Harvard-Politologin Elizabeth J. Perry, »ob rechtliche Institutionalisierung oder sogar die Integration in die globale Wirtschaft«, stets habe es die chinesische Führung auf erstaunliche Weise verstanden, selbst schwere und unvorhersehbare Krisen zu meistern.

Die unkonventionelle Kombination von autoritärem Parteistaat nach dem Muster Lenins mit Anleihen ausländischer Praktiken der Governance, unterstützt durch die Bereitschaft, modernste Technologien einzusetzen, haben das Modell China in einen »roten Schwan«[77] verwandelt, in jene außergewöhnliche Konstellation von Faktoren, die genauso wirkmächtig ist wie in ihren Folgen unvorhersehbar. Die Fähigkeit, von anderen zu lernen, hat dabei eine entscheidende Rolle gespielt. Und vor allem: China hat einen Plan. »Man kann heute wohl sagen, dass China das einzige Land der Welt ist, das überhaupt eine entwickelte langfristige geostrategische Idee hat«[78], so der ehemalige Außenminister Sigmar Gabriel.

Erste Signale der Öffnung nach den Schrecken der Kulturrevolution kamen mit der China-Reise des US-Präsidenten Richard Nixon 1972 und zwar in Shanghai, dem Ausgangspunkt unserer Reise: Dort verabschiedeten US-Präsident Richard Nixon und sein Counterpart, Premierminister Zhou Enlai, das Shanghai-Communiqué. Es beendete für lange Jahre den Antagonismus der beiden Staaten und führte unter anderem dazu, dass die Insel Taiwan als Teil des »einen« Chinas anerkannt wurde und doch ein eigener Staat blieb. Die folgenden US-Präsidenten, Gerald Ford und Jimmy Carter, setzten den freundschaftlichen Kurs mit dem ideologischen Gegner fort – zumal 1978, zwei Jahre nach Maos Tod, in China ein wirtschaftlicher Reformkurs mit marktwirtschaftlichen Elementen unter sozialistischer Flagge eingeleitet wurde. Nun konnten Bauern ihre Produkte nach Erfüllung der Quoten frei und unkontrolliert verkaufen. Inspiriert worden war der chinesische Präsident Deng Xiaoping durch einen Besuch Singapurs, der Transformation eines ehemaligen Fischerdorfs in einen modernen Stadtstaat.

Sonderzonen und Lernen vom Ausland

Deng Xiaoping, zunächst von Mao kritisiert und dann lange Jahre unter dem Druck der Roten Garden stehend – während der Kulturrevolution war er verbannt gewesen – versprach im In- und Ausland wirtschaftliche Reformen. Diese bestanden aus einer Abkehr von zentraler Planwirtschaft hin zu dezentraler Governance und marktbasierter Preisfindung, gestärkt durch staatliche Investitionsprogramme, aus der Reorientierung von Agrarwirtschaft auf Industrieproduktion sowie Investitionen in Bildung. Dazu gehörte natürlich auch die Öffnung für internationale Handelsbeziehungen. Symbolträchtig wurden in Küstennähe vier Sonderzonen ausgewiesen, die besondere Bedingungen für ausländische Investments boten – die Städte Shenzhen, Zhuhai und Shantou in der Provinz Guangdong nicht weit von Hongkong, sowie Xiamen gegenüber von Taiwan. 1984 folgten Shanghai und weitere 13 der größten Hafenstädte.[79] Blaupause war das irische Shannon, 1959 als erste Sonderwirtschaftszone ins Leben gerufen. Der China-Experte Wolfgang Hirn beschreibt in seinem Buch über die Boom-Stadt Shenzen den Besuch der chinesischen Delegation in der Hafenstadt.[80] 1986 machte der erste Chinese der Volksrepublik seinen Doktor der Ökonomie an einer ausländischen Universität, in Kyoto. Man begann, das chinesische Bruttosozialprodukt zu messen, um Erfolge und Misserfolge des Reformkurses zu überwachen.[81]

Die junge, aufstrebende Stadt Shenzen ist mittlerweile dabei, Silicon Valley den Rang als wichtigsten Innovationshub der Welt abzulaufen. Sie erweist sich als Magnet für die klügsten Köpfe der Welt. So haben neun Nobelpreisträger (acht davon aus den USA) den Aufbau von Labs in der Hafenstadt unter ihrem Namen begleitet, darunter der Nobelpreisträger für Chemie, Brian Kobilka (2012), oder der Physiker Andre Geim (2010).[82]

Immer mehr internationale Unternehmen gingen nun Joint Ventures mit chinesischen Partnern ein. Anfangs mussten sich diese ausländischen Investoren jedoch meist auf ihre Rolle als Geldgeber und Know-how-Lieferanten ohne große Mitsprache beschränken. Ihr Interesse galt vor allem dem riesigen Markt, der aber nicht selten überschätzt wurde. Die Chinesen waren vor allem an Wachstum interessiert, weniger an Profitabilität – bei den westlichen Partnern war es genau umgekehrt![83]

Das erste chinesisch-deutsche Joint Venture war 1981 zwischen der Wella AG und der Tian-jin Liming Cosmetics Joint Industrial Company aus China geschlossen worden. Andere Vorreiter aus den deutschen Leitindustrien waren Unternehmen wie Volkswagen, Siemens, BASF, Daimler, BMW und Bayer, die in China Investmentgesellschaften errichteten – im Bereich Automobilbau, Stromerzeugung, Verkehr und Kommunikation. Volkswagen ging 1984 ein Joint Venture mit der Shanghai Automotive Industry Corporation ein, doch erst ab 1990 wurden Volkswagen und Audis in China produziert.[84] Die üblicherweise lange Jahre währenden Beteiligungsgrenzen bei diesen Joint Ventures sollen, so war der Plan, bis zum Jahr 2022 schrittweise abgebaut werden.[85]

Nach der gewaltsamen Unterdrückung der Studentenproteste am Pekinger Tiananmen Platz 1989 kühlten zunächst die politischen und wirtschaftlichen Beziehungen zwischen China und dem Ausland ab. Amerikanische Waffenexporte nach China wurden ausgesetzt und die ersten ökonomischen Sanktionen ausgesprochen. Doch das chinesische Wachstum war nicht aufzuhalten und die Wirtschaftsbeziehungen schienen zu wichtig, um sie durch politische Verstimmungen ernsthaft zu gefährden. 1992 gab es bereits 2000 Sonderwirtschaftszonen in der, wie sie nun ganz offiziell hieß, »sozialistischen Marktwirtschaft«[86], die mit westlichen Investitionen vorangetrieben wurden. 1997 rief Präsident Jiang Zemin zum verstärkten Verkauf der Staatsbetriebe auf, wobei er betonte, dass das keine klassische Privatisierung sei, weil der Staat in vielen Fällen die Mehrheiten und damit auch die Kontrolle behalte.[87] Viele der staatseigenen Betriebe wurden Ende der 1990er-Jahre verkauft oder mit anderen verschmolzen – ein erfolgreicher Schachzug: Bis zur Jahrtausendwende war die Mehrheit dieser Betriebe bereits gewinnbringend.[88]

Nach dem Attentat auf das World Trade Center in New York 2001 zeigte sich China politisch als Bundesgenosse der USA – im Kampf gegen den *War on Terror,* den es öffentlich und finanziell unterstützte. Das Land verfolgt eine antimuslimische Politik, insbesondere gegenüber der Bevölkerungsgruppe der Uiguren in der Provinz Xinjiang. Mehr als eine Million Menschen sollen in Umerziehungslager gebracht worden sein, deren Existenz durch Satellitenaufnahmen bestätigt wurde. Die chinesische Seite spricht von Bildungseinrichtungen.[89] Inzwischen haben die USA wegen Menschenrechtsverletzungen Sanktionen gegen China verhängt (Stand Oktober 2020).

Mit Tempo nach vorn

2001, im Jahr von 9/11, tat China einen vielbeachteten Schritt: Das Land trat der Welthandelsorganisation WTO bei. Damit öffnete sich nicht nur die Tür für ausländische Firmen weiter als bisher, China erklärte sich auch bereit, sich einem internationalen Regelwerk unterzuordnen – auch wenn die diesbezügliche Compliance bis heute immer wieder Gegenstand ernsthafter Debatten ist. Aktuell steht die WTO wegen des Handelsstreits zwischen China und den USA unter großem Druck (siehe Seite 51), wenn keine Bewegung in die handelspolitischen Positionen kommt, könnte sie sogar auseinanderbrechen. Doch 2001 war die Welt noch optimistisch, dass der Handel den Schritt in Richtung Marktwirtschaft und Demokratie in China bringen könne. China sagte auch zu, Barrieren abzubauen – ab 2004 konnten ausländische Handelsunternehmen Lizenzen erwerben und sich auf zahlreichen Sektoren des chinesischen Marktes betätigen. Immer mehr multinationale Firmen, die bis dahin überwiegend Joint Ventures mit chinesischen Partnern eingegangen waren, bauten nun Unternehmen »*from the scratch*« auf.

Die meisten deutsch-chinesischen Joint Ventures wurden erst jetzt gegründet, als auch große Dienstleister wie der Groß- und Einzelhändler Metro und die meisten deutschen Banken der Industrie nachzogen. 2015 waren 12,4 Prozent der 5.200 deutschen Unternehmen, die im chinesischen Markt ihre Geschäfte betrieben, Joint Ventures mit chinesischen Partnerunternehmen eingegangen. Rund zwei Drittel der Investitionen deutscher Unternehmen verteilen sich laut der Außenhandelskammer in China 2015 auf: Maschinenbau (25,8 Prozent), Automobilindustrie (14,9 Prozent) sowie Beratungs- und Rechtsdienstleistung (13,4 Prozent), Konsumgüter (7,1 Prozent) und Chemieprodukte (63 Prozent).[90]

Bis 2004 war die chinesische Wirtschaft jährlich um beachtliche 10 Prozent gewachsen – und legte weltweit das schnellste Entwicklungstempo vor. Der chinesischen Führung war klar, dass man die Folgen sozial abfedern musste: 2005 verabschiedete die Kommunistische Partei Chinas einen Fünf-Jahres-Plan, der das Ziel hatte, eine »sozialistische harmonische Gesellschaft« zu schaffen. Er versprach weniger soziale Ungleichheit, bessere soziale Absicherung und ausreichende medizinische Versorgung. Trotz einiger Versuche, das Tempo der Entwicklung zu drosseln, ließ sich das Wachstum kaum bremsen. Im Jahr 2007 überrundete das chinesische Bruttoinlandsprodukt laut Weltbank mit 3,4 Milliarden US-Dollar zum ersten Mal das von Deutschland (3,3 Milliarden).[91] China stand nun auf Platz 3 der Weltwirtschaft, nach den USA und Japan. Zehn Jahre später sollte es sich auf Platz 2 vorschieben.

Die Liste der Superlative könnte man endlos fortsetzen: 2013 wurde China größte Handelsnation[92], 2014 das Land mit der größten Kaufkraft – und 2019 überholte China die USA bei der Zahl der

Patentanmeldungen. Nach Angabe der Weltorganisation für geistiges Eigentum (WIPO) reichte China rund 59 000 Patente ein und damit 1000 mehr als die Vereinigten Staaten.[93] Nun ist es auf dem Sprung in eine nächste Dimension, die wir auf unserer Reise genauer erkunden wollen: Auf der Blaupause der »Industrie 4.0« und darüber hinaus will das Land seine gesamte Industrie restrukturieren und auf der Basis der digitalen Revolution zur international führenden Wirtschaftsnation aufsteigen.

Ausländische Partner haben auf diesem Weg eine entscheidende Rolle gespielt: Sie waren es, die als erste Geld investierten, und sie waren *Role Models*, die als Vorreiter der Reformstrategien moderne Technologien, Marketing-Know-how und Netzwerke einbrachten. China hat das Gelernte pragmatisch an seine Wirtschaft angepasst. Doch nun sind die Zeiten der Adaption von Gelerntem vorbei: Mittlerweile wird systematisch durch das strategische Überspringen von linearen Innovationsstufen (Leapfrogging) auf die Zukunft gesetzt (siehe Seite 86). Experimentierfreudig und schnell in der Umsetzung wagen sich die Chinesen an neuartige Geschäftsmodelle wie etwa das Fahrradverleihsystem Mobike oder den zu Bytedance gehörenden Newsaggregator Toutiao heran, die in anderen Ländern kopiert werden. Travis Kalanick, Mitbegründer und ehemaliger CEO von Uber, prognostizierte bereits 2016, das China in fünf Jahren mehr Innovationen hervorbringen würde als Silicon Valley.[94] Und der ZDF-Journalist Thomas Reichart macht den Punkt, das jetzt wir »abkupfern« sollten.[95] Allerdings ist der chinesische Weg jenseits aller Arithmetik der Superlative komplexer und zum Teil auch widersprüchlicher, als es die Erfolgsmeldungen widerspiegeln.

Der Masterplan

Die Chinesen haben einen Masterplan vorgelegt, der das Land von einem kapitalschwachen und exportorientierten Markt in einen Treiber der Weltwirtschaft verwandeln soll. Das Motto für das neue Wachstumsmodell: von *High Speed* zu *High Quality*.[96] Der Plan enthält mehrere Etappen: *»Made in China 2025«* soll die Gesamtqualität der Fertigung deutlich verbessern und insbesondere den IT-Sektor ausweiten und intensivieren. Dafür wurden zehn Schlüsselindustrien definiert:

– Maschinen für die Landwirtschaft
– Schiffbau und Meerestechnik
– Energieeinsparung und Elektromobilität
– Informations- und Kommunikationstechnologien der neuen Generation
– *High-End*-gesteuerte Werkzeugmaschinensysteme und Robotertechnologie
– Elektrizitätsanlagen
– Anlagen für Luft- und Raumfahrttechnik
– Neue Werkstoffe und Materialien
– Moderne Anlagen für den Schienenverkehr
– Biomedizin und High-Performance-Medizingeräte.

Zur Erreichung dieser Ziele werden neun strategische Aufgaben genannt:

– Steigerung der Innovationsfähigkeit in der Fertigungsindustrie
– Intensivere Integration von Informationstechnologien in die Industrie
– Verstärkung der industriellen Basisfähigkeiten
– Verbesserung des Marken- und Qualitätsbewusstseins chinesischer Marken
– Förderung umweltfreundlicher Produktion
– Förderung von technologischen Durchbrüchen in den zehn Schlüsselindustrien
– Umstrukturierung von produzierenden Branchen: Qualität statt Masse
– Aktive Entwicklung serviceorientierter Produzenten und Dienstleister
– Entwicklung der Fertigungsindustrie auf internationaler Ebene[97]

Fünf Initiativen sollen landesweit die Wirtschafts-, Industrie- und Technologiepolitik bestimmen:

- Bis 2025 sollen 40 neue Forschungs- und Entwicklungszentren entstehen – in Zusammenarbeit von Hochschulen, Forschungszentren und Wirtschaft.
- In den Schlüsselindustrien sind hochwertige *High-End*-Produkte das Ziel, auch, um den chinesischen Marktanteil an Urheberrechten zu erhöhen.
- Nachhaltige und umweltschonende Produktion ist ein weiteres Ziel: Bis 2025 soll der Energieverbrauch internationalem Standard entsprechen.
- Smart Manufacturing soll weiterentwickelt und deutlich optimiert werden: Die Betriebskosten, Produktionszeiten und Ausfallquoten sollen bis 2025 halbiert werden.
- Schließlich ist man bemüht, die industriellen Basics, z. B. Halbleiter, wo China noch aufholen muss, vorangetrieben werden.

Bis 2035 ist dann geplant, dass in einer weiteren Etappe Durchbrüche erreicht und Chinas Wettbewerbsfähigkeit deutlich ausgebaut wurde. 2049, zum 100-jährigen Geburtstag der Volksrepublik, möchte China die Weltspitze als Technologienation erreicht haben.

Poesie und Planerfüllung

Die Volksrepublik tritt damit endgültig aus dem Schatten der kapitalistischen Marktwirtschaft heraus. Sie ist längst kein »Schwellenland« mehr, sondern ein Inkubator für neue Geschäftsideen und mutiges Management. Das Ziel ist Innovation in großem Maßstab. Niemand soll mehr an den technologischen Entwicklungen Chinas vorbeikommen. Der systematische Aufbau von nationalen Champions ist dabei ein zentraler Aspekt: Baidu ist für Automobil, Alibaba für *Smart City*, iFlytech für Spracherkennung,

Tencent für Gesundheit und sensetime für Bilderkennung verantwortlich. Und auch wenn die Inhalte des Masterplans eine Mischung aus Planerfüllung und Poesie des Willens sind, hat China ganz offensichtlich schon einen guten Teil des angestrebten Weges zurückgelegt. Dass diese spezielle Form der Marktwirtschaft nicht zur Demokratisierung der Gesellschaft geführt hat, irritiert und verunsichert den Westen, natürlich auch Teile der chinesischen Gesellschaft. Doch die Philosophie des Ostens ist seit jeher mit Widersprüchen und Gegensätzen besser zurechtgekommen als das eher lineare Fortschrittsdenken der alten Welt.

China ist immer noch ein Einparteienstaat mit autokratischen Zügen und der Staat hält alle Zügel in der Hand, wenn es um die Schlüsselindustrien geht. Dieser »Prozess des ständigen Wandels, der Spannungsregulation, des ständigen Experiments und der ad-hoc-Entscheidungen«, glaubt Sebastian Heilmann[98], ist durch die Zeit der Revolution geprägt worden und hat deshalb durchaus immer noch eine Beziehung zu den Prinzipien Maos.[99] Man mag die bisherige Entwicklung deshalb als eine Reihe von Glücksfällen abtun oder als Ausnahmen von der Regel. Doch was, wenn aus diesen Ausnahmen wirklich eine Regel wird, und China aus seinen Erfahrungen eine technologiegestützte Form der Governance entwickelt, die zu einem wichtigen Modell auch für andere Staaten der Welt wird?

Die »Neue Seidenstraße«

So hat China durch wachsenden Wohlstand, wirtschaftliche Öffnung und gezielte Planung in den vergangenen Jahrzehnten ein weltumspannendes Netz an Wirtschaftsbeziehungen, Einflussräumen und auch Abhängigkeiten geschaffen. Für die angrenzenden asiatischen Staaten, zum Beispiel für Malaysia, Singapur und die Philippinen, ist China der wichtigste Handelspartner. Aber auch ressourcenreiche Länder wie einige afrikanische Staaten sind längst stark von Exporten dorthin abhängig, Südafrika zum Beispiel liefert 15 Prozent seiner Bruttoproduktion nach China. Gleichzeitig finanziert China den größten Anteil an Infrastruktur auf dem afrikanischen Kontinent – Immobilien, Energie und Verkehrswege. Australien liefert sogar 38 Prozent seiner Güter[100], fast die Hälfte davon Eisenerze, nach China. Das wirtschaftlich expandierende Land verbraucht ein Fünftel der weltweiten Schürfung an Steine und Erden – Rohstoffe für seine expandierende Industrie.

2013 legte China einen weiteren Masterplan vor, mit dem die Nation wirtschaftliche Interessen mit geopolitischer Strategie verbindet: die *One Belt-One Road*-Initiative. Sie will die Kontinente Asien, Afrika und Europa durch sechs Korridore verbinden und dabei neue wirtschaftliche, politische und wissenschaftliche Partnerschaften schmieden. Die chinesische Führung denkt groß und langfristig: 68 Länder und mit ihnen zwei Drittel der Weltbevölkerung und die Hälfte des BIP sind in die geplanten und zum Teil schon realisierten internationalen Handels- und Infrastrukturnetze einbezogen.[101] Mehr als die Hälfte aller EU-Staaten haben bereits ein bilaterales Abkommen mit China unterzeichnet, darunter Italien, Polen, Ungarn und Österreich.

Eines der Ziele, die dabei verfolgt werden, ist zum Beispiel, die Normen und Standards im Zuge der Industrialisierung dieser Länder mit zu formen. Das gilt vor allem für Afrika. Es stärkt den Einflussbereich Chinas und schafft damit Absatzmärkte für seine Produkte. Die Länder der *Belt and Road*-Initiative dienen mitunter auch als Testmärkte: So wird der Wiederaufbau der Infrastruktur Haitis nach dem großen Erdbeben 2010 dazu genutzt, *Smart-City*-Lösungen, die in China entwickelt wurden, auszuprobieren.

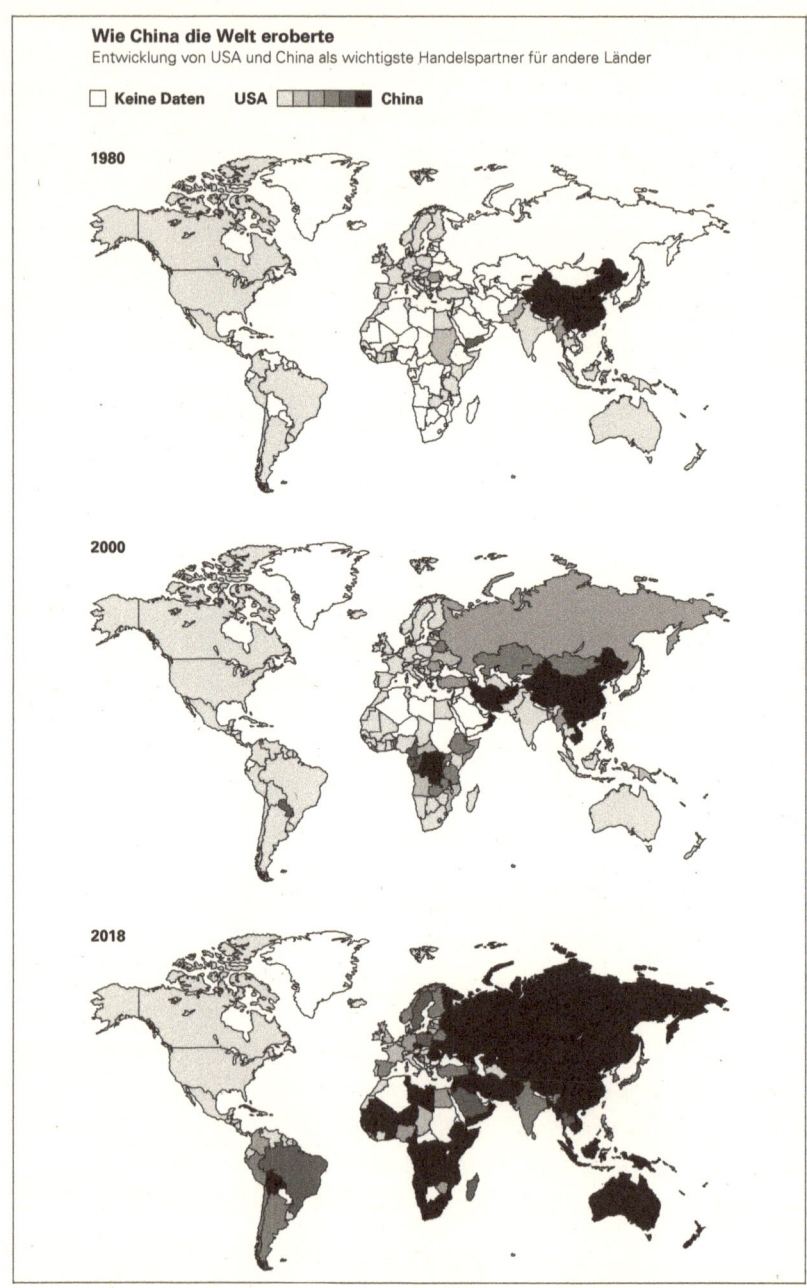

Wie China die Welt eroberte
Entwicklung von USA und China als wichtigste Handelspartner für andere Länder

Keine Daten   USA   China

1980

2000

2018

Quelle: *Lowy Institute*[102]

Die chinesische Meritokratie

Natürlich gibt es in China das Prinzip der Seilschaften und auch Korruption. Doch auch Fähigkeit und Leistung werden außerordentlich hoch bewertet und sind wichtige Kriterien bei der Auswahl von Politikern und Funktionären. Auf den ersten Blick wirkt das wie die übliche Form der Elitenbildung, doch die Ordnung der chinesischen Meritokratie ist etwas Besonderes und bereits im Konfuzianismus tief verankert. Der politische, soziale und kulturelle Hintergrund, so das erklärte Ziel, soll dabei explizit in den Hintergrund treten. Für Funktionäre gibt es das *bianzhi*. Dabei werden Loyalität, Moral, Wissen, Talent, Führungsqualität und der Arbeitsstil bewertet. Unternehmerisches Geschick und Kreativität sind ebenso wichtig wie Basiswissen auf den verschiedensten Entwicklungsfeldern – etwa Armutsbekämpfung, sozialem Wachstum oder Umweltschutz.

Die Karrieren hoher Parteimitglieder und Entscheidungsträger durchlaufen häufig ein bestimmtes Muster. So hatten sechs der sieben obersten Volksvertreter, die auf dem 19. Kongress der Chinesischen Volkspartei 2019 gewählt wurden, zuvor Erfahrungen in Provinzregierungen gesammelt. Nach chinesischer Sicht soll ein komplexes System von Beziehungsgefüge und Leistungsbeweisen die fähigsten Kandidaten herausfiltern, die sich während ihres hierarchischen Aufstiegs dann auch auf verschiedensten Karrierestufen beweisen müssen.

Die Leitprinzipien chinesischer Governance ähneln dem eines Wirtschaftsunternehmen: Organisationstalent, Leadership und eine enge Beziehung zum Kunden (zur Bevölkerung) und natürlich Loyalität zur Partei stehen im Zentrum. Dabei schult die Erfahrung mit den wirtschaftlichen Strukturen der Regionen, wo viele der Spitzenpolitiker ihre »Lehrzeit« absolviert haben. Bevor sie ganz oben ankommen, arbeiten viele von ihnen dann noch als rechte Hand der Entscheidungsträger an der Spitze des Landes. Ein raketenhafter Aufstieg bei politischen oder wirtschaftlichen Karrieren ist eher selten – die Führungselite durchläuft eine sorgfältige und geduldige Prüfung. Denn ein chinesisches Sprichwort sagt: »Um wirklich gutes Bauholz abzugeben, muss ein Baum sieben Jahre lang wachsen.«

Von der Werkbank ins Labor

Wie stark ist China bereits, wenn es um seine Wirtschaft geht? Angefangen hatte alles mit seiner Rolle als »Werkbank« der Welt, und viele Waren der Massenfabrikation – Kleidung, Schuhe oder Kleingeräte – werden immer noch in China produziert, zum Beispiel 70 Prozent des weltweit hergestellten Spielzeugs.[103] Doch auch Computer, Büromaschinenteile, Telefone und andere Kommunikationstechnik werden exportiert. Die Volksrepublik leistet inzwischen 35 Prozent der weltweiten Produktion, also mehr als ein Drittel.[104]

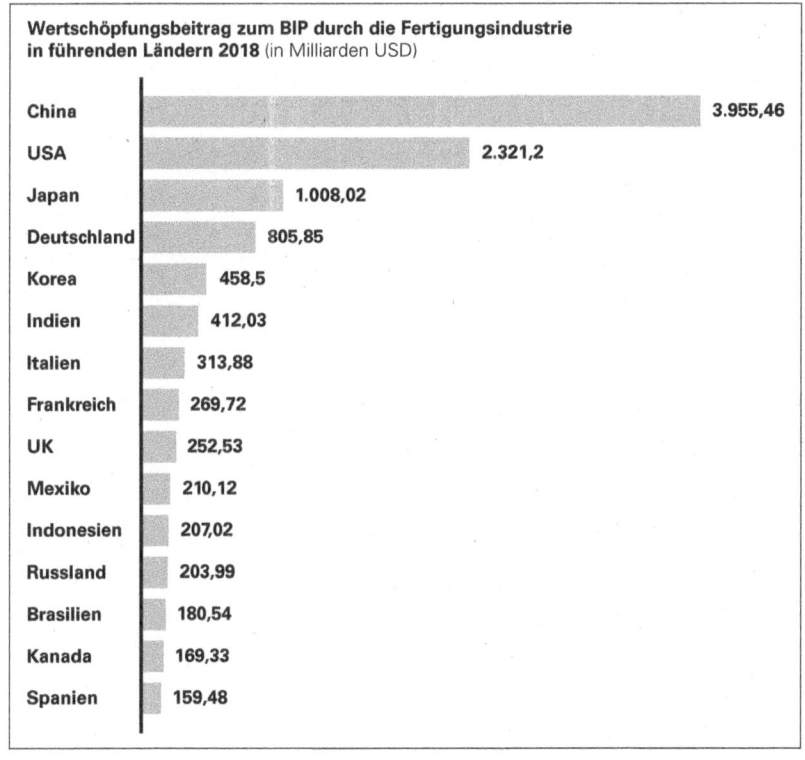

Wertschöpfungsbeitrag zum BIP durch die Fertigungsindustrie in führenden Ländern 2018 (in Milliarden USD)

China	3.955,46
USA	2.321,2
Japan	1.008,02
Deutschland	805,85
Korea	458,5
Indien	412,03
Italien	313,88
Frankreich	269,72
UK	252,53
Mexiko	210,12
Indonesien	207,02
Russland	203,99
Brasilien	180,54
Kanada	169,33
Spanien	159,48

Quelle: Statista[105]

Sie ist auch das größte Exportland: 2018 wurden Waren und Güter im Wert von fast 2,5 Billionen US-Dollar ausgeführt.[106] Nur auf wenigen wichtigen globalen Märkten sind chinesische Exporte unterrepräsentiert – dazu zählen Pharmaprodukte (nur vier Prozent stammen aus China) oder Kraftfahrzeuge (drei Prozent). Erstaunlich hoch ist hingegen der Anteil an Agrarprodukten: Immerhin 18 Prozent der weltweit gekauften landwirtschaftlichen Produkte stammen aus China.

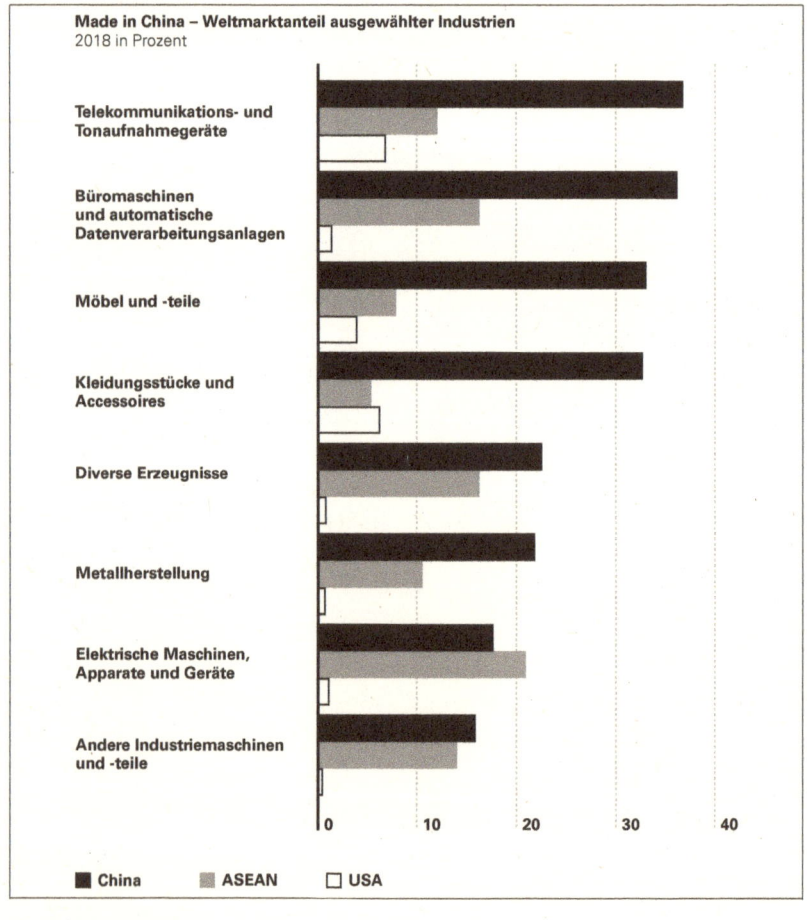

Made in China – Weltmarktanteil ausgewählter Industrien
2018 in Prozent

- Telekommunikations- und Tonaufnahmegeräte
- Büromaschinen und automatische Datenverarbeitungsanlagen
- Möbel und -teile
- Kleidungsstücke und Accessoires
- Diverse Erzeugnisse
- Metallherstellung
- Elektrische Maschinen, Apparate und Geräte
- Andere Industriemaschinen und -teile

0   10   20   30   40

■ China   ■ ASEAN   □ USA

Quelle: Economist[107]

Gleichzeitig ist China für die Welt zum wichtigsten Konsumgüter-markt geworden. Dort werden mehr als 40 Prozent der weltweit gehandelten Mobiltelefone verwendet und rund 65 Prozent der Elektrofahrzeuge.[108] An die 30 Prozent des globalen Konsums finden heute in einem Land statt, das den Begriff »sozialistisch« neu definiert hat – die »Befreiung der Produktivkräfte« läuft nun über die entfesselte Konsumlust der Bevölkerung. Es ist der chinesische Konsument, der den Weltmarkt antreibt: Mitte 2019 übertraf der chinesische Einzelhandel zum ersten Mal den der USA. Eine wichtige Rolle spielt dabei der *Singles Day* am 11. November, der mit seinen Umsätzen aus Rabattverkäufen sämtliche US-Verkäufe des *Black Friday* oder des *Cyber Monday* schlägt.[109] Auch die Amerikaner kaufen trotz Zöllen und Handelsschranken chinesische Produkte und profitieren dabei von niedrigeren Preisen und mehr Produktvielfalt. [110]

Auch die chinesische Industrie hat einen nicht enden wollenden Bedarf: Fast die Hälfte aller global produzierten Halbleiter werden in China verwendet, das auch der weltgrößte Markt für Industrieroboter[111] ist und schon heute der wichtigste für smarte Produkte. Wichtige Kerntechnologien, zum Beispiel Halbleiter und optische Geräte, sind zwar Teil des Masterplans »*Made in China 2025*«, müssen aber momentan noch importiert werden.[112] Fast zwei Drittel hiervon stammen aus den USA (31 Prozent), aus Japan (21 Prozent) und Deutschland (10 Prozent).[113] Auch im Bereich des geistigen Eigentums gibt es noch eine deutliche Schieflage: China muss für ausländische Lizenzen noch ein Sechsfaches von dem ausgeben, was chinesische Firmen im Ausland für *Intellectual Property* einnehmen.[114] Dabei geht die Software Alliance, ein internationaler Interessenverband von Software-Anbietern, davon aus, dass zum Beispiel 2018 in China 66 Prozent der auf PCs installierten Software ohnehin nicht lizensiert war – ein Verlust von immerhin 6,8 Milliarden US-Dollar.[115] Doch China hat Besserung geschworen, die staatlichen Kontrollen zu diesem Punkt verschärft und ein eigenes Gericht für Streitfälle um geistiges Eigentum eingerichtet.

Von *Low-Cost* zu *High-End*

In der Produktion war China viele Jahre ein Niedriglohnland und wurde deshalb für ausländische Investoren ein wichtiger Partner im Bereich Fertigung und anderer arbeitsintensiver Sektoren. Das gilt besonders für die globale Textil- und Bekleidungsindustrie, die immer noch zu mehr als der Hälfte in China operiert. Jeder zweite Stoff und jedes zweite Kleid (rund 55 Prozent) werden in der Volksrepublik hergestellt.[116] Doch die Löhne steigen und vor allem Industrien mit geringer Wertschöpfung verlagern ihre Produktion in kostengünstigere Standorte wie Vietnam oder Malaysia.[117] Das gilt sowohl für ausländische, vor allem aber für chinesische Hersteller: Diese lassen zum Beispiel in Samarkand usbekische Baumwolle zu Niedriglöhnen mit deutschen Hightech-Maschinen zu Garn spinnen.[118]

Während das Bild der billigen »Werkbank der Welt« in der westlichen Öffentlichkeit immer noch nachwirkt, hat China längst den entscheidenden Sprung in der globalen Wertschöpfungskette getan. Es nutzte internationale Kooperationen, um an wichtige Kernkomponenten und *High-End*-Lösungen zu gelangen. Dabei ist China in einigen Zukunftsbereichen wie beispielsweise Halbleiter nach wie vor von ausländischen Lieferanten abhängig. Vor allem im Bereich IT und Elektronik entwickelte sich China so in der zweiten Dekade dieses Jahrhunderts zu einem wichtigen und aufstrebenden Produzenten. 44 Prozent dieses globalen Marktes werden inzwischen aus der Volksrepublik abgedeckt. Auf dem Markt der Flüssigkristall-Bildschirme zum Beispiel avancierte das Land in wenigen Jahren zum zweitwichtigsten Hersteller.[119] In Zukunftsmärkten wie Photovoltaik oder Hochgeschwindigkeitszügen, Containerschiffbau oder Windturbinen sowie Elektrofahrzeugen und landwirtschaftlichen Geräten ist China inzwischen sogar ganz oder weitgehend unabhängig von ausländischen Herstellern, von denen umgekehrt viele mit chinesischen Zulieferern zusammenarbeiten.

Innovation statt Imitation

China erlebt gerade – nach Aussagen der Weltbank – die »größte anhaltende wirtschaftliche Expansion in der Geschichte«. Sie hat der Volksrepublik dazu verholfen, ihr Wachstum im Schnitt alle acht Jahre zu verdoppeln und 800 Millionen Menschen aus der Armut zu befreien. Das Wachstumstempo hat sich inzwischen allerdings verlangsamt: Es fiel von einem Peak von jährlich 14,2 Prozent 2007 auf 6,6 Prozent im Jahr 2018 und soll sich nach Prognosen des Internationalen Währungsfonds bis 2024 weiter verringern. Die chinesische Führung hat diese Entwicklung zum »*new normal*« erklärt und betont, die chinesische Wirtschaft werde sich künftig weniger auf Investment und Exporte stützen, sondern mehr auf Konsum, Dienstleistungen und Innovation. Nach einem Fokus auf zweistelliges Wirtschaftswachstum steht nun die »Qualität des Wachstums« im Vordergrund.[120] Diese Kursänderung wird von einer Reihe von Lenkungsinitiativen gestützt.[121]

Innovation ist also inzwischen das zentrale Ziel der chinesischen Wirtschafts- und Forschungspolitik und die Digitalisierung hat es ermöglicht, dass China sich in relativ kurzer Zeit von einer der ärmsten Nationen zu einem Vorreiter der Entwicklung wandeln konnte. Der technologische Paradigmenwechsel nämlich wurde für viele Industrien zu einer Art »Stunde Null«, die den Wettbewerbsvorteil mechanischen Wissens deutlich schrumpfen ließ. Da hat die Volksrepublik auch ohne sogenannte *legacy*, also ohne tradiertes Know-how in den klassischen industriellen Sektoren, gute Startbedingungen – mit einer unendlichen Menge junger Talente und großzügiger staatlicher Förderung und Lenkung.

China verfügt heute über die meisten Supercomputer in der Welt, es hat mit 4,7 Millionen die meisten Hochschulabsolventen in den MINT-Fächern und veröffentlicht die größte Zahl wissenschaftlicher Studien, auch wenn über deren methodische Qualitäten immer noch gestritten wird.[122] US-Unternehmer fangen an, sich an chinesischen Innovationen zu orientieren, sagen Venture-Kapital-Experten in den USA. Laut *Economist* hat Alibaba mit den KI-Chip Hanguang 800 eine Standard-Lernaufgabe 13-mal schneller gelöst als der gerade von Intel herausgegebene Chip. Obwohl der Vergleich nicht ganz fair ist, weil Alibaba den Chip physisch etwas größer gemacht hat, zeigt es die Geschwindigkeit, mit der die Entwicklung voranschreitet.[123]

China hat aber auch intensiv in Forschung und Entwicklung investiert – 332 Milliarden US-Dollar waren es allein im Jahr 2019. Es steht damit bei F&E nach den USA an zweiter Stelle weltweit. Unter anderem wurde mit einer Startinvestition von einer Milliarde US-Dollar ein eigenes Forschungslabor für Quantentechnologie aufgebaut, das National Laboratory for Quantum Information Sciences in Peking. Der weltweit erste »Quantensatellit«, mit dem eine Quantenkommunikationsverbindung etabliert wurde, wurde 2016 von China aus gestartet.[124]

Soziales Schachspiel mit KI

Ein weiteres strategisches Ziel Chinas: Bis zum Jahr 2030 will das Land auf dem Gebiet der künstlichen Intelligenz eine der weltweit führenden Nationen werden. *Deep Learning*, Gesichtserkennung und neue Formen der Robotik (etwa ein virtueller Nachrichtensprecher im Fernsehen[125]) sollen nicht nur internationale Märkte erschließen, sondern auch dabei helfen, die Gesellschaft dort voranzubringen, wo China selbst nach seiner Einschätzung noch Nachholbedarf hat: im Schulunterricht, in der Gesundheitsversorgung, beim Umweltschutz, der Stadtverwaltung, in der Rechtsprechung und natürlich auch bei der Überwachung der Bürger. KI soll dabei helfen, gesellschaftliche Entwicklungen zu prognostizieren und rasch darauf zu reagieren, im In- wie im Ausland.[126] »Künstliche Intelligenz, immun gegenüber Ängsten oder Vorlieben, hilft bei der chinesischen Außenpolitik«, titelt zum Beispiel die *South*

China Morning Post[127] und rühmt einen KI-gestützten *»Policymaker«*, der nach dem Muster von Schachcomputern und auf der Basis unterschiedlichster Daten (»vom Party-Klatsch bis zu Aufnahmen von Spionagesatelliten«) Handlungsempfehlungen gibt.

Auf dem Gebiet der künstlichen Intelligenz ist der Wettstreit zwischen den USA und China besonders intensiv. Die USA haben die wichtigsten chinesischen KI-Unternehmen auf eine Schwarze Liste gesetzt und von ihrem Markt verbannt.[128] China hat jedoch einen wichtigen strategischen Vorteil, weil es im eigenen Land ungebremst und von der politischen Führung gesteuert Daten sammeln kann – ohne viele der ethischen und juristischen Schranken, die im Westen Standard sind. Je mehr Daten in die Systeme eingespeist werden, desto schneller lernen sie. »Software, Supercomputer und Daten – das ist die Dreifaltigkeit der künstlichen Intelligenz«, schreibt der *Economist*.[129]

Auch das dichte Netz an Datenverarbeitung ist in China einzigartig: Unternehmen, die sich in vorderster Linie mit Gesichtserkennung befassen, wie Megvii oder SenseTime, arbeiten mit riesigen Datenmengen. Einer der größten Datenverarbeiter Chinas, die Firma MBH, beschäftigt zum Beispiel 300 000 Angestellte, die irgendwo in der Provinz zu Billiglöhnen und wie am Fließband nichts anderes tun, als Daten zu kategorisieren (taggen) und zu labeln, zu »turken«, wie der Fachbegriff dafür lautet. Ihre Geschwindigkeit und Performance wird natürlich erfasst und gute Turker können das Dreifache von dem verdienen, was ein Arbeiter sonst in den armen ländlichen Regionen erhält.[130]

Mobil mit Super-Apps

Was den Rohstoff »Daten« angeht, ist die riesige Nation China also ungeschlagen. Dazu tragen auch die mehr als 800 Millionen Internetnutzer bei, mehr, als die USA und Europa zusammen verzeichnen. Ein wichtiges Merkmal und gleichzeitig Treiber des E-Commerce ist dabei der hohe Anteil an Mobilkommunikation: 2019 gab es in China 851 Millionen Smartphones (zum Vergleich: In Deutschland waren es 65,8 Millionen)[131], über die der häufigste Zugriff auf das Netz erfolgt. 92 Prozent der Konsumenten nutzen eine App oder einen Browser zum mobilen Kauf – es sind sogar 98 Prozent bei der jüngeren Generation zwischen 18 bis 24 Jahren.[132]

Hier wird ein für China typisches Phänomen deutlich, das dem Land immer wieder zu Wettbewerbsvorteilen verhilft: das Leapfrogging. In diesem Fall bedeutet es, dass die meisten Chinesen etwa die Phase der stationären Desktop-Computer, aber auch der Laptops einfach übersprungen haben und ihr Leben über ihr Smartphone mobil verwalten. Mehr als 70 Prozent des Internethandels werden deshalb auch unterwegs und von irgendwo abgewickelt, doppelt so viel wie in den USA mit 35 Prozent.[133] Großen Anteil an dieser Entwicklung haben Super-Apps, über die man fast alle Dinge des Alltags erledigen kann – einkaufen, Bankgeschäfte erledigen und die Fitness sicherstellen – während man im Westen häufig nur ein bestimmtes Anliegen mit einer App erledigen kann.

Ein Beispiel ist Meituan. Diese App kombiniert gastronomische und Reise-Dienstleistungen, wie sie bei uns von konkurrierenden Anbietern wie Yelp, Booking.com, grubhub, Uber Eats, Kayak, Fandango und Open Table angeboten werden. Man kann sich über Meituan Essen liefern lassen, einen Tisch im Lokal bestellen, Hotelzimmer buchen oder auch Kinokarten kaufen. Die Super-App ist in kürzester Zeit zum Titan auf dem Digital-Markt geworden und steht heute selbstbewusst neben den chinesischen Internetgiganten der ersten Stunde: Baidu, Alibaba und Tencent. Bei ihrem Börsengang 2018 erzielte sie 4,2 Milliarden US-Dollar. Die Erlöse verdoppelten sich fast. Umsätze und Verluste steigen allerdings gleichermaßen, sodass Meituan sich nun stärker auf seine Kerngeschäfte fokussieren will.[134]

In der Kombination unterschiedlicher Interessen und Funktionen zählt auch die Super-App Pinduoduo zu den Gewinnern: Sie macht die Jagd nach Sonderangeboten zum spannenden Spiel, durch Ratings und die Bildung von Käufergruppen: Jeder Neuzugang erhöht den in Aussicht gestellten Rabatt. Geteilt wird Pinduoduo meistens über WeChat, die Super-App von Tencent, die von einer Milliarde Menschen in China genutzt wird. Sie erreichte in nur vier Jahren mehr User als Ebay und ist seit 2018 auf Nasdaq.[135] Sie ist zur ernsthaften Konkurrenz für die Marktführer Alibaba, Taobao und JD.com geworden. Alibaba hat deshalb mit einer eigenen Discount-App nachgezogen.

Das Internet ist in China aber nicht nur etwas für Gebildete und Besserverdiener. Es hat für jeden etwas, auch für die ärmere Bevölkerung in den ländlichen Gegenden. Zum Beispiel Apps wie die Minivideo-Plattform Toutiao. Sie erlaubt es, mithilfe künstlicher Intelligenz kurze Videos selbst zu gestalten und dann mit witzigen Einfällen darum zu konkurrieren, die meisten Klicks zu erhalten. Gerade auf dem Land, wo die staatliche Führung weniger Einfluss hat und der Konsum nicht dieselbe Rolle spielt, gibt es Bedarf an solcher selbst kreierten Unterhaltung. Toutiao hat jedoch auch ein weltweites Publikum. Die App wurde in kürzester Zeit so beliebt, dass Facebook davon inspiriert wurde, seine eigene Kurzvideo-App (Lasso) zu launchen (im Juli 2020 beendet).

Diese Beispiele zeigen, dass sich Silicon Valley und seine Schüler anstrengen müssen, um die Poleposition auf dem Informatik-Highway nicht zu verlieren – zumal die chinesischen Investitionen in den amerikanischen Hightech-Standort wegen der Handelsstreitigkeiten stocken. 2019 sind die Gesamtinvestitionen Chinas in den USA auf 4,8 Milliarden US-Dollar gefallen, das niedrigste Niveau seit Jahren.[136] Davon profitiert wiederum die chinesische Industrie.

Die chinesischen Riesen

Fortune Global 500, ein Index der umsatzstärksten global operierenden Unternehmen, listete im Jahr 2019 bereits fast gleich viele Firmen aus China und Hongkong (119) wie aus den USA (121)
auf.[137] Die chinesischen Unternehmen sind erheblich stärker auf
ihren Heimatmarkt fokussiert; sie ziehen einen deutlich geringe-
ren Anteil an Gewinnen aus dem internationalen Geschäft als die
amerikanischen Konkurrenten.[138] Die großen asiatischen Tech-Gi-
ganten Baidu, Alibaba und Tencent nehmen dabei längst nicht die
Spitzenpositionen ein wie ihre Konkurrenten Apple, Amazon und
Alphabet. Aber China stellt in etwa ein Viertel der 20 international stärksten Digitalunternehmen, die sich insgesamt allein auf die
USA und China verteilen.[139]

Die chinesischen Riesen haben neben ihre ursprünglichen Geschäftsmodelle wie Suchmaschine, Internethandel oder Spiele
längst eine breite Palette von neuartigen, innovativen Unterneh-
mungen gestellt, die von Gesundheit bis hin zu Fintech reichen.

Die Regierung hatte allen Internetunternehmen anfangs große
Freiräume eingeräumt, bevor der Bereich schließlich doch stärker reguliert wurde, um die Qualität der Transaktionen zu verbessern.[140] Heute ermöglicht es ein vielseitiges Ökosystem, die unterschiedlichsten Transaktionen wie Information, Unterhaltung,
Kommunikation, Gesundheit und Finanzen über die Super-Apps
mit wenigen Klicks abzuwickeln.

Die größten Firmen mit internet-basierten Geschäftmodellen nach Marktkapitalisierung

Rang 2019	Firma	Region	Wert Marktkap. (Mrd. US$) 6/7/19B	6/7/16B	% Change
1	Microsoft	USA	1,007	410	+146%
2	Amazon	USA	888	343	+159%
3	Apple	USA	875	540	+62%
4	Alphabet	USA	741	497	+49%
5	Facebook	USA	495	340	+46%
6	Alibaba	China	402	195	+106%
7	Tencent	China	398	206	+93%
8	Netflix	USA	158	43	+266%
9	Adobe	USA	136	50	+174%
10	PayPal	USA	134	46	+190%
11	Salesforce	USA	125	56	+123%
12	Booking.com	USA	77	67	+15%
13	Uber	USA	75	--	--
14	Recruit Holdings	Japan	52	20	+167%
15	ServiceNow	USA	51	12	+316%
16	Workday	USA	48	16	+197%
17	Meituan Dianping	China	44	--	--
18	JD.com	China	39	32	+22%
19	Baidu	China	38	60	(36%)
20	Activision Blizzard	USA	35	28	+25%
21	Shopify	Kanada	34	2	+1,297%
22	NetEase	China	33	23	+44%
23	eBay	USA	33	28	+19%
24	Atlassian	Australia	32	5	+509%
25	MercadoLibre	Argentina	30	6	+388%
26	Twitter	USA	29	11	+173%
27	Square	USA	29	3	+808%
28	Electronic Arts	USA	29	23	+25%
29	Xiaomi	China	28	--	--
30	Spotify	Sweden	25	--	--
Total			**6,119 Mrd. US$**	**3,064 Mrd. US$**	

18 Unternehmen der globalen Top-30 nach Marktkapitalisierung kommen im Jahr 2019 aus den USA. Im Vorjahr waren unter Verwendung der gleichen Parameter 19 US-Unternehmen unter den Top-30, während 8 chinesische Unternehmen gelistet waren.

Anmerkung: Die prozentuale Veränderung gilt nur für Unternehmen, die am 16.7.2016 öffentlich gehandelt wurden, private Bewertungen wurden nicht berücksichtigt. Berücksichtigt wurde globale, öffentlich gehandelte Unternehmen, bei denen jedoch einige Unternehmen (z.B. Meituan Dianping) den Großteil ihrer Einnahmen nur aus einem Land beziehen. Die ausgewählten Unternehmen werden als "reine" Internet-Firmen betrachtet, die keinen signifikanten Anteil ihres Umsatzes/Gewinnes aus anderen Geschäftsbereichen erzielen. Beispiele für solche Unternehmen die andernfalls einbezogen würden = Reliance Industries (Raffinerie), AT&T (Telekommunikation), & Naspers (Fernsehen).

Quelle: Mary Meeker Internet Trends 2019[141]

Das macht sich auch im internationalen Geschäft bemerkbar. Alibabas eCommerce-Umsätze auf dem internationalen Markt sind von zwei Prozent in 2016 auf zehn Prozent des Gesamtumsatzes in 2020 gestiegen.[142] Tencent ist weltweit zum größten Spiele-Anbieter geworden. Der Drohnen-Hersteller DJI macht mehr als vier Fünftel seiner Umsätze im Ausland.[143] Der Smartphone-Produzent Transsion und der Elektronikhersteller Xiaomi übernehmen wichtige Märkte in Afrika und Indien. Didi, eine Car-Sharing-Firma, hat sich in Brasilien mit einer Milliarde eingekauft.[144]

Je disruptiver die Geschäftsmodelle werden, desto stärker steigen auch erfahrene Venture-Unternehmen darauf ein. Zum Beispiel Sinovation Ventures, eine chinesische Firma, die vom früheren Google-CEO in China, Kai-Fu Lee, 2013 gegründet wurde. Das in Peking ansässige Unternehmen gilt mittlerweile als eine der wichtigsten »Einhorn«-Schmieden weltweit. Sie finanziert neue Generationen von Start-ups, etwa eine der am schnellsten wachsenden Social-Media-Plattformen, vor allem für junge User: Xiaohongshu (RED). Man kann mit ihrer Hilfe fast alles kaufen und das gleichzeitig als Social Media teilen: Zum Beispiel gibt die US-Celebrity Kim Kardashian hier Schminktipps, während sie gleichzeitig ihre Schönheitsprodukte vermarktet. Die Zahl der User verdreifachte sich innerhalb von 18 Monaten auf 220 Millionen im Frühjahr 2019 und die Plattform kommt täglich auf drei Milliarden Views. Ein anderer Bestseller ist der Mobilitätsanbieter Didi Chuxing, der in China Uber schlagen konnte. Nach drei Jahren des Konkurrenzkampfes gab Uber auf und überließ seinen Markt für 35 Milliarden US-Dollar 2016 dem Konkurrenten.

Die Rolle der Regionen

Small is beautiful – auch wenn China Großes vorhat, finden wesentliche Veränderungen zunächst im Kleinen statt. Um Innovationen zu triggern, werden häufig zunächst die Provinzen aktiviert. Ihre Regierungen bieten großzügige Förderungen, die – gedeckelt – bis zu 40 Prozent des Investitionsbedarfs an Software und Cloud-Technologie abdecken. Das soll den Sprung in die digitale Ära vor allem für kleine und mittlere Unternehmen ermöglichen. Gleichzeitig werden lokale oder regionale Technologie-Champions gekürt, die weitere spezielle Prämien erhalten, um Schlüsseltechnologien wie etwa IoT-Plattformen zu entwickeln. Regionale Technologieanbieter werden motiviert, industrielle Software zu entwickeln, die dann an lokale beziehungsweise regionale Energieunternehmen sowie Hersteller weiterverkauft werden kann. Gleichzeitig sollen solche Programme interessante Unternehmen in die Region locken. Im Wesentlichen werden IoT-Plattformen, cloudbasierte *Software-as-a-Service* (SaaS) und *Big Data Analytics* gefördert.

Die Investition ist aber nicht das Wichtigste bei dieser Strategie. Wertvoller noch als die finanzielle Unterstützung sind die Netzwerke, die in diesen Partnerschaften zwischen Unternehmen und lokaler oder regionaler Verwaltung entstehen, vor allem, wenn eine Firma zum Champion erklärt wurde. Sie bieten Zugang zu Kunden und gute Beziehungen mit den Behörden. Am häufigsten wurden bisher der IT-Dienstleister und Hardware-Hersteller Inspur, das Aerospace-Unternehmen CASIC sowie Alibaba und Tencent gemeinsam mit einigen lokalen Mitbewerbern zu Champions gekürt. Alle konkurrieren sie um den industriellen IoT-Markt: Alibaba ist der größte Cloud-Anbieter Chinas, Inspur der wichtigste Regierungslieferant für Server, CASIC einer der wichtigsten *High-End*-Ausrüstungshersteller in Staatshand. Tencent schließlich verfügt über die größte Konsumenten-Internetplattform.[145]

Mit dieser regional zentrierten Strategie kann die chinesische Wirtschaftspolitik zu einem Teil die Folgen von Handelsboykotten und -streitigkeiten ausgleichen. Gleichzeitig verhilft sie den Regionalregierungen und Provinzen zu mehr Steuereinnahmen. Allerdings ist China noch weit davon entfernt, Blaupausen für diesen Weg der Technologieentwicklung zu besitzen: Ist zum Beispiel die kritische Masse der beteiligten Unternehmen nicht groß genug, kommt der Prozess ins Stocken und der Wettbewerb wirkt sich eher negativ aus. Noch suchen die Wirtschaftsplaner nach dem richtigen Maß der finanziellen Förderung und auch einem verlässlichen Weg, den Erfolg zu messen.[146]

Vom »Internet Plus« zu »intelligent plus«

Wer nach China blickt, um von der digitalen Transformation zu lernen, schreibt der frühere Direktor der China Investment Corporation, Winston Ma Wenyan, im Blog des World Economic Forums, der sollte sich nicht lange bei Mobilkommunikation und bargeldloser Zahlung aufhalten, denn die Entwicklung sei schon längst in einer neuen Phase: Entscheidend seien weniger die reinen Verkaufsumsätze zu einem Punkt X, sondern die Logistik digitaler Transaktionen in einer Zeitspanne: Zum Beispiel setzt das Unternehmen sich durch, das am verkaufsstarken 11. November in China (*Singles Day*) den schnellsten und kostengünstigsten Lieferweg in einer komplexen städtischen oder ländlichen Umgebung ermittelt. So habe sich, so der Autor, der Fokus vom »Internet Plus« schon auf »intelligent plus« erweitert.[147]

Was in den USA und in Europa als »Internet der Dinge« (IoT) diskutiert wird, heißt in China aktuell »Internet Plus«: 2015 zum ersten Mal öffentlich erwähnt, wurde dem erweiterten Internet die Aufgabe zugeschrieben, digitale Technologien und Dienstleistungen mit Geräten und Maschinen traditioneller Herstellung, Sensortechnik, künstlicher Intelligenz und industriellen Clouds zu vernetzen und zu verschmelzen. Die »biografischen Daten« der Produkte und Dienstleistungen sollen über die gesamte Wertschöpfungskette nachverfolgbar werden. Ausländische Investitionen werden – mit bestimmten Ausnahmen – begrüßt.[148] Laut dem Beschluss einer Entwicklungskommission zum Internet Plus (2017)[149] gilt das vor allem für Cloud-Computing, Edge-Computing-Plattformen und heterogene Plattformen, die Halbleiter-Industrie, autonomes Fahren, Drohnen und Robotiksensoren, außerdem für Service- und angepasste Plattformen, solche für flexible Herstellungsverfahren und Supply-Chain-Management. Alibaba Cloud ist der klare Spitzenreiter auf dem chinesischen Cloud-Markt

mit technologischen Vorsprüngen sowohl in der Cloud-Infrastruk-
turtechnik als auch bei intelligenten Daten, Plattformen und einem
AIoT-basierten Ökosystem, also der Einführung künstlicher Intelligenz in das Netzwerk von Geräten, Internet und Plattformen. Das Unternehmen ist dabei, von einem B2C-Anbieter in den B2B-Markt ein-
zutauchen, und hat dafür ein Business-Enterprise-Model entwickelt.

In lokalen Ökosystemen arbeitet Alibaba Cloud mit Anbietern wie
Microsoft oder SAP zusammen und bindet lokale Software und Plattformen ein. Start-ups wie Unicorns sind in diesen Netzwerken vertreten. Alibaba Cloud rüstet sich für die Nach-ERP-Ära, überarbei-
tet und optimiert das Konsumenten-Portfolio Chinas und kümmert
sich proaktiv um Fragen des Marktes und der Kundenpräferenzen.

Bis 2025 will China drei global führende IoT-Plattformen entwickelt
haben. Für den Ausbau von 5G und die Herstellung von Compu-
terchips wurden 2019 über 25 Milliarden US-Dollar bereitgestellt.[150]

Die Technologieunternehmen Chinas, zum Beispiel Tencent, bewegen sich in Richtung des Industriellen Internets, des B2B-Geschäfts.
Dazu gehört ein neuer Cloud- und Smart-Industries-Sektor sowie der
weitere Ausbau von Künstlicher Intelligenz und Big Data sowie von
Datensicherheit. Insbesondere das Cloudgeschäft von Tencent spielt
eine wichtige Rolle bei der Frage, ob es internationale Unternehmen
schaffen, in China aktiv zu werden. Das Unternehmen ist in China breit
repräsentiert, hat Außenstellen und Teams in der ganzen Welt und besondere Kompetenzen, wenn es darum geht, Lösungen für ausländische Firmen zu finden. Unter anderem kooperiert es mit BMW beim
Aufbau einer Plattform für autonomes Fahren. Dabei geht es um die
Verknüpfung von Big Data, Künstlicher Intelligenz und Cloud mit den
Entertainment-Services und der Konsumentenbasis von Tencent.

Tencent hat einen eigenen Technologierat gebildet, um die unterschiedlichen Forschungs- und Entwicklungsaktivitäten abzustim-
men und zu koordinieren. Aber auch andere Unternehmen sind

bestrebt, neue Technologien wie etwa Blockchain zu integrieren, um ihren Geschäftsbereichen neue Businessmodelle und mehr Wertschöpfung zu entlocken. Währenddessen entwickelt sich das konsumentenbezogene Internet immer stärker zu einem Unterhaltungsmedium, gestützt durch schnellere Datenverarbeitung mit 5G und virtuellen Technologien.

Das industrielle Internet jedenfalls soll Chinas Wirtschaft neuen Antrieb geben. Dabei bilden IoT-Plattformen, Cloud-basierte Software (SaaS) und Analytics, 5G und Chips den Fokus der chinesischen Internet-Plus-Strategie. Im Mittelpunkt von politischer Weichenstellung und finanzieller Unterstützung stehen die nationalen Technologieunternehmen und die Regionen: Fast 40 Prozent der Software- und Cloud-Investitionen lokaler Unternehmen werden von der Regierung subventioniert. Darüber hinaus werden regionale Champions bei der Entwicklung von Schlüsseltechnologien mit bis zu 2,8 Millionen US-Dollar von den Provinzen gefördert. Hinzu kommt für die Unternehmen die Chance, als Partner von Provinz- und Stadtregierungen eine staatlich geförderte Vorzugsbehandlung zu erfahren. Die Strategie *»Made in China 2025«* gibt das Ziel vor.

Die chinesische Regierung setzt Ziele in allen Bereichen
Wichtige politische Ziele zur Entwicklung industrieller Internet-Plattformen

1 Mio. neue Unternehmen mit **cloudbasierten Plattformen** & ~100 Benchmark-Anwendungen

3–5 international wettbewerbsfähige Plattformen bis 2025; **1 führende Plattform** bis 2035, 300 000 teilnehmende (verbundene) Unternehmen

10 sektorübergreifende Industrieplattformen bis 2020, endgültige Liste erst kürzlich veröffentlicht (26. August)

Alle Ebenen des IoT-Stacks: Apps (300 000 bis 2020), Standards (Upgrade auf IPv6, Vorantreiben von NB-IoT, ≥10 Sicherheitsstandards auf verschiedenen Ebenen), ID-Auflösungssystem (≥10 Knotenpunkte des öffentlichen Dienstes und Identifikationsregistrierung in Höhe von 2 Mrd. bis 2020)

Quelle: Merics 2020[151]

Das kleine Einmaleins digitaler Geschäfts-modelle in China

Wir können von China lernen, wie der Sprung in die Zukunft auch für die deutsche Industrie gelingen kann, dort nämlich, wo es um digitale Geschäftsmodelle und Neustrukturierung geht. In Europa wird die Wirtschaft immer noch stark von Unternehmen bestimmt, die in traditionellen Industrien tätig sind – in Deutschland sind dabei vor allem Automobilindustrie, Maschinen- und Anlagenbau dominierend und nicht selten noch Spitzenreiter in der Welt. Was die Digitalisierung von Wirtschaft und Industrie angeht, verläuft die Entwicklung hierzulande aber eindeutig zu langsam, aus vielerlei Gründen.

Unsere klassischen Industrien sind ohne Wachstumsimpuls: Die 500 größten deutschen Konzerne, die alle mehr als eine Milliarde Euro Umsatz erzielen, sind in Deutschland lange Zeit die Stützen der deutschen Wirtschaft gewesen. Mit ihren Umsatzzuwächsen übertrafen sie das prozentuale Wirtschaftswachstum oft deutlich. Noch im Jahr 2017 konnten die Top 500 ihre Erlöse um durchschnittlich 6,9 Prozent ausbauen. Wichtigster Wachstumstreiber der deutschen Industrie war dabei die Automobilindustrie, die ihr Umsatzvolumen um 6,5 Prozent steigerte, wobei hier China als Absatzmarkt eine zentrale Rolle spielte. Zweistellig wuchsen die Bauindustrie, die Chemieindustrie und die Branche Industrie, Rohstoffe und Ressourcen. Nun aber sind es genau diese Branchen, die deutlich an Wachstumsdynamik verlieren. Im Jahr 2019 sind die Umsätze der Top 500 um nur insgesamt 2,8 Prozent angewachsen (im Vergleich: 2018: 3,3 Prozent, 2017: 6,9 Prozent). Besonders schmerzhaft dabei: Die Automobilindustrie schaffte nur noch ein Plus von 3,9 Prozent. Der Maschinen- und Anlagenbau (2018: −4,1%; 2019: 4,2%) sowie die IT- und Telekommunikationsbranche (ITK) (2018: 3%; 2019: 6,0%) präsentierten sich 2018 und 2019 auf einem positiven Wachstumstrend, ohne aber die Rolle eines Wachstumsmotors einnehmen zu können.[152]

Was macht digitale Geschäftsmodelle in China aus? Wirtschaft und Politik arbeiten integriert und mit langfristiger Perspektive, das bildet eine solide Basis. Dabei fallen fünf charakteristische Prinzipien auf:

- *Think big*: Die Visionen sind groß und ambitiös.
- *No legacy*: China hat keine »Altlasten« überkommener industrieller Strukturen (die größeren Tech-Companies sind maximal 30 bis 40 Jahre alt).
- *Start small and go for non linear growth*: Chinesische Unternehmen fangen klein mit einem Plattformkonzept an, effizient und simpel. Dann skalieren sie schnell mit Millionen an Usern, in agilen Zyklen. Sie zeigen dabei Neugierde, Experimentierfreudigkeit und Mut zum Scheitern (wenn es bald geschieht und nicht viel Geld kostet).
- *Use data*: Die Verwendung von Daten ist erwünscht und erlaubt – der Vorteil für Wirtschaft und Gesellschaft wird höher gewichtet als privater *Datenschutz*.
- *Infrastructure first*: Der Staat sorgt dafür, dass in allen Schlüsselregionen digitale Giganten entstehen durch strategisch platzierte gigantische Investitionen.

Neugierig, flexibel, entschlossen

Die wichtigsten Entwicklungslinien der Digitalökonomie in China sind nun deutlich geworden – was können wir daraus lernen? Chinesen sind neugierig und optimistisch, was Fortschritt angeht, das unterscheidet sie von vielen europäischen, vor allem von deutschen Unternehmen, deren bisherige Erfolge nicht selten auch auf Tradition, vor allem aber auf Perfektion, Qualität und Sicherheit beruhten. Was aber trägt noch – neben der starken Rolle der staatlichen Industriepolitik – zu der erstaunlichen Flexibilität bei, mit der die Chinesen es geschafft haben, innovative digitale Ökosysteme aufzubauen?

Da sind die *Hidden Champions*, also unauffällige Vorreiter und Marktführer in einzelnen Branchen, die dadurch beeindrucken, dass sie in agilen Teams zusammenarbeiten, um sich den rasch wandelnden Märkten jederzeit anpassen zu können. Wie kann man dieses Prinzip auf den Kontext viel größerer Unternehmen übertragen? Wie reagieren chinesische Unternehmen auf die sich immer rascher ändernde Konsumentennachfrage? Gibt es hier Muster, die sich auf Europa übertragen lassen? Und was können wir insbesondere im Bereich *Smart-Manufacturing, Internet of Things (IoT)* und Big Data lernen, wo sich China in den vergangenen Jahren zur »*Superpower*« entwickelt hat. Was sind innovative Trends und wie verändern sie die Geschäftsmodelle?

Simpel, digital und skalierbar

Ob klein oder groß, ob Newcomer oder traditionell – alle chinesischen Unternehmen sind voll auf Digitalisierung ausgerichtet. Ihre Strategie ist dabei ein Dreischritt: groß denken, langfristig planen und schnell handeln. Das Geheimnis ist schlicht: Einfachheit. Ihre Geschäftsmodelle sind bestechend simpel und sie lassen sich allein deshalb in großem Maßstab skalieren.

Was die digitalen Ökosysteme angeht, funktioniert China nicht wie eine Nation, sondern wie ein Unternehmen. Die Regierung hat sehr klare Vorstellungen, wann und wo die Wirtschaft Lenkung braucht, und welche Freiräume nötig sind. Eine junge aufstrebende Elite von Managern wird von der staatlichen Wirtschaftslenkung gefördert. Die verborgenen Champions finden hier genauso einen Platz wie die Start-ups. Es dreht sich alles um den Gewinn und die Verwertung von Daten auf allen Ebenen. Alle sind auf dem Sprung in die Cloud. Alle verwenden hervorragende Technologien, die wir in Europa genauso entwickeln könnten, aber noch nicht haben. Was lernen wir daraus?

Die deutsche Industrie ist zu kompliziert oder »*Digitize and automate for scale, not for perfection!*«

Die Hochgeschwindigkeitsbahn führt von Shanghai zum 200 Kilometer entfernten Hangzhou, über das Marco Polo gesagt haben soll, diese Stadt sei »die schönste und großartigste der Welt«. Bis zu eine Million Menschen sollen zu seiner Zeit dort gelebt haben. Der damalige Hafen ist verlandet. Heute gibt es dort einen künstlichen See, um den sich malerische Pagoden und Parks reihen, im Hintergrund die moderne Skyline. Hier ist der chinesische Sitz des Start-ups Tuya, das auf seiner Homepage mit dem Claim »*Next Level Intelligence*« wirbt.[153] Tuya ist ein chinesisches »Einhorn« und eines der weltweit führenden Unternehmen im Bereich *Smart Home*. Mit dem Internet der Dinge und künstlicher Intelligenz werden Lichtschalter, Heizungen und Air Conditioner »*smart*« gemacht. Das intelligente Zuhause ist für jeden erschwinglich: Die Sensoren sind billig und die Installation ist so einfach, dass jede Glühbirne und jedes Kühlaggregat einbezogen werden können und der Gewinn die smarte Lösung noch attraktiver macht. Produkthersteller können ihre Geräte so zu einem sehr niedrigen Preis aufwerten, indem sie Sensoren »*powered by Tuya*« an ihre Geräte anbringen. Unkompliziert, preiswert und schnell. Tuya hat bereits 13 Billionen Device-Interaktionen über seine Cloud-basierte Plattform abgewickelt.

Das Unternehmen mit Niederlassungen in den USA und Indien hat das ehrgeizige Ziel, über eine Million Firmen in die IoT-Welt einzuführen. Im April 2020 hat es einen Sitz in Düsseldorf eröffnet.

Kundenwünsche aus der Cloud

Wie innovativ und wegweisend chinesische Hersteller in dieser Beziehung sein können, zeigt der chinesische Hersteller für maßgeschneiderte Alltagslösungen, Haier. Er ist das erste Unternehmen der Volksrepublik, das 2019 als »Leuchtturm« der illustren Riege der *Factories of the Future* des World Economic Forum aufgenommen wurde – mit der weltweit ersten industriellen »smart + 5G«-Plattform für so unterschiedliche Branchen wie Keramik, Landwirtschaft, Wohnmobilbau, Formen und Maschinen (COSMOplat).[154] Sie eignet sich für große genauso wie für kleine und mittlere Unternehmen und lädt dazu ein, den gesamten Produktionsprozess darüber abzuwickeln. Dafür stellt die Plattform sieben funktionale Einheiten zur Verfügung, die einzeln oder in Kombination genutzt werden können:

- Interaktion der User
- Forschung und Entwicklung
- Marketing
- Beschaffung
- Herstellung
- Logistik
- Dienstleistungen

COSMOplat ist auf produktionsintensive Sektoren ausgerichtet und verbindet mehr als 35 000 Unternehmen und 320 Millionen Endverbraucher in einem Ökosystem, das so *mass customization* ermöglicht. Zwar ist Cosmoplat noch auf den chinesischen Markt fokussiert, gewinnt aber international zunehmend an Bedeutung. Durch die Akquisition von Fisher & Pakel, der Gerätesparte von GE, hat das Unternehmen seine globale Präsenz ausgebaut. Eines der F & E-Institute, das hinter COSMOPlat steht, ist mit deutschen Forschungseinrichtungen wie der Industrie 4.0-Trainingsbasis der RWTH Aachen verbunden. Das Unternehmen spielt eine entscheidende Rolle bei der Gestaltung und Definition von Standards für Modelle der Massenanpassung und der intelligenten Fertigung. Es war an der Formulierung von 29 nationalen und internationalen Standards beteiligt und arbeitet mit internationalen Organisationen wie dem IEEE (*Institute of Electrical and Electronics Engineering*) zusammen, der IEC (*International Electrotechnical Commission*) und der ISO (*International Standardization Organization*).[155]

Mittelstand: Social Media als B2B-Medium nutzen

Tencent, ein digitaler Player mit rund 730 Milliarden US-Dollar Marktkapitalisierung, hat die Social App WeChat (in China Weixin) ins Leben gerufen. Diese Super-App nutzen mehr als eine Milliarde Nutzer (70 Millionen außerhalb Chinas)[156] regelmäßig, um zu chatten, Spiele zu spielen, Videos anzusehen, zu bezahlen und weitere 1000 Miniapps zu nutzen. WeChat kombiniert auf diese Weise die Funktionen von Facebook, Twitter, Skype, WhatsApp, Instagram und Amazon. Dieses größte soziale Netzwerk in China spielt aber auch im Business eine immer größere Rolle, Skalierung wird über ein integriertes Super-Ökosystem realisiert. Dabei verfolgt Tencent eine ABC-Strategie: AI (Künstliche Intelligenz) + Big Data + Cloud. Ziel ist es, ausgehend von dem WeChat-User ein Ökosystem entlang zahlreicher Industrien aufzubauen.

Einer der ersten deutschen Kunden ist BMW. Der Mobilitätskonzern nutzt WeChat, um eine Plattform für autonomes Fahren in China aufzubauen. Interessant sind die sogenannten Mini-Programme von WeChat: Anwendungen, auf die Kunden zugreifen können, ohne die Plattform zu verlassen. Dies bedeutet, dass Benutzer nicht länger gezwungen sind, neue Apps separat auf ihren Smartphones zu installieren, da sie sich möglicherweise bereits in WeChat befinden.

Diese integrierten Mini-Anwendungen decken alle Arten von Diensten ab: Onlinehandel, Zustellung von Lebensmitteln, Regierungsdienste usw. Bürger können beispielsweise Hochzeiten und Scheidungen anmelden; die Kommunikation zwischen Richtern und Prozessanwälten in chinesischen Gerichtsverfahren findet über WeChat statt und die Bürger von Guangzhou können ihre elektronischen Ausweise auf der Plattform speichern.[157] Benutzer können auch maßgeschneiderte Vorschläge für neue Mini-Programme erhalten, die auf ihrem aktuellen Standort basieren. Mittlerweile gibt es 1 Millionen Mini-Programme, auf denen täglich 170 Millionen Kunden aktiv sind.[158] Traditionelle Retail-Apps werden zunehmend überflüssig.

Vor allem kleinere und mittlere Unternehmen nutzen das beliebte WeChat als Kommunikationsbasis in China, um das Marketing zu unterstützen und zum Beispiel eine Follower-Basis aufzubauen. Unternehmen können aber auch einander über QR-Codes bei WeChat anklicken oder sich über Suchmaschinen wie WeChat-Content oder WeChat Search finden lassen. WeChat identifiziert potenzielle Kunden und ihren Standort im In- und Ausland und ermöglicht Targeting. Das wiederum zählt zu jenen Features, die unter Berufung auf Sicherheitsbedenken zu einem Verbot der WeChat-App in den USA führen sollten – bis zum Oktober 2020 ohne Erfolg. Die US-Firmen in China selbst sind davon nicht betroffen, es würde deren Geschäfte erheblich erschweren.[159] Denn für »*Key Opinion Leaders*« gibt es bei WeChat zum Beispiel spezielle Accounts, die branchenwichtigen Content zugänglich machen. Das erreicht auch Medien und eine breitere Öffentlichkeit. WeChat bietet auch Werbeplätze an, die Analyse der Nutzung wird gleich mitgeliefert. Firmen können den WeChat-Account mit anderen sozialen Netzwerken verknüpfen und feststellen, welcher Kundenstamm loyal zu ihnen hält und wo es Justierungsbedarf gibt.[160]

Die Fabrik als Dienstleistung oder »XaaS«

Die Foxconn Technology Group ist ein multinationales Unternehmen, das 1974 als Hersteller von Kunststoffprodukten begann. Heute ist es einer der größten Fertigungsbetriebe weltweit für Elektronik und Computerteile und steht als »Hon Hai Precision Industries« auf Platz 26 der Fortune 500. Der bisherige Erfolg von Foxconn lag darin, Exzellenz und Flexibilität in der Massenproduktion zu günstigen Preisen anzubieten. Mit dem »Foxconn Industrial Internet« bietet die Firma nun ihren SaaS-Plattform-Kunden an, selbst produzieren zu können und zwar mit Foxconn Qualitäts- und Effizienzstandards. Produzieren lässt sich alles: Das Unternehmen möchte vor allem in den Bereich autonomes Fahren und Gesundheit expandieren.

Foxconn hat über die Jahre gelernt, Millionen von Smartphones in der gleichen hohen Qualität zusammenzubauen. Das Unternehmen hat immer komplexere Wertschöpfungsketten für die Einzelteile geschaffen. Nun bietet es diese Kompetenz als Service an – auf der Industrie-Internet-Plattform BEACON. Die Abkürzung steht für Big data, Everything, AI, Cloud, mObility und Networks. BEACON bietet ihre Dienste für einen breiten Bereich an Industrien und Sektoren an, mit Micro-Cloud-Lösungen auf der Basis von Datenanalysen. Die Nutzer dieser Dienste können ihre Herstellungsprozesse optimieren und rekalibrieren und dadurch die Wartungszeiten verkürzen. Gleichzeitig wird Manpower in stärkerem Maße automatisiert und durch Maschinen ersetzt. Foxconn konnte bisher durch dieses Serviceangebot mehr als 20 Apps und 30 verschiedene Industriemodelle entwickeln.[161]

Der chinesische Computer- und Smartphone-Hersteller Lenovo hat von Foxconn gelernt und macht es ähnlich: Das Unternehmen, das sein neues Headquarter in Shanghai eröffnet, will zum Inkubator und Beschleuniger von Hardware-Unternehmen werden. Die Kunden können mithilfe von Lenovo-Produktionslinien Prototypen entwickeln, die Produktion hochziehen und schließlich Levonos Herstellungs-Know-how zum Skalieren einsetzen.

Daten als Rohstoff – Wertschöpfung in Netzwerken

Shunfeng Express ist ein großer Transportdienstleister, der sich gerade in ein datengetriebenes Software-Unternehmen wandelt, mit eigenen intelligenten Landkarten für seine Logistik und einer Blockchain-Plattform. 300 000 Lastwagen und Transporter sowie Drohnen, Flugzeuge und Kuriere liefern Daten als wichtigen Rohstoff für die verschiedensten Bereiche. Viele der Logistik-Elemente basieren auf intelligenter Hardware, automatisierten Prozessen, Big Data und künstlicher Intelligenz.

Aber auch weit über das eigene Geschäft hinaus nutzt Shunfeng seine mit künstlicher Intelligenz strukturierte Big Data für Business im Bereich Finanzen, Märkten, Human Resources, Kunden, dem Internet der Fahrzeuge und dem Internet der Dinge. Die Daten haben den Umfang von 30 Petabyte (zum Vergleich: 50 Petabyte machen in etwa alle Texte aus, die bisher weltweit verfasst wurden). Die Rechner verarbeiten mehr als ein Petabyte täglich. Die Daten werden in mehreren Forschungszentren ausgewertet. Shunfeng ist stark in F&E und hielt 2018 1645 Patente, darunter 649 zu Erfindungen.[162]

Zum Beispiel hat Shunfeng einen Routenplaner-Algorithmus entwickelt, der in den verschiedensten Sektoren Anwendung finden kann. *Smart Decision Making* und Vorhersagen zum *Business Demand* gehören ebenso zum Angebot von Shunfeng wie Standortplanung oder automatisierte, intelligente Kundenbetreuung. Selbstverständlich gehen Verkehrsinformationen in *real-time* genauso ein wie visuelle Informationen, die von Maschinen geliefert und interpretiert werden. Shunfeng beschäftigt sich auch mit smarter Hardware, zum Beispiel Sortiersystemen oder schlüssellosen Zugängen, digital überwachter Lagerung, *Smart Packaging* und selbstverständlich Drohnen. Auf der Liste der Top 100 »*Valuable Global Brands*« steht Shunfeng auf Platz 90.

Elektromobilität in China

China will technologische Avantgarde sein, das zeigt sich zum Beispiel bei der Elektromobilität. Das Land ist der weltweit größte Absatzmarkt für E-Autos.[163] 2018 wurden 1,26 Millionen E-Autos in der Volksrepublik abgesetzt.[164] Doch 2019 fielen die Absatzzahlen zum ersten Mal um acht Prozent. Weltweit stagnierte der E-Mobil-Markt und China verschob das für 2020 angekündigte Ende der staatlichen Förderung. Der chinesischen Regierung geht es darum, die Energieversorgung zu diversifizieren, deshalb sollen –

nach dem erfolgreichen Start der E-Mobilität (mit einer Million La-
desäulen in den Städten) – auch die noch weniger entwickelten
Plug-in-Fahrzeuge und solche mit Wasserstoff-Brennstoffzellen
oder synthetischen Kraftstoffen vorankommen. Das ist ein Rück-
schlag für deutsche Unternehmen in China, die gerade erst dabei
sind, den E-Mobil-Sektor auszubauen.

Eine deutliche Expansion des E-Mobil-Marktes wird jedoch für
Europa erwartet, wo auch chinesische innovative Anbieter einen
neuen Markt suchen, zum Beispiel die Elektro-SUVs der Marken
NIO und Byton.[165] Da auch in den USA die Anmeldungen für Elek-
tromobile zurückgehen, ist Deutschland unverhofft zum drittgröß-
ten Abnehmer geworden. Der europäische Vorreiter Norwegen
wurde von seinem Platz verwiesen.[166]

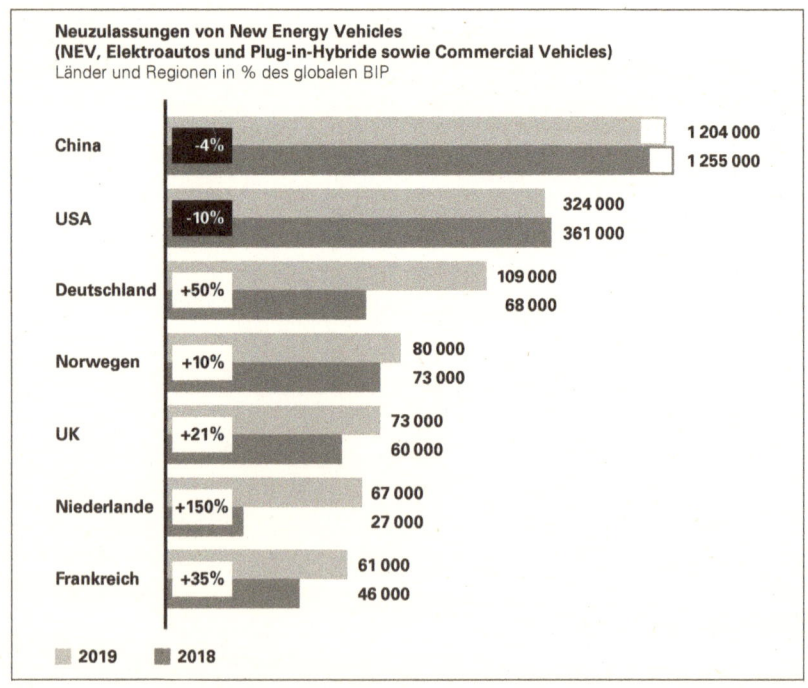

Quelle: Center of Automotive Management[167]

Chinesische Unternehmen sind zu einem wichtigen Konkurrenten geworden, der die lange unbestrittene Führungsrolle europäischer Unternehmen in Branchen wie Auto, Fertigung und anderen in Frage stellt.

Security als Service?

Es mag auf den ersten Blick zynisch anmuten, doch chinesische Unternehmen haben eine Reihe von Überwachungstechnologien entwickelt, die das Land als Geschäftsmodell »as-a-service« auch in andere Länder exportiert. Im Zusammenhang mit dem Ausbruch der Covid-19-Pandemie sind sie plötzlich nicht nur in autoritären Systemen in den Fokus der Aufmerksamkeit gerückt. Da China mit ihrer Hilfe die Ausbreitung des Virus im eigenen Land relativ schnell begrenzt zu haben scheint, werden sie seither international zwar durchaus kontrovers, aber auch differenzierter diskutiert. Wie viel Kontrolle billigt man dem Staat zu, wenn man gleichzeitig von ihm Schutz erwartet – vor Viren, Terroristen oder schädigendem Verhalten?

In China reicht das so weit, dass die digitale Identität seiner Bürger (über Gesichtserkennung und Fingerabdruck) Eintrittskarte in fast alle Bereiche der Gesellschaft und auch Wirtschaft ist, aber eben auch zur Verbotsschranke werden kann.

Vor allem im Wettlauf gegen die Zeit erwies sich in der Pandemie die umfangreiche digitale Registrierung der chinesischen Bevölkerung zunächst als Vorteil: Sie erlaubte ein rasches Risikoprofiling und eine strenge Kontrolle des rigiden Lockdowns. BeiDou, das chinesische Navigationssatellitensystem, half nicht nur bei der Nachverfolgung von Patienten und der Identifizierung viruskontaminierter Orte, sondern ermöglichte auch die Logistik und die Vermessungsdaten, um in kürzester Zeit zusätzliche Krankenhäuser in Wuhan und anderen betroffenen Regionen zu errichten. Mehrere

Satelliten verfolgten und kontrollierten den Fortschritt der Arbeiten und analysierten den Verlauf der Infektionspfade.

Der chinesische Onlinehändler JD lieferte mithilfe von BeiDou-Koordinaten medizinisches Material an entlegene Krankenhäuser mit Robotern. Die übernahmen auch einen Teil der medizinischen Aufgaben in den Kliniken, zum Beispiel die Erstellung von Wärmebildaufnahmen; außerdem wurden sie zur Verteilung von Mahlzeiten und zum Desinfizieren der Räume eingesetzt. In den Hochrisikogebieten übernahmen automatisierte, führerlose Fahrzeuge viele Aufgaben.

Im Quinghe-Bahnhof in Beijing kontrollierte ein mit künstlicher Intelligenz gestütztes Infrarot-Messsystem, welche Personen Fieber hatten. Alibaba entwickelte ein in Krankenhäusern genutztes Diagnoseinstrument, das in nur 20 Sekunden Auskunft darüber geben soll, ob jemand infiziert ist. Mit Tencent gemeinsam entwarf Alibaba eine App, die mithilfe der Ampelfarben Grün, Gelb und Rot Auskunft über den Gesundheitszustand von Millionen Bürgern gibt. Wer beim Fiebermessen kein »Grün« bekam, dem wurde automatisch der Zugang zu öffentlichen Plätzen, auch zu Bussen oder der Metro verwehrt. Das System setzten mehr als 200 chinesische Städte ein. Drohnen übernahmen vielfache Transport- und Kontrollfunktionen, zum Beispiel identifizierten sie Personen, die keine Schutzmasken trugen. Alle diese Daten sollen in einer riesigen Plattform zusammenlaufen, wo sie – verknüpft mit den Informationen von Hunderttausenden Überwachungskameras mithilfe von Big Data und Maschinenlernen – weiter analysiert werden.[168]

Was in westlichen Ländern als politisches Überwachungsinstrument kritisch beurteilt wird, verstehen Chinesen nicht selten als »vertrauensbildend«, zum Beispiel das *social scoring*, das online-gestützte Bewertungssystem mithilfe von individuellen Punktwerten.[169] Das System, das aktuell an 70 Orten des Landes pilotiert und zeitnah landesweit ausgerollt werden soll, verbindet Befragungen mit digitaler Überwachung. Bald sollen 200 Millionen Kameras landesweit das Wohlverhalten der Bürger überwachen. Das System wurde bereits 2002 auf Basis des deutschen SCHUFA und des amerikanischen FICO zur Sicherstellung finanzieller Bonität angedacht und wurde dann mit der Überprüfung moralischen und sittlichen Verhaltens kombiniert. Die Bewertung ist sehr unterschiedlich. Jeremy Daum, Forscher am Paul Tsai China Center an der Yale Law School, etwa hält die westliche Kritik daran für übertrieben. Es gehe weniger um Kontrolle, als um den Versuch, die Bevölkerung zu erziehen, denn die meisten der angedrohten Sanktionen würden in der Praxis gar nicht umgesetzt.[170]

Eine Studie der Hertie School[171] zeigte, dass von rund 2200 Befragten mehr als 80 Prozent freiwillig eines der in Pilotprojekten angebotenen Bewertungssysteme verwendeten. Die Hälfte davon befürwortete diese explizit. Etwa 20 Prozent wollten weder eine positive noch eine negative Bewertung abgeben, was auch als Kritik gedeutet werden kann. Interessant war, dass vor allem die wohlhabenden, urbanen und besser gebildeten Chinesen, auch die älteren in der Bevölkerung, das Scoring-System am positivsten bewerteten. Das könne daran liegen, mutmaßten die Forscher, dass dieser Kreis nicht nur, was den Nutzen technologischer Innovationen angehe, besonders fortschrittsaffin sei, sondern auch ganz konkret von den Boni des Programmes profitierten: dem Fast-Track-Einchecken ins Hotel zum Beispiel oder besonderen finanziellen Konditionen. Vor dem Hintergrund häufiger Lebensmittelskandale bieten die Programme zum Beispiel die Möglichkeit, die Vertrauenswürdigkeit eines Restaurants zu prüfen – ganz ähnlich, wie bei uns die Rating-Möglichkeiten durch andere User betrachtet werden. 72 Prozent der Befragten gaben an, ihre Konsumentscheidungen seien durch das Scoring beeinflusst worden. Sie werden als Instrument zur Verbesserung der Lebensqualität gesehen. Diese positive Bewertung aber, auch das zeigte die Studie, hänge sehr davon ab, ob auch in Zukunft der Fairness der Beurteilung geglaubt wird, oder ob die Bevölkerung das Gefühl bekommt, dass andere Interessen in die Bewertung hineinspielten.

Lernen von China

Ist China also Feind oder Vorbild? Die chinesische Praxis lässt sich aus vielerlei Gründen nicht auf Europa oder Deutschland übertragen. Aber aus demselben Grund sollten wir mit Urteilen über die Volksrepublik vorsichtig sein – sie entspringt einer anderen Kultur und hat eine Geschichte, die noch dazu viel älter ist als die Europas. Aus der wirtschaftlichen Perspektive lohnt es sich in jedem Fall, die chinesischen Erfolgsstrategien zu studieren, um davon zu lernen – vom Leapfrogging, von den Geschäftsmodellinnovationen und dem Ökosystemdenken, alle angetrieben durch hohe Ambitionen und die Unterstützung der Regierung. China ist ein nicht zu unterschätzender Wettbewerber – und ein interessanter Partner. Das Land wird zunehmend den Takt für den Wettbewerb in den deutschen Leitindustrien vorgeben. Der Absatzmarkt für deutsche Produkte und Maschinen in China wird mit dem steigenden Anteil der dortigen Eigenfertigung kleiner werden. Aber deutsche Unternehmen werden für Partnerschaften oder als Akquisition weiterhin attraktiv für die Volksrepublik bleiben.

Die politische Führung Chinas hat mit ihren Etappenplänen wie *»China 2025«* klar definierte und für ihre Industrie transparente Ziele gesetzt. Dennoch verfolgt sie keine klassische Planwirtschaft, sondern setzt Akzente über Wettbewerbsimpulse und eine starke Auslese von Führungskräften nach den Prinzipien der Meritokratie. Ihre Industrie ist experimentierfreudig und bereit, flexibel den Kurs zu wechseln, wenn die ersten Schritte eines Geschäftsmodells scheitern. Ihr großes Asset sind die Datenflüsse, die mehr oder weniger barrierefrei erhoben werden und von der politischen Führung vorzugsweise in Branchen gelenkt werden, die strategisch besonders relevant erscheinen.

Es muss uns in Europa gelingen, in diesem staatlich geprägten Systemwettbewerb mit der chinesischen Wirtschaft auch in Europa über Unternehmens-, Branchen- und Ländergrenzen hinweg Kooperationen zu bilden. Wir brauchen das, um neue Infrastrukturen für ein starkes Digitalisierungsniveau zu schaffen.[172] Nur solche Zusammenschlüsse und Kooperationen können der umfangreichen Förderpolitik der Chinesen auf nationaler, regionaler und sogar lokaler Ebene etwas annähernd Vergleichbares entgegensetzen. Notwendig sind aber auch ambitionierte finanzielle Unterstützung sowie der Ausbau der notwendigen Infrastruktur.

KAPITEL 3

Deutschland im Winterschlaf

Wo wir heute stehen

Nach drei Jahrzehnten Liberalisierung der Märkte und immer stärkerer Vernetzung durch die Globalisierung, aber auch angesichts einer wachsenden Zahl von Krisenherden in der Welt müssen wir uns fragen, wo wir heute stehen. Was wird das bevorstehende Jahrzehnt für uns bereithalten? Die weltweite Rezession durch die Covid-19-Pandemie wird zunehmend deutlich machen, dass Reformen nun für viele Unternehmen keine Option mehr sind, sondern ein Muss – und das vor dem Hintergrund einer Vertrauenskrise innerhalb der Europäischen Union, der Errichtung neuer Grenzen und eines zunehmenden Antagonismus zwischen den beiden führenden Weltmächten USA und China.

Europa, das nach dem Krieg zu einem Mündel der USA wurde, so die ehemalige US-Außenministerin Madeleine Albright, ist erwachsen geworden und muss nun auf Augenhöhe mit den USA eine neue Ebene suchen.[173]

Die zukünftige Entwicklung wird sehr stark vom wirtschaftlichen Aufstieg Asiens beeinflusst werden, und die traditionellen Industrienationen, allen voran Deutschland und die anderen Mitglieder der EU, stehen unter enormem Transformationsdruck, um nicht als ehemalige Titelverteidiger[174] auf die Reservebank verwiesen zu werden. Denn in vielen Fällen hat man sich hierzulande zu lange auf den Erfolgen traditionellen Wirtschaftens ausgeruht und nicht konsequent auf die dynamische Entwicklung der Welt reagiert. Das ist und war vor allem ein Problem mangelnder Führung und fehlenden Mutes, Neues zu wagen.

Warum muss der Exportweltmeister Deutschland seine strategische Ausrichtung ändern? Wieso drohen die bisherigen Erfolge unseres Wirtschaftsstandorts zum Handicap zu werden? Wie müssen die Wertschöpfungsketten rekonfiguriert werden? Was ist wichtiger: Effizienz oder Resilienz? Dieses Kapitel zeigt, wo die Achillesferse der deutschen Wirtschaft liegt, und was wir tun müssen, um die Erfolge unserer einzigartigen Industriestruktur in die Zukunft zu transformieren.

Tempi passati: weltweiter Fortschritt

Trotz aller aktueller Kritik: Es war die Globalisierung, welche die Welt in einer enormen Geschwindigkeit zu Fortschritt und Wachstum geführt hatte. Seit den 50er-Jahren des vergangenen Jahrhunderts war das Pro-Kopf-Einkommen weltweit um 500 Prozent gestiegen, und die Kindersterblichkeit hatte sich halbiert. Extreme Armut ging massiv zurück: Der Anteil der Bevölkerung, der von weniger als 1,90 US-Dollar pro Tag lebt, sank von 36 Prozent in 1990 auf 8,6 Prozent in 2018.[175] Die weltweite Wirtschaftsleistung vervierfachte sich seit 1990, die globalen Handelsströme erreichten das Sechs-, die Bestände an Auslandsinvestitionen sogar das Dreizehnfache (UNCTAD).[176] 2018, vor der Covid-19-Pandemie, reisten jährlich 1,4 Milliarden Menschen als Touristen in andere Länder.[177] Die Zahl derjenigen, die mindestens zwei Sprachen sprechen, ist deutlich gewachsen.

Verschiebungen im globalen Wettbewerb

Von diesem Fortschritt am meisten profitiert haben die Schwellenländer Asiens und Lateinamerikas. Mexiko und Südkorea sind in den Kreis der OECD-Länder aufgestiegen. Die Wirtschaftskraft Brasiliens hat sich seit dem Jahr 2000 verdoppelt, das Land war 2018 die neuntgrößte Volkswirtschaft der Welt (das BIP betrug 1,87 Billionen US-Dollar). Mexiko, wo VW, Audi, Daimler und BMW produzieren lassen, wurde zum größten Automobilproduzenten Lateinamerikas. Asien, das zu Zeiten des Mauerfalls noch einen Anteil von 23,9 Prozent an der globalen Wirtschaftsleistung hatte, trug im Jahr 2018 bereits 37 Prozent bei. Allein China war damals für 15,9 Prozent verantwortlich (1990 waren es nur 1,7 Prozent). Indien hatte sein Bruttoinlandsprodukt (2018: 2,7 Billionen US-Dollar) seit der Jahrtausendwende um 256 Prozent gesteigert.[178]

Die Rolle der Multinationalen

Zentrale Akteure der Globalisierung sind die multinationalen Unternehmen. Diese und ihre ausländischen Tochtergesellschaften machen ein Drittel des Bruttosozialproduktes sowie zwei Drittel des internationalen Handels aus. Der Beitrag multinationaler Unternehmen zum weltweiten BIP wird auf 32 Prozent geschätzt.[179] Es waren die multinationalen Unternehmen, die dazu beigetragen haben, dass Forschung und Entwicklung heute in weiten Teilen der Welt angesiedelt sind und dort auch produktiv wurden. Das stärkte das innovative Potenzial nicht nur der betroffenen Länder, sondern auch der Weltwirtschaft. Eine Studie[180], die multinationale US-Unternehmen untersuchte, kam zu dem Schluss, dass trotz gewisser Risiken, wie etwa Urheberrechtsverletzungen und unerwünschtem Technologietransfer, die Vorteile eindeutig die Nachteile überwögen und dies den befragten US-Unternehmen auch bewusst sei.

In den vergangenen Jahrzehnten hat sich der Anteil an F+E, der von amerikanischen Multis im Ausland geleistet wurde, vervierfacht. Es entstand ein weltumspannendes Netz an Innovation, das bis in Entwicklungsländer reichte. Gerade diese Aktivitäten, so Lee Brandstetter und Kollegen vom Peterson Institute for International Economics, könnten – nun in die umgekehrte Richtung – der Motor werden, um die stagnierende Wirtschaftsentwicklung in den traditionellen Industrieländern wieder zu beleben. Schließlich nimmt die akademische Bildung auch in Natur- und Ingenieurwissenschaften in Ländern wie China und Indien in rasantem Tempo zu, sodass sich die tradierten Wissenschaftsnationen der »Alten Welt« nur selbst schaden, wenn sie sich nur noch auf ihre eigenen Ressourcen verlassen.

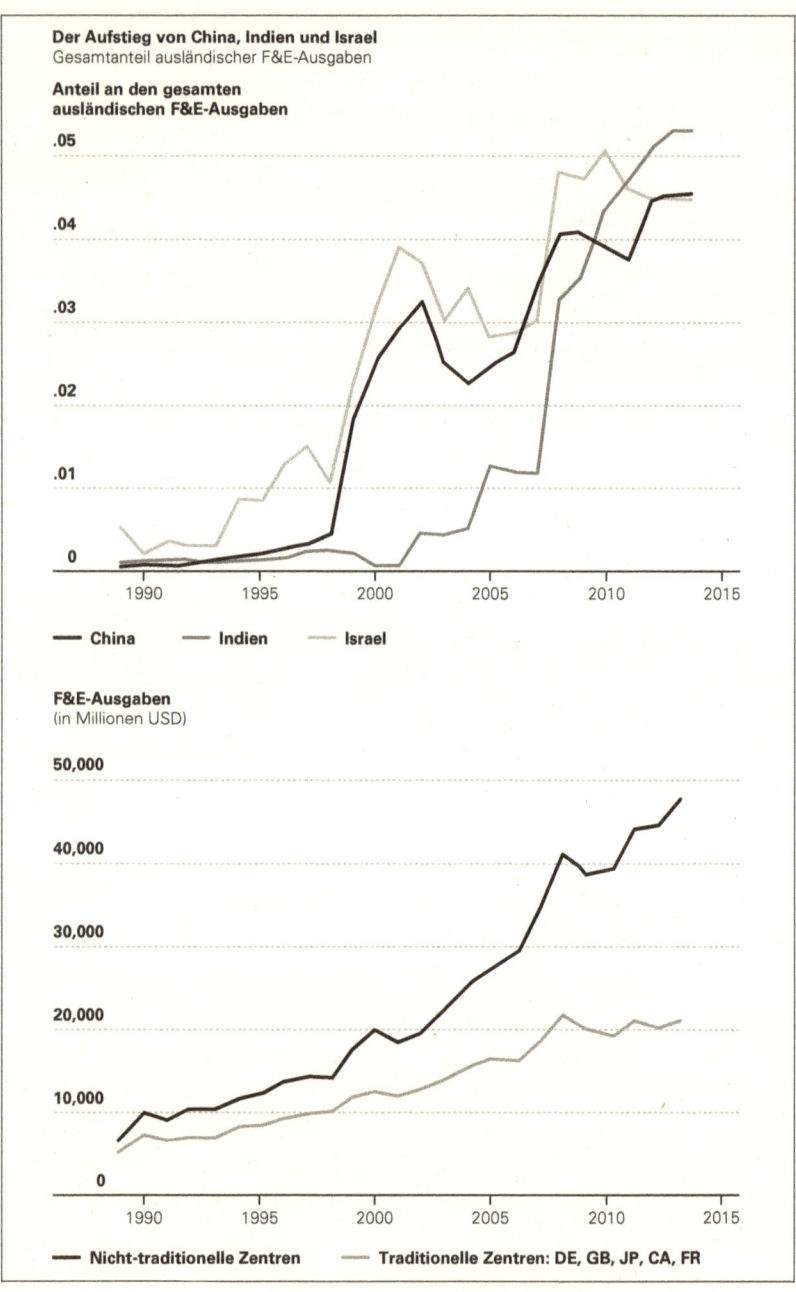

Der Aufstieg von China, Indien und Israel
Gesamtanteil ausländischer F&E-Ausgaben

Quelle: Lee Branstetter, Britta Glennon, J. Bradford Jensen 2019[181]

Das gilt in besonderem Maße für die Fortschritte chinesischer Forschung. Dennoch wird gerade hier von den USA ein nicht zu verkennender Druck auf Regierungen und Unternehmen aufgebaut, die chinesischen Konkurrenten weitgehend zu isolieren und stattdessen neue Partnerschaften mit Ländern wie Indien, Südkorea oder Japan zu bilden. Wo Europa in dieser Rochade bleibt, ist noch weitgehend offen.

Vorurteile und Fakten

Zur Rolle multinationaler Unternehmen in der Welt gibt es viele Meinungen, sie sind Feindbilder wie Leuchttürme der öffentlichen Debatte gleichermaßen. Lange Zeit gab es jedoch wenig solide Daten, die das eine oder das andere untermauert hätten. Ein Team von OECD-Forschern hat das geändert und die Analytical Activities of MNEs (AMNE)-Datenbank aufgebaut.[182] Auf deren Basis konnte es zeigen, dass multinationale Unternehmen und ihre ausländischen Partner eine wichtige Rolle in der Weltwirtschaft spielen können: Im Jahr 2018 waren sie für ein Drittel der weltweiten Produktionsleistung verantwortlich und für zwei Drittel des Welthandels. Rund ein Drittel der Wirtschaftsleistung der Multis wurde dabei nicht an deren Hauptsitz, sondern im Ausland erbracht.[183]

Die Daten zeigen auch, dass die im Ausland operierenden Unternehmen sich klar von ausschließlich national agierenden unterscheiden: Sie sind stärker nach außen orientiert und kaufen mehr internationale Zwischenprodukte. Gleichzeitig interagieren sie aber auch mit lokalen Märkten, ebenso mit kleineren und mittelständischen Unternehmen. Sie verhalten sich also nicht, wie häufig behauptet wird, wie Fremdkörper in einer anderen Volkswirtschaft. Sie verfolgen auch nicht nur das Ziel, bestimmte Teile der Wertschöpfungskette abzubilden, sondern verfolgen vielfache und unterschiedliche Strategien, die zur komplexen und verflochtenen Arbeitsteilung auf dem Weltmarkt beigetragen haben. [184]

Die Mittelschicht ist weltweit gewachsen

Der *Global Wealth Report* der Credit Suisse konstatierte 2019, dass rund 45 Prozent des Weltvermögens einem einzigen Prozent der Menschheit gehören, und dass die Zahl der Millionäre auf 46,8 Millionen gestiegen ist. Die Zunahme fand vor allem in den USA und in China statt – auch das zeigt den neuen Wettbewerb der Systeme. Heute stellen die USA 40 Prozent der Millionärsschicht auch innerhalb des reichsten Prozents. China startete auf niedrigerem Niveau, aber spielt inzwischen bereits eine größere Rolle beim weltweiten Vermögenszuwachs als Europa. 2019 stellte es bereits innerhalb der Zehn-Prozent-Spitze der Reichen mehr Eigentümer als die USA.[185]

Aber auch die Mittelschicht hat profitiert. Er wuchs vor allem in vielen Schwellenländern, ebenso wie in den jüngeren Beitrittsländern der EU oder den aufsteigenden Märkten Lateinamerikas. Es folgen auf der Wohlstandsskala bevölkerungsreiche Länder wie Indien, Brasilien, Indonesien und die Türkei, im Anschluss asiatische Nationen wie Kambodscha, Laos, Thailand und Vietnam. Das Schlusslicht bilden Zentralafrika und Zentralasien.

Auf die Bevölkerung umgerechnet ergeben sich dabei durchaus deutliche regionale Unterschiede: So vereinen Nordamerika und Europa, der »Westen«, 57 Prozent des Privatvermögens der Haushalte, aber sie stellen nur 17 Prozent der Weltbevölkerung. In vielen Ländern Asiens und Afrikas liegt der Prozentsatz der Bevölkerung hingegen weit über dem Anteil am Weltvermögen. 2,9 Milliarden Menschen, so die Crédit Suisse, besitzen weniger als 10 000 US-Dollar, das sind immerhin 57 Prozent der Erwachsenen. Am stärksten gewachsen ist aber die Gruppe derjenigen, die zwischen 10 000 US-Dollar und 100 000 US-Dollar besitzen: Seit der Jahrtausendwende hat sich ihre Zahl verdreifacht, auf 1,7 Milliarden. Das spiegelt die Expansion des Mittelstands in den Schwellenländern wider. Insgesamt kommt der Crédit Suisse-Report zu dem Schluss, dass die Ungleichheit in wie auch zwischen den Ländern in den vergangenen 20 Jahren tendenziell abgenommen hat und dass den Schwellenländern eine immer größere Bedeutung für die Weltwirtschaft zukommt.[186]

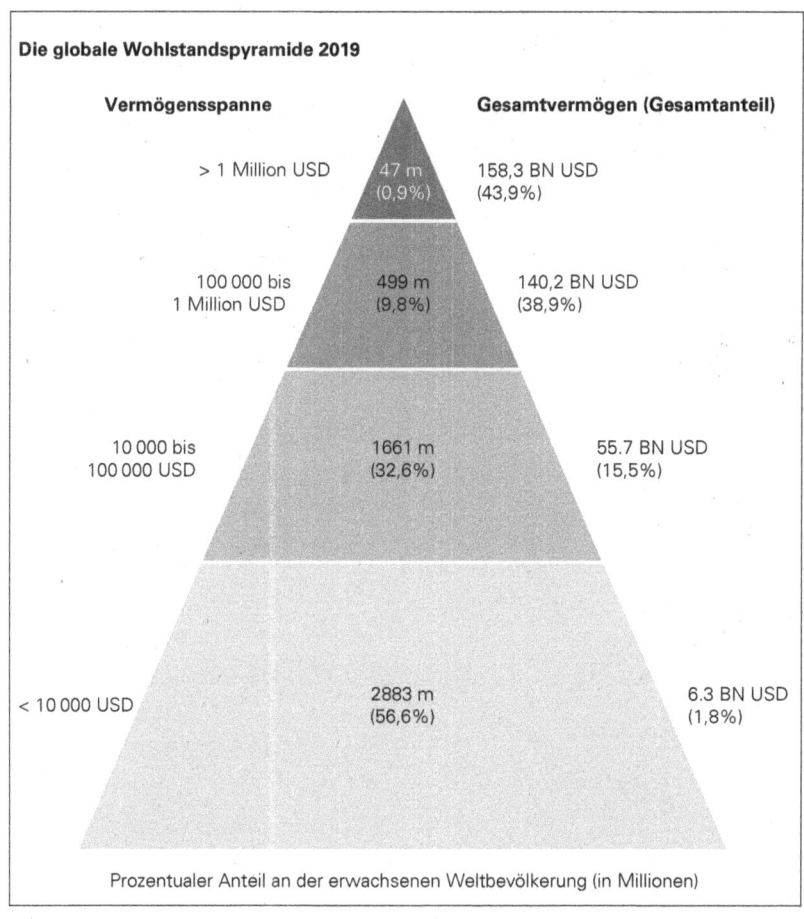

Die globale Wohlstandspyramide 2019

Vermögensspanne — Gesamtvermögen (Gesamtanteil)

> 1 Million USD — 47 m (0,9%) — 158,3 BN USD (43,9%)

100 000 bis 1 Million USD — 499 m (9,8%) — 140,2 BN USD (38,9%)

10 000 bis 100 000 USD — 1661 m (32,6%) — 55.7 BN USD (15,5%)

< 10 000 USD — 2883 m (56,6%) — 6.3 BN USD (1,8%)

Prozentualer Anteil an der erwachsenen Weltbevölkerung (in Millionen)

Quelle: Credit Suisse[187]

Auch Deutschland hat lange profitiert

Das deutsche Wohlstandswachstum verlief seit der Jahrtausendwende langsam, aber beständig – mit ungefähr sechs Prozent jährlich, gemessen am US-Dollar (2016 gab es einen Einbruch, der aber mit dem Wertverlust des Euro gegenüber dem Dollar zusammenhing). Global gesehen verfügte Deutschland im Jahr 2019 über den viergrößten Reichtum – nach den USA, China und Japan. Der Anteil derjenigen, die mehr als 100 000 US-Dollar besitzen, war besonders hoch: viermal höher als im globalen Durchschnitt. Auf Pro-Kopf der Bevölkerung umgelegt nahm Deutschland lediglich Platz 19 ein.[188] Der Wohlstand ist hier nämlich etwas weniger gleich verteilt als in anderen Ländern Europas: Ein Prozent der Bevölkerung verfügt über 30 Prozent des Vermögens – in Frankreich sind es z. B. nur 22 Prozent. 41 Prozent der Deutschen besitzen weniger als umgerechnet 10 000 US-Dollar.

Einzigartige deutsche Industriestruktur

»Keine andere Volkswirtschaft ist so offen wie die deutsche«[189], betont der frühere Vizekanzler Sigmar Gabriel in seinem Buch *Mehr Mut!*. Gemessen an der Summe von Importen und Exporten im Verhältnis zum Bruttoinlandsprodukt weist Deutschland einen hohen Grad von unbeschränkter Wirtschaft auf.[190] Weltweit einzigartig ist der große Anteil an größeren mittelständischen Unternehmen unter Deutschlands rund 3,5 Millionen Unternehmen[191], also an Unternehmen mit 250 bis 3000 Mitarbeitern. Hier gibt es ungewöhnlich viele international sehr erfolgreiche Firmen, die sich auf Marktnischen spezialisiert haben: *Hidden Champions*. Rund 1300 der weltweit 2700 Unternehmen dieser Kategorie sind in Deutschland angesiedelt.[192] Das sind Unternehmen, die in Europa führend sind oder zu den internationalen Top 3 ihrer Branchen gehören, obwohl sie in der Öffentlichkeit häufig wenig bekannt sind. Ihr jährlicher Umsatz überschreitet selten die Drei-Milliarden-Euro-Marke.

Im Schnitt, so das Institut der deutschen Wirtschaft, wuchs der Umsatz dieser Unternehmen jährlich um acht Prozent.[193]

Weltmeister Industrie 4.0

Deutschland ist auch immer noch eine der kreativsten Nationen der Welt. Hier wurde die Industrie 4.0 erfunden, die als digitale Transformation der Produktion inzwischen Blaupause für viele andere Länder, unter anderem auch China ist. Der *Bloomberg Innovation Index* stellte die Bundesrepublik 2020 an die Spitze der internationalen Industrienationen – vor Ländern wie Südkorea oder Singapur. Die USA fielen auf den neunten Platz zurück, einen Rang vor Frankreich. China landete lediglich auf dem 15 Platz. Ein zentraler Input des Innovations-Scores sind Milliardenausgaben für Forschung und Entwicklung – vor allem im Bereich Automation, durch die Fahrzeugbauer Volkswagen, BMW und Daimler. Bei Hightech-Dichte und Patenten nahm Deutschland den dritten Rang ein. Auch die Wertschöpfung im verarbeitenden Gewerbe wurde von *Bloomberg* positiv bewertet.[194] Allerdings, kritisierte die *Börsen-Zeitung*, lasse die Kommerzialisierung von Ideen zu wünschen übrig, die Zahl der Unternehmensgründungen ist seit Jahren rückläufig.[195] Hier zeigt sich eine ganz wesentliche Schwachstelle der deutschen Wirtschaft.

Und jetzt – die Trendwende?

Diese positive Entwicklung war möglich, weil das wirtschaftliche Wachstum international für eine ungewöhnlich lange Zeit stabil blieb. In den USA war es über zehn Jahre ungebrochen und hatte den längsten »Lauf« seit 1854. In Europa waren es sechs Jahre, in denen das Bruttosozialprodukt kontinuierlich anstieg.[196] [197] Doch auch schon vor der jüngsten Rezession drehte sich der Wind: Die Wachstumsraten des Handels nahmen nun ab, der weltweite industrielle Output sank, Dienstleistungen gingen zurück. Vielerorts fehlen junge Arbeitskräfte. Das Vertrauen in die Wirtschaft sinkt. Unternehmen zögern, ihre Erträge zu reinvestieren. Der Produktivitätszuwachs schrumpft. Innovation wird seltener.[198]

Die Weltbank hatte angesichts der instabilen Weltwirtschaftslage bereits vor der Ausbreitung der Infektionskrankheit eine verhaltene Prognose abgegeben: Sie erwartete moderates Wachstum von 1,5 Prozent im Jahr 2020 für die Industrieländer und knapp über vier Prozent für die aufsteigenden Ökonomien. Wegen sinkender Ausfuhren und Investitionen wurde erwartet, dass ein Drittel aller Länder das Wachstum zurückschrauben müsse.[199]

Handel im *Stop and Go*

Der Freihandel hatte die Weltwirtschaft ganz eindeutig gestärkt, das zeigte auch eine Studie der Bertelsmann Stiftung von 2019 – und am meisten profitierten dabei die ökonomisch starken Nationen: die USA, China und Deutschland.[200] Doch nun wachsen überall Handelshemmnisse und -streitigkeiten. Da die zehn größten Handelsnationen bereits für die Hälfte des Welthandels[201] verantwortlich sind, machen sich der Handelsstreit zwischen den USA und China, aber auch Separatismus wie der Brexit überall in der Welt empfindlich bemerkbar. Das gilt erst recht für exportstarke Nationen wie Deutschland.

Der internationale Handel war 2019 beinahe auf Vorjahresniveau zurückgefallen. In der ersten Hälfte lag der internationale Güterhandel laut WTO nur 0,6 Prozent über dem Vorjahr, die Exporte der Industriestaaten legten nur 0,2 Prozent zu, die der Schwellenländer 1,3 Prozent. Die Ursachen liegen in einer restriktiveren Währungspolitik, wachsender finanzieller Volatilität und der Verhängung von Zöllen auf Massengüter, die in allen großen Volkswirtschaften gebraucht werden, so das Fazit der WTO in ihrem Report von 2019.

Die Hoffnung auf Rückkehr in freundlichere Handelsgefilde hätten sich nicht erfüllt.[202] In seinem aktuellen Buch fragt der ehemalige Außenminister Sigmar Gabriel angesichts der »Kurzatmigkeit der Globalisierung«: »Was heißt das für Volkswirtschaften wie die deutsche, wenn ihr eigentlicher Vorteil – die Integration in globale Wertschöpfungsketten – auf einmal zur Gefahr für die wirtschaftliche Entwicklung zu werden droht?«[203] Seine Frage ist vor dem Hintergrund der Abschottung der Nationen zur Abwehr der Virusinfektion noch brisanter geworden.

Die Absatzmärkte schrumpfen

Deutschlands wichtigster Handelspartner bleibt der europäische Raum – mit 68,5 Prozent der Ex- wie auch der Importe. Gleichzeitig nehmen die BRICS-Staaten an Bedeutung zu: Zwischen 2000 und 2018 hat sich der Export dorthin von 4,5 auf 11,4 Prozent mehr als verdoppelt. Mit 8,7 Prozent der deutschen Ausfuhren bleiben jedoch die USA wichtigster Nicht-EU-Markt, gefolgt von China (7,1 Prozent). Die US-Absätze sinken jedoch, während sich die Chinas zwischen 2000 und 2008 mehr als vervierfacht haben.[204]

Am meisten betroffen vom Wandel der Wirtschaft ist die für Deutschland so wichtige Automobilbranche, die jetzt von der Disruption eingeholt wird. Der Absatz der 16 größten Automobilhersteller der Welt ging im 2. Quartal 2019 um fünf Prozent zurück, der Gewinn um knapp ein Fünftel. Die amerikanischen Hersteller verkauften neun Prozent weniger Neuwagen, die Franzosen zehn Prozent. Deutsche Autos verloren aufgrund des Fokus auf das resilientere Luxussegment »nur« zwei Prozent.[205] Einer der Gründe ist die sinkende Nachfrage in China, wo in den vergangenen Jahren die größten Verkaufserlöse getätigt worden waren. Zudem herrscht Unsicherheit darüber, welchen alternativen Antrieb die chinesische Politik präferieren wird, seit sie ankündigte, die Subventionen für Wasserstoff-getriebene Autos einstellen zu wollen.

Die Klimakrise drückt ebenfalls auf die Absätze. Laut *New York Times* muss die multinationale Autoindustrie in den kommenden fünf Jahren über 400 Milliarden US-Dollar für elektrische Antriebe investieren, um den neuen Emissionsregelungen zu entsprechen.[206] In Amerika und Europa stagniert der Verkauf.[207] Ob sich allerdings der Trend hin zum Carsharing in der Ära des Social Distancing halten wird, oder aber die Corona-Pandemie wieder stärker zum individualisierten Personenverkehr zurückführt, muss sich erst zeigen.

Die Produktivitätsfalle

Hinzu kommt die demografische Entwicklung. Deutschland schrumpft. Nach Schätzungen des Statistischen Bundesamtes sinkt die Erwerbsbevölkerung bis 2035 um vier bis sechs Millionen. Das Verhältnis zwischen arbeitender und nicht arbeitender Bevölkerung verschiebt sich. Sozialsysteme geraten unter Druck.[208]

Damit steht mittel- und langfristig auch die Lebensqualität in unserem Land zur Disposition. In Deutschland sind signifikante Produktivitätszuwächse nötig, nur um das Niveau im Lebensstandard im Vergleich zu den USA (0,2 Prozent zusätzliches Produktivitätswachstum) oder China (3,4 Prozent zusätzliches Produktivitätswachstum) zu halten, hat Accenture Research ausgerechnet.

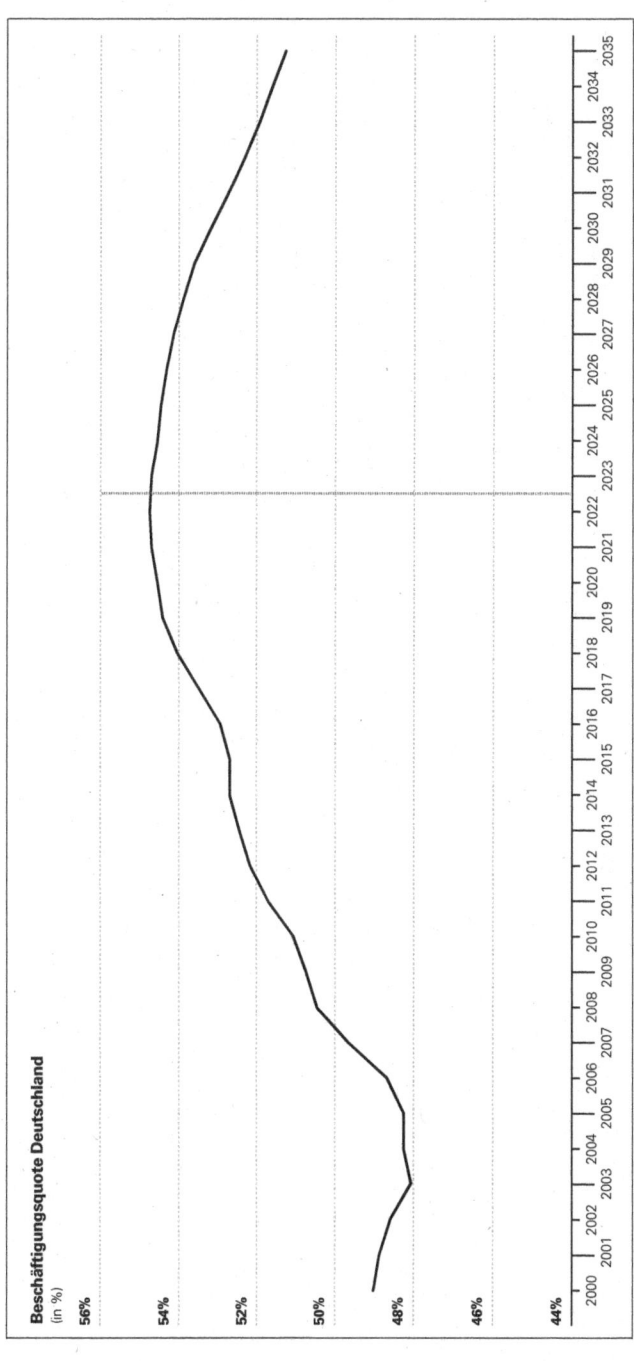

Beschäftigungsquote Deutschland
(in %)

Quelle: Accenture Research Analyse basierend auf Oxford Economics

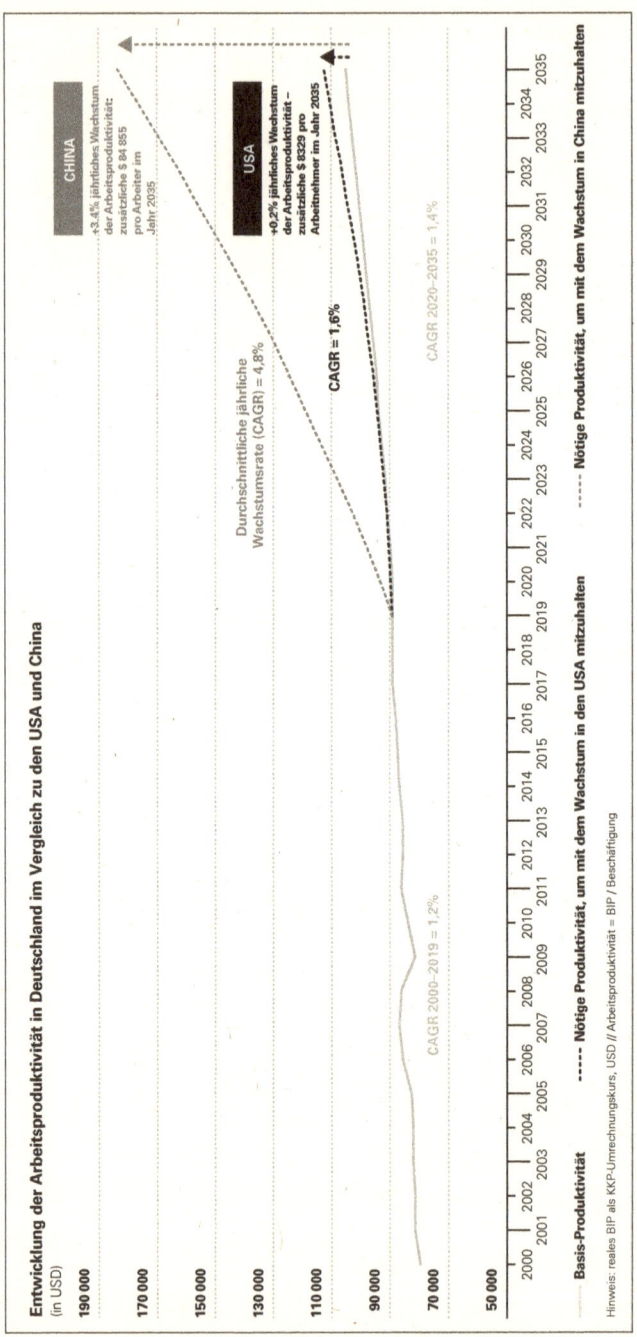

Entwicklung der Arbeitsproduktivität in Deutschland im Vergleich zu den USA und China
(in USD)

CHINA

+3,4% jährliches Wachstum der Arbeitsproduktivität: zusätzliche $ 84 855 pro Arbeiter im Jahr 2035

USA

+0,2% jährliches Wachstum der Arbeitsproduktivität – zusätzliche $ 8329 pro Arbeitnehmer im Jahr 2035

Durchschnittliche jährliche Wachstumsrate (CAGR) = 4,8%

CAGR = 1,6%

CAGR 2020–2035 = 1,4%

CAGR 2000–2019 = 1,2%

Basis-Produktivität

----- Nötige Produktivität, um mit dem Wachstum in den USA mitzuhalten

······ Nötige Produktivität, um mit dem Wachstum in China mitzuhalten

Hinweis: reales BIP als KKP-Umrechnungskurs, USD // Arbeitsproduktivität = BIP / Beschäftigung

Quelle: Accenture Research Analyse basierend auf Oxford Economics

Das Rekonfigurieren von Wertschöpfungsketten

70 Prozent des Welthandels, schätzt die OECD, beruht auf weltweit vernetzten Wertschöpfungsketten.[209] Die Globalisierung hatte Lieferketten geschaffen, innerhalb derer Rohmaterialien, Teile und Komponenten mehrfach Grenzen überschritten, bevor sie zu einem endgültigen Produkt zusammengefügt wurden. Ermöglicht wurde das durch die digitalen Kommunikationsmöglichkeiten, Freizügigkeit im Handel, niedrige Transportkosten und die Integration von Billiglohnländern in den Weltmarkt. Viele Unternehmen setzten außerdem auf schlanke Bestandsführung und Just-in-time-Lieferung. Der Lockdown von Covid-19 hatte gezeigt, dass dieser hohe Grad an Differenzierung besonders krisenanfällig ist. Zu den Reaktionen auf die Viruspandemie wird nun gehören, die Supply Chains resilienter zu machen und strategisch wichtige Produktionsbereiche wie zum Beispiele Medikamente und Medizinprodukte wieder national zu etablieren, auch wenn dafür Kostennachteile in Kauf genommen werden müssen. Das werden die wirtschaftlich vielleicht bedeutendsten Veränderungen durch die Viruspandemie sein.

Bereits vorher hatten Handelskonflikte und die Androhung von Zöllen die globalen Lieferketten zunehmend gelähmt. Die OECD hat vorhergesagt, dass allein schon ein Handelskrieg zwischen den USA und China das globale Wirtschaftswachstum 2021 um 0,7 Prozent verringern könnte – und viele Staaten darunter leiden würden.[210] Der Welthandelsorganisation gelingt es schon seit Jahren nicht mehr, zu einer globalen Harmonisierung zu gelangen, was den Handel von Gütern und Dienstleistungen anbetrifft (siehe Seite 69). Stattdessen werden immer mehr bi- oder trilaterale Abkommen geschlossen.

Verkürzte Supply Chains

Der Trend, dass die Produktionsstandorte also wieder näher an die Kunden heranrücken, wurde durch die Pandemie und die geopolitische Großwetterlage beschleunigt. So renationalisiert sich bereits die amerikanische Autoindustrie, die von einer toleranteren Abgaspolitik der USA profitiert, die viele Umweltstandards als Ballast über Bord wirft. Der erwartete Absatz von Elektroautos, der sich bis 2030 mit 20 Prozent beinahe verzehnfachen soll, wird ebenfalls die Abhängigkeit von China verringern, weil diese Fahrzeuge aus weit weniger Komponenten als Autos mit Verbrennungsmotoren bestehen. Samsung baut Smartphones in Vietnam. Der Kamerahersteller GoPro geht nach Mexiko. Ericsson vergrößert sich in den USA, in Erwartung des 5G-Booms.[211]

Eine Umfrage unter 600 multinationalen Unternehmen in Asien ergab im Frühjahr 2019, dass annähernd die Hälfte daran dachte, ihre Lieferketten in größerem Maße zu verändern, zehn Prozent wollten sie komplett reorganisieren.[212] Generell gaben die Firmen an, ihre Lieferketten (*Supply Chains*) verkürzen zu wollen, und häufig stand die zentrale Rolle Chinas im Fokus. Doch auch die Unberechenbarkeit der Folgen des britischen Brexit wurde als Risikofaktor genannt. Und nun kommt auch noch das Coronavirus hinzu. Berichten zufolge verlegt Apple aktuell die Produktion seiner *wireless AirPods* nach Vietnam[213] und lässt bereits untersuchen, was es kosten würde, 15 bis 30 Prozent seiner Zulieferer aus China nach Südostasien oder Indien zu transferieren. Das taiwanesische Unternehmen Foxconn hat angeboten, sämtliche US-Smartphones für Apple liefern zu können. Die Bekleidungs- und Schuhindustrie ist zum Teil bereits aus Kostengründen nach Vietnam und Bangladesh abgewandert. Der Trend zur Diversifizierung der Supply Chains hat sich durch Covid-19 verstärkt. Laut einer Umfrage des Atlantic Council ist dies für 60 Prozent der Unternehmen eine Priorität.[214]

Auch die Riesen der Digitalbranche strukturieren sich um – zum Beispiel im Wettbewerb der Plattformen wie Amazon und Alibaba. Alibaba möchte in 20 Jahren zwei Milliarden Menschen erreichen – mit einer Kette lokaler und nationaler Plattformen, die sich über Indien, Südostasien bis Brasilien und Russland erstrecken. Amazon, das bereits mehr als ein Drittel seines Umsatzes außerhalb der USA macht, hat Deutschland als zweitwichtigsten Markt, gefolgt von Japan und Großbritannien. Beide Plattformunternehmen investieren in Bezahl- und Logistiksysteme, Cloud und Business-Netze – und sie konkurrieren auf dem internationalen Parkett bereits heftig miteinander.

Diejenigen Länder, die digital auf dem aktuellsten Stand sind, sind eindeutig im Vorteil, denn Technologie hilft dabei, die Supply Chains den jeweils besten Bedingungen anzupassen. Während früher Inventare und Bilanzen ausgewertet werden mussten, um einen Plan für das kommende Jahr zu erstellen, prognostizieren heute Algorithmen die Zukunft. Sie werten nicht nur laufend das Kaufverhalten aus, sondern analysieren auch darüber hinaus allgemeine kulturelle und soziale Trends, die sich in den sozialen Netzwerken zeigen. Alles in allem entsteht dabei ganz neues Wissen über Kaufgewohnheiten und Motive. Die britische Lebensmittelkette Morrisons konnte dank solcher Analysesysteme die Rate der »Leider ausgegangen«-Waren um 30 Prozent senken und der deutsche Modehersteller Orsay kalkulierte mithilfe eines selbstlernenden Algorithmus Rabattaktionen, welche die Restbestände der Firma erfolgreich um 30 Prozent reduzierten.[215]

Das Produktionsnetz Europa

Deutschland und Europa sind laut einer aktuellen Analyse[216] des Münchner ifo-Instituts stärker in internationale Lieferketten eingebunden als China und die USA, aber auch als andere Länder im internationalen Durchschnitt. Das bedeutet aber nicht automatisch mehr Abhängigkeit. Fast 90 Prozent seiner Güter importiert Deutschland aus elf oder mehr Ländern. Nur 3,6 Prozent werden aus höchstens fünf Ländern bezogen, fast die Hälfte davon aus Europa, die meisten anderen aus den USA oder der Schweiz. Weniger als ein Prozent stammen aus einem einzigen Land. Besonders wichtig sind hierzulande regionale Wertschöpfungsketten und das Produktionsnetz Europa. Das zeigt, wie wichtig der freie Warenverkehr innerhalb der EU ist, der durch die coronabedingten Grenzschließungen erheblich behindert worden war.

Der Innovationsdruck steigt

Die Handelskonflikte und die sich wandelnden Wertschöpfungsketten heizen den Wettlauf um die Technologieführerschaft an. China wird sich bemühen, noch stärker als bisher unabhängig vom Westen zu werden, und dank eines riesigen Potenzials an Finanzen und Talenten wird das voraussichtlich auch gelingen. Aber auch in anderen Ländern steigt der Innovationsdruck. Die Abhängigkeit von der Digitalisierung verstärkt gleichzeitig auch die Anstrengungen, Datenschutz und -sicherheit zu stärken und mehr Sicherheit vor Hackern, Sabotage und Spionage zu erreichen. Das könnte dazu führen, dass schließlich nicht nur Wertschöpfungsketten umgebaut werden, sondern auch unterschiedliche technologische Standards für das industrielle Internet oder auch die Mobilfunkkommunikation implementiert werden. Massiven Schaden könnte ein anhaltender Handelsstreit für das Internet der Dinge haben, das als Basis für Konnektivität die leistungsstarke 5G-Technologie benötigt, um die es schon heute Streitigkeiten gibt. Der Konflikt könnte Staaten zwingen, sich zwischen US- und chinesischer Technologie zu entscheiden oder Strategien für beide Welten zu entwickeln (siehe 188).

Die tiefe Spaltung der amerikanischen Gesellschaft, die anlässlich der Wahlen 2020 erneut deutlich wurde, lässt nicht erwarten, dass die außen- und wirtschaftspolitische Polarisierung geringer wird.

Europa fällt zurück

Während sich China als zweite große globale Wirtschaftsmacht an die Seite der USA schiebt, fällt der Anteil der EU28-Staaten[217] an der globalen Wirtschaftsleistung prozentual deutlich zurück: Von den 32,8 Prozent im Jahr 1990 sind 2018 nur noch 21,9 Prozent übrig geblieben – rund ein Drittel weniger. Der Anteil Deutschlands an der globalen Produktion ist seit 1990 (7,4 Prozent) um rund 35 Prozent gesunken und lag zuletzt bei 4,6 Prozent. Der deutsche Anteil am Welthandel ist seit 1990 (12 Prozent) auf acht Prozent im Jahr 2018 geschrumpft. Ähnlich sieht es für die Länder der EU28 insgesamt aus (von 44,7 Prozent auf 33,3 Prozent).[218] Diese Entwicklung zeigt den beschriebenen Aufstieg Asiens und verschiedener Schwellenländer. Dass sich jedoch gerade der Weltmeister Deutschland in Richtung Mittelfeld verdrängen lässt, liegt ironischerweise an seiner Stärke, was die traditionelle Produktion angeht. Denn viele Unternehmen sind immer noch vorrangig an der Optimierung von Prozessen orientiert, weniger an der Innovation. Das führt dazu, dass Geschäftsmodelle nicht in das digitale Zeitalter transformiert werden.

Deutschland im Winterschlaf

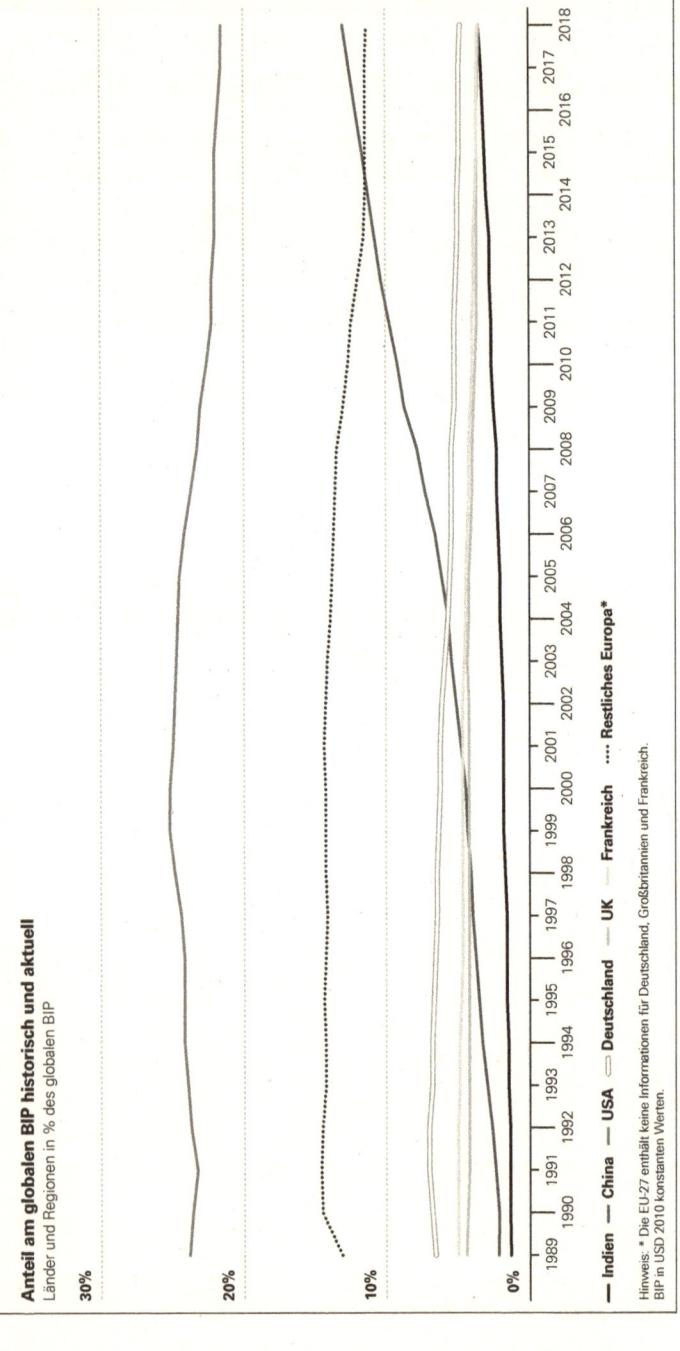

Anteil am globalen BIP historisch und aktuell
Länder und Regionen in % des globalen BIP

— Indien — China — USA ⊂⊃ Deutschland — UK — Frankreich ···· Restliches Europa*

Hinweis: * Die EU-27 enthält keine Informationen für Deutschland, Großbritannien und Frankreich. BIP in USD 2010 konstanten Werten.

Quelle: Accenture Research Analyse basierend auf Worldbank

132

Achillesferse: Die offene Wirtschaft

Deutschland ist mit einem »Offenheitsgrad« von 87,8 Prozent (Importe plus Exporte in Relation zum BIP) weiterhin die offenste Volkswirtschaft der G7-Staaten. Der ausländische Wertschöpfungsanteil an deutschen Exporten betrug 2016 20,3 Prozent (2005 waren es noch 18,6 Prozent). Mehr als ein Fünftel der inländischen Endnachfrage wurde 2015 durch Importe (Waren und Dienstleistungen) abgedeckt (bei einer Importabhängigkeitsquote von 22,0 Prozent). Der Anteil der Importe am DEU-Export lag bei 39,9 Prozent und ist damit gegenüber 2014 (39,5 Prozent) leicht gestiegen. Wer sind die wichtigsten Handelspartner?

– 2019 gingen 68,2 Prozent der deutschen Exporte nach und 67,8 Prozent kamen aus Europa, der wichtigsten Zielregion. Gegenüber 2018 ist der Handelsanteil mit den EU-28-Staaten auf 58,5 Prozent gesunken (2018: 59,1 Prozent), die Quote der Importe blieb gleich (57,2 Prozent). Leicht rückläufig war der Anteil der Exporte in die Eurozone (37,2 Prozent statt 37,5 Prozent 2018) sowie der Importe (37,1 Prozent statt 37,2 Prozent).[219]

– Von wachsender Bedeutung als Handelspartner sind die BRICS-Staaten, die sich in den vergangenen Jahren immer weiter in die Weltwirtschaft integriert haben: In rund 20 Jahren hat sich der Anteil der deutschen Exporte in diese Länder mehr als verdoppelt (2000: 4,5 Prozent, 2018 11,4 Prozent), ganz ähnlich die Importe aus diesen Regionen (2000: 8,2 Prozent, 2018 15,3 Prozent).

– Die USA bleiben der wichtigste Absatzmarkt im nicht-europäischen Ausland, mit einem Exportanteil von 8,9 Prozent im Jahr 2019, gefolgt von China mit 7,2 Prozent. Während der Anteil der USA sinkt (2000 lag er noch bei 10,3 Prozent), hat sich der Chinas im selben Zeitraum mehr als vervierfacht.

– Der Anteil Chinas an den deutschen Importen ist im selben Zeitraum ebenfalls deutlich von 3,5% (2000) auf 10,0% (2019) gestiegen, während der Anteil der USA rückläufig ist (2000: 8,8%; 2019: 6,5%).

China bleibt damit vor den USA das wichtigste Lieferland für die deutsche Wirtschaft außerhalb Europas.[220]

Wachsende Importabhängigkeit

Rund zwei Drittel aller deutschen Exporte entfällt auf die vier Sektoren Fahrzeuge, Maschinen, Elektrotechnik und chemisch-pharmazeutische Erzeugnisse. Da sich die deutsche Industrie auf die Produktion von Investitionsgütern spezialisiert hat, konnte sie in der Vergangenheit überdurchschnittlich von der starken Investitionstätigkeit in den mittel- und osteuropäischen Staaten sowie in den asiatischen Schwellenländern, allen voran in China, profitieren. Importiert werden in Deutschland vor allem Elektrotechnik, Fahrzeuge, Energie und Rohstoffe.[221]

Gut 25 Prozent der Arbeitsplätze in Deutschland waren 2019[222] vom Export abhängig – 1998 waren es erst knapp 19 Prozent. Insgesamt 11,4 Millionen Jobs hingen 2018 in Deutschland direkt oder indirekt vom Export ab. Innerhalb von 20 Jahren ist diese Zahl um 64 Prozent gestiegen. Damit gehen zwei Drittel des Anstiegs der Erwerbstätigenzahl in diesem Zeitraum auf das Konto des Auslandsgeschäfts der deutschen Unternehmen.[223]

Der Charakter der Globalisierung hat sich verändert. In den vergangenen zwanzig Jahren fand eine umfassende Fragmentierung von Wertschöpfungsketten statt: Über die Hälfte des Waren- und Dienstleistungshandels entfällt mittlerweile auf Vorleistungen. Dies hat zu einer immer stärkeren Abhängigkeit nicht nur bei Rohstoffen, sondern eben auch bei Vorleistungsgütern geführt. Die Importabhängigkeitsquote Deutschlands liegt daher mittlerweile bei deutlich über 34 Prozent.[224]

Vorleistungen aus dem In- und Ausland machen zwei Drittel des industriellen Produktionswerts in Deutschland aus. Nach einer starken Intensivierung der internationalen Arbeitsteilung in den 1990er-Jahren ist die Produktionsstruktur der deutschen Industrie seitdem weitgehend konstant. Eher zeigt sich seit der globalen Finanzmarktkrise eine tendenziell rückläufige Arbeitsteilung.[225]

Effizienz oder Resilienz?

Wie abhängig ist Deutschland von den globalen Wertschöpfungsketten? Wie verwundbar ist die große Exportnation? Die Wissenschaftler Monika Wohlmann und Luca Rebeggiani vom KCV KompetenzCentrum für angewandte Volkswirtschaftslehre der FOM untersuchten dies am Beispiel der für die deutsche Wirtschaft hochbedeutenden Automobilindustrie. Automobile zählen zu den besonders hoch entwickelten Industrieprodukten. Die Wertschöpfungskette ist derart verzweigt, dass sie für die Unternehmen selbst kaum noch nachvollziehbar ist. Der Hersteller Daimler arbeitet mit 213 direkten Zulieferern zusammen. Allein die zehn größten davon haben gemeinsam 588 Zulieferer, die ihrerseits von mehr als 2900 weiteren Firmen abhängen. Diese sind nicht nur weltweit verteilt, sondern es bestehen verschiedenste Querverbindungen und Beziehungen untereinander. Die Automobilbranche gilt auch als besonders anfällig für Störungen in der chinesischen Produktion, da in fast jedem Auto Bauteile aus China enthalten sind.

Die Balance zwischen Effizienz und Resilienz wird in der Wirtschaft seit Beginn der Covid-19-Pandemie neu justiert. Quasi über Nacht müssen auf *just in time* getrimmte Firmen auf *just in case* umdenken. Konkret heißt das: mehr Lieferanten managen, Lieferketten umleiten, Lager aufstocken und notfalls auch Standorte verlagern. So wie die Banken nach der Finanzkrise 2008 Kapitalpuffer anlegen mussten, verschaffen sich jetzt Industrieunternehmen Sicherheitspolster für ihre Produktion.[226]

Gabriel Felbermayr, Chef des Kieler Instituts für Weltwirtschaft, rechnet nun mit einem Umdenken bei Managern, einer Art »Lehman-Brüder-Moment« – in Erinnerung an die 2008 pleite gegangene Bank Lehman Brothers, deren Bankrott damals eine weltweite Bankenkrise mit auslöste. Er erwartet laut einem Interview im *Deutschlandfunk*, »dass wir hier nachhaltig wahrscheinlich wieder etwas mehr Produktion nach Europa bringen, dass die Wertschöpfungsketten etwas kürzer werden und die Globalisierung ein Stück zurückgehen wird«.[227]

Verblasst: die Marke »Germany«

Noch zählt Deutschland in der produzierenden Wirtschaft weltweit zu den Spitzenreitern. Unser Wirtschaftsstandort hat sich bisher in vielen Industrien weitgehend über Innovation und Qualität der Produkte und Produktion *Made in Germany* differenziert – in Kombination mit einer starken Exportorientierung. Doch schon seit einigen Jahren ist absehbar, dass dieses seit Jahrzehnten etablierte Modell nicht mehr zukunftstauglich ist. Neue, digitale Technologien und die damit verbundene »Plattformisierung« der Geschäftsmodelle der B2B- und B2B2C-Industrien verändern den Wettbewerb und die Regeln des Marktes. Hinzu kommt die globale Rezession durch Covid-19, die den Reformdruck weiter erhöhen wird. Die Krise erfordert vor allem eine neue Art der Führung, ein disruptives Denken, das die eingefahrenen Pfade verlässt und neue Wege sucht, um konsequent auf die Dynamiken des Weltmarkts zu reagieren, und zwar schnell.

China wirkt disruptiv auf die Weltwirtschaft

Dass sich die Wertschöpfungsketten bereits seit Jahren wandeln – auch, was die Anteile an Forschung und Entwicklung sowie der Endfabrikation angeht – liegt zum größten Teil an der rasanten Entwicklung Chinas, die disruptiv wirkte. Vor allem hoch entwickelte Industrieländer wie Deutschland mussten einen Preis dafür zahlen: Wir verloren unsere führende Position in Sektoren wie Automotive, Chemie sowie Maschinen und Geräte.

Die Verlagerung der Wertschöpfung von Produkten hin zu Dienstleistungen könnte zu einer Kommodifizierung der Produktion führen. China hat hier aus einer Kombination von Industriepolitik und Innovation nichtlineares Wachstum über Ökosysteme realisieren können.

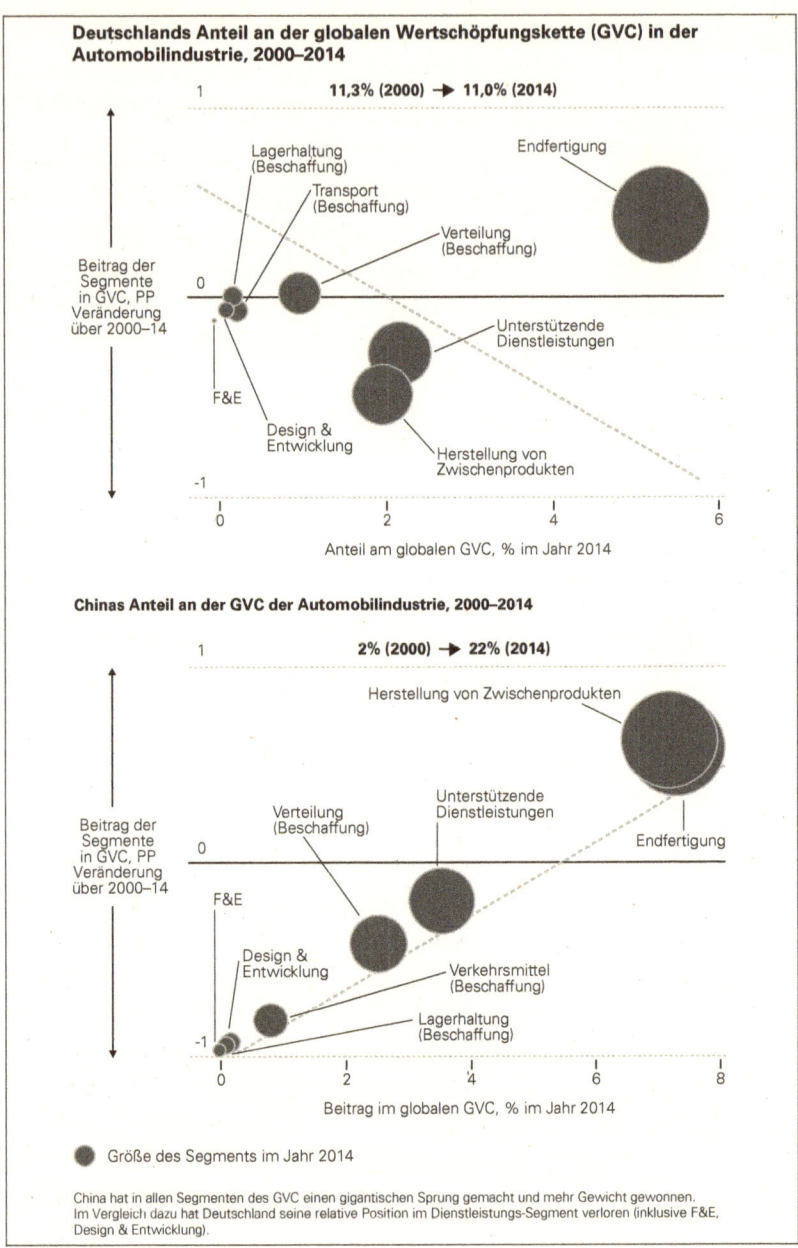

Deutschlands Anteil an der globalen Wertschöpfungskette (GVC) in der Automobilindustrie, 2000–2014

1   **11,3% (2000) → 11,0% (2014)**

Lagerhaltung (Beschaffung)

Transport (Beschaffung)

Endfertigung

Verteilung (Beschaffung)

Beitrag der Segmente in GVC, PP Veränderung über 2000–14

0

Unterstützende Dienstleistungen

F&E

Design & Entwicklung

Herstellung von Zwischenprodukten

-1

0   2   4   6

Anteil am globalen GVC, % im Jahr 2014

Chinas Anteil an der GVC der Automobilindustrie, 2000–2014

1   **2% (2000) → 22% (2014)**

Herstellung von Zwischenprodukten

Verteilung (Beschaffung)

Unterstützende Dienstleistungen

Beitrag der Segmente in GVC, PP Veränderung über 2000–14

0

Endfertigung

F&E

Design & Entwicklung

Verkehrsmittel (Beschaffung)

Lagerhaltung (Beschaffung)

-1

0   2   4   6   8

Beitrag im globalen GVC, % im Jahr 2014

● Größe des Segments im Jahr 2014

China hat in allen Segmenten des GVC einen gigantischen Sprung gemacht und mehr Gewicht gewonnen. Im Vergleich dazu hat Deutschland seine relative Position im Dienstleistungs-Segment verloren (inklusive F&E, Design & Entwicklung).

Quelle: Accenture Research Analyse basierend auf World Input-Output Database

Doch Deutschland ist es weder gelungen, eine starke Position in der Produktion zu halten, noch konnte es sein Dienstleistungssegment in der globalen Wertschöpfungskette ausbauen. 2019 erwirtschaftete das produzierende Gewerbe in Deutschland ein Viertel der Bruttowertschöpfung (24,2 Prozent) und beschäftigte fast ein Fünftel (18,9 Prozent) aller Arbeitnehmerinnen und Arbeitnehmer.[228]

China wird zu einem ernsthaften Konkurrenten: Das Land hat seinen industriellen Schwerpunkt von der Produktion (der »Werkbank der Welt«) auf die Innovation verlagert, mit dem Ziel, der wichtigste globale Player auch auf dem Sektor hochtechnologischer Produkte zu werden. Dafür hat es seinen Input an Forschung und Entwicklung deutlich erhöht. Gleichzeitig hat es den Anteil ausländischer Importe verringert. Das bedeutet mehr Konkurrenz für die deutsche und europäische Industrie und ein kleinerer Absatzmarkt!

Die Verschiebung globaler Kräfteverhältnisse und protektionistische Bestrebungen verändern die Regeln der internationalen Zusammenarbeit und des weltweiten Handels drastisch. Energie- und Klimawandel sowie die Herausforderungen durch Pandemien sind im Fokus der gesellschaftlichen Debatte und erfordern konkrete Maßnahmen. Das bedeutet: Neue Technologien und Digitalisierung sind heute nicht nur der Eintrittspreis dafür, in wirtschaftlichen und sozialen Netzen kompetent und selbstbestimmt mitzuwirken. Sie dominieren zunehmend auch Kernfragen der Wirtschafts- und Sicherheitspolitik.

Die Nachfrage, die sich durch die Notwendigkeit des *Social Distancing* und der Virtualisierung persönlicher Kontakte während der Pandemie ergeben hat, wird außerdem der Katalysator dafür sein, in kürzester Zeit viele Bereiche der Gesellschaft zu transformieren, zum Beispiel durch die mobile Arbeit im Homeoffice, *eGovernment* oder Videokonferenzen statt Dienstreisen. Der Handlungsdruck, innovative Lösungen zu entwickeln, steigt.

Treiber für neue Geschäftsmodelle sind die digitalen Technologien. Die Regeln der Datenökonomie – die gemeinsame Nutzung und das Handeln mit Daten – werden industrielle Produktionsprozesse grundlegend revolutionieren. Globale Wertschöpfungsketten werden im Zuge dieses radikalen Strukturwandels in Wirtschaft und Gesellschaft völlig neu entworfen.

Deutschland ohne Ambitionen für Neues?

Dabei muss und kann Deutschland eine führende Rolle einnehmen. Doch Veränderungen scheitern hierzulande an starren Strukturen und einer Haltung des Zögerns, die angesichts der Dynamik der internationalen Entwicklung existenzbedrohend ist. Wo sind die Ambitionen, die Deutschland zu einer weltweit führenden Wirtschaftsmacht machten? Wir laufen Gefahr, von einem Leitanbieter zum Zulieferer degradiert zu werden. Zunehmend sinkende Anteile an der weltweiten Wirtschaftsleistung unterstreichen diese Entwicklung (siehe Seite 12).

Eine der zentralen Ursachen für die abnehmende Umsatzdynamik ist Langsamkeit, die ihrerseits auf mangelnde Entscheidungskompetenz und Schwächen der Führung zurückgeht. Der internationale Wettbewerb, insbesondere aus den USA und China, ist digital schlicht ambitionierter, schneller und erfolgreicher. Trotz anhaltender Kritik verstehen deutsche Manager unter Digitalisierung weiterhin die Optimierung bestehender Abläufe. Viel zu selten werden die bestehenden Produkte digital neu gedacht, d. h. mit Software, Daten und Services neu erfunden und für den Menschen optimiert (*Experience Design*) – und dann mittels digitaler Technologien wie der Cloud und digitalen Ökosystemen massiv skaliert. Nur der vollständige Verbund dieser Maßnahmen führt zur Erschließung neuer umsatzrelevanter Geschäftsmodelle.[229] Einzelmaßnahmen bringen in der Regel keine spürbare Veränderung.

Diejenigen (wenigen) Unternehmen, die hingegen das Geschäfts-modell zu einem Plattformmodell erweitert oder aber als Plattform aufgesetzt haben, haben sich an die Spitze des Wachstums in den deutschen Top 500 in 2019 gesetzt.[230]

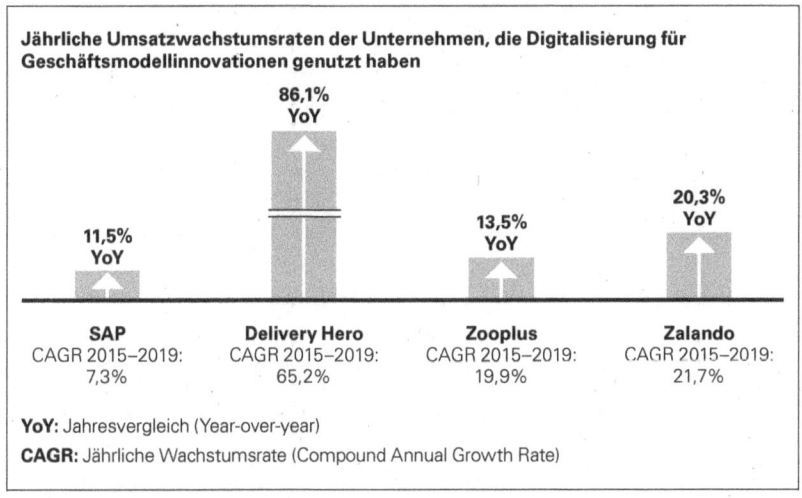

Jährliche Umsatzwachstumsraten der Unternehmen, die Digitalisierung für Geschäftsmodellinnovationen genutzt haben

86,1% YoY

20,3% YoY

13,5% YoY

11,5% YoY

SAP	Delivery Hero	Zooplus	Zalando
CAGR 2015–2019: 7,3%	CAGR 2015–2019: 65,2%	CAGR 2015–2019: 19,9%	CAGR 2015–2019: 21,7%

YoY: Jahresvergleich (Year-over-year)
CAGR: Jährliche Wachstumsrate (Compound Annual Growth Rate)

Quelle: Accenture Research Analyse basierend auf CapitalQ und Unternehmensangaben

Das Auto als Software-Plattform

Physische Produkte und Anlagen werden im Rahmen der Digitali-sierung über Embedded Software und Betriebs-Plattformen grund-legend verändert und erweitert. In der Folge verschiebt sich der Wettbewerb von »Made in« zu »Made and operated by«: dem digi-talen Betrieb der physischen Welt zu einem definierten Leistungs-versprechen (z. B. Nachhaltigkeit, Pünktlichkeit, Gesundheit usw.).

Das Automobil ist ein gutes Beispiel: Tesla hat nicht nur ein Auto mit Elektroantrieb ausgestattet, sondern es gleichzeitig als Soft-wareplattform realisiert: *Over-the-Air* Software-Updates erlauben eine fortlaufende Neuanpassung an Kundenbedürfnisse.[231] Die deutschen Hersteller hinken dieser Entwicklung mehr als fünf Jahre hinterher! Während Tesla die Regeln der Zusammenarbeit mit den Zulieferbetrieben in Rekordgeschwindigkeit neu definiert hat, bleibt die deutsche Automobilindustrie bislang in jahrzehntelang gewachsenen und verhärteten Industriestrukturen gefangen. Sie hat die Aggressivität des Wettbewerbs unterschätzt. Veränderungen werden nicht als Chance im Ökosystem mit Mehrwert für alle verstanden – sondern lediglich als Neuverteilung einer schrumpfenden Wertschöpfung.

Die digitale Umstrukturierung der Volkswagen AG ist lobenswert – und dennoch im internationalen Vergleich zu langsam. So will VW, unterstützt durch den Partner Microsoft, Software-Kompetenzen in der Einheit »Car.Software« bündeln und ausbauen und den Eigenanteil der Softwareentwicklung in fünf Jahren von aktuell zehn Prozent auf 60 Prozent steigern.[232] Das Vorhaben soll aber mindestens fünf Jahre brauchen, das ist – in digitaler Zeitrechnung – eine halbe Ewigkeit. Immerhin ist damit ein Anfang gemacht. Mit Amazon Web Services arbeitet Volkswagen auch an einer *Industrial Cloud*. Darin sollen die Daten aller Maschinen und Systeme aus allen 122 Konzernfabriken zusammenfließen.[233]

Ausverkauf der deutschen Industrie?

Die fehlende Geschwindigkeit und Skalierung bei der Software- und Datenkompetenz und der damit verbundenen digitalen Innovationen bergen ein großes Risiko: die Übernahme in Unternehmen, die digital besser aufgestellt sind. Deshalb müssen die deutschen Unternehmen und die deutsche beziehungsweise europäische Politik dringend reagieren. Denn nicht nur könnte die deutsche Industrie zu einem Zulieferer degradiert werden: Ihre Börsenbewertungen könnten im Vergleich zu den digitalen Wettbewerbern im Ausland so massiv sinken, dass ein Ausverkauf droht. Die Exzellenz in der deutschen Fertigung wird dann in Unternehmen des digital besser aufgestellten Wettbewerbers migriert.

Vor dem Hintergrund der jüngsten Rezession warnte EU-Kommissionspräsidentin Ursula von der Leyen im Frühjahr 2020 explizit vor einem solchen Ausverkauf, der nun noch bedrohlicher geworden ist. Private-Equity-Investoren, Staatsfonds und staatseigene oder staatlich unterstützte Unternehmen aus China und der arabischen Welt erhielten nun die Chance, zum Discount-Preis Forschungsergebnisse, Technologien und strategisches Know-how einzukaufen.[234]

Analog braucht digital

Die Datenökonomie wird bestehende Wertschöpfungsketten radikal verändern. Damit der Strukturwandel gelingt und die Chancen der Industrie 4.0 genutzt werden können, müssen zukünftige Strategien auf den vorhandenen industriellen Fähigkeiten aufbauen und diese erweitern. Deutschlands industrielle Basis und Leistungsfähigkeit ist geprägt durch technologische Kompetenz sowie einen hohen Grad an Diversifizierung und Spezialisierung, zum Beispiel in der Fertigungs- und Prozessindustrie. Nur das Zusammenspiel des ausgeprägten deutschen industriellen Domänenwissens mit IT- und Datenanalysekompetenzen – also die Verbindung der analogen Welt mit den Chancen der digitalen Welt – kann Deutschland neue und erhebliche Wertschöpfungspotenziale eröffnen.

Bei der digitalen Wertschöpfung geht es dabei weniger um eine digitale Veredelung von Produkten (z. B. *Predictive Maintenance*, vorausschauende Wartung), sondern vielmehr um einen veränderten Betrieb der physischen Welt – auf Grundlage von Daten (siehe Seite 144). So entstehen neue Produkte, existierende werden aktualisiert oder anders eingesetzt. Dies kann die Grundlage datenbasierter Geschäftsmodelle sein. Vor allem diejenigen Unternehmen, die dafür Plattformen nutzen, werden sich weiter ausdifferenzieren und an Bedeutung zunehmen. Bislang nutzen die meisten jedoch digitale Plattformen vor allem intern und lediglich als unterstützende Infrastruktur. Ihr Anteil an der gesamten Bruttowertschöpfung des verarbeitenden Gewerbes ist immer noch sehr gering (1,5 Prozent).

Besonders negativ wirkt sich aus, dass Deutschland und Europa keine klare Innovationsstrategie verfolgen, die entsprechenden Initiativen für die digitale Wirtschaft reichen bei Weitem nicht aus. Die Wettbewerber aus China und den USA investieren deutlich stärker in das Neugeschäft mit der Kombination von physischen und digitalen Innovationen.[235]

Digitale Geschäftsmodelle ohne Skalierung

Predictive Maintenance, Condition Monitoring, as-a-service: Die deutsche Industrie hat über Jahre ihre Produkte, Maschinen und Anlagen digital veredelt und auf dieser Basis Produktivitätsgewinne für den Kunden realisiert. Nur mit der Monetarisierung hakt es. Unternehmen haben Schwierigkeiten, datenbasierte Geschäftsmodelle zu entwickeln, die Wachstum schaffen. Bei den meisten intelligenten Diensten handelt es sich um schrittweise Verbesserungen bestehender Geschäftsmodelle, die noch nicht wesentlich zum Umsatzwachstum beitragen. So nutzen deutsche Unternehmen digitale Plattformen vor allem intern und als unterstützende Infrastruktur. Ihr Anteil an der gesamten Bruttowertschöpfung des verarbeitenden Gewerbes ist sehr gering (1,5 Prozent).[236]

Plattformbasierte Geschäftsmodelle werden sich weiter ausdifferenzieren und in ihrer Bedeutung zunehmen. Zu den wichtigsten Herausforderungen bei der Entwicklung nachhaltiger digitaler Geschäftsmodelle gehören auch der Aufbau eines Ökosystems, die Skalierung des Geschäftsmodells, die Abstimmung von Problemen im Zusammenhang mit der Plattform-Governance und die tatsächliche Monetarisierung von Daten. Da intelligente Produkte zu Containern für rekonfigurierbare Software und digitale Intelligenz werden, wird die Herausforderung immer größer. Produktdesign, Engineering, Fertigung und Betrieb werden zunehmend auf Daten basieren. Um darauf zu reagieren, müssen Unternehmen aus der Perspektive des Kundenerlebnisses heraus datenzentrierte Geschäftsmodelle schaffen, die einen signifikanten Mehrwert für den Kunden über den eigentlichen Kern des Service hinaus versprechen.

Wachsende Antagonismen

Neue Führung in einer digitalen Welt – das bedeutet für Wirtschaft wie Politik auch, durch eine Welt mit zunehmenden Gegensätzen zu navigieren, Brücken über aufgerissene Gräben bauen zu müssen. Bisher wurden noch wenig Anstalten gemacht, zum Beispiel dem Generationenkonflikt zu begegnen, der dadurch droht, dass immer weniger junge Menschen eine wachsende Zahl nicht mehr erwerbstätiger Personen finanzieren müssen. Mit rund 20,8 Millionen sind die unter 25-Jährigen in Deutschland ganz klar in der Minderheit gegenüber den 28,1 Millionen 50- bis 75-Jährigen.[237] Die Solidarität zwischen Jung und Alt wurde zum Debattenthema während des Lock-downs – als der Tübinger Grünen-Politiker Boris Palmer mit der These provozierte, man rette (mit den älteren, besonders zu schützenden) Menschen welche, die ohnehin bald sterben würden.

EU-weit ist jeder fünfte Wähler unter 30 Jahren alt. Das Durchschnittsalter der EU-Abgeordneten liegt jedoch bei 55.[238] Die mit 50,6 Prozent hohe Wahlbeteiligung bei der Europawahl 2019 ging vor allem auf die Erst- und Jungwähler zurück, diese Generation kämpft auch politisch für ihre Rechte. Dass Versäumnisse in Klimapolitik und Umweltschutz als Katalysator für die Benachteiligung der kommenden Generationen gesehen werden, zeigt der außerparlamentarische Protest der Fridays for Future-Bewegung oder der Extinction Rebellion. Fridays-Initiatorin Greta Thunberg spricht immer wieder aus, was viele ihrer Generation denken: dass die Eltern- und Großelterngenerationen die Zukunft der Jugend mit ihrem Lebensstil zerstört haben. »Immer noch wird diese Notlage komplett ignoriert von den Politikern, den Medien und denen in einflussreichen Positionen«, erklärte sie zum Auftakt eines Protestmarsches im Februar 2020 in Bristol.[239]

Hat die deutsche Wirtschaft genügend Innovationspotenzial, um die Zukunftsfragen dieses Planeten zu lösen? Die Rückkehr zu einer funktionierenden Wirtschaft dürfe nicht die drohende Katastrophe des Klimawandels ignorieren, sondern solle genutzt werden, um einen weiteren Schritt in eine klimaneutrale Zukunft zu machen, fordert unter anderen ein Editorial des Wissenschaftsmagazins *Science*.[240] Nach der Finanzkrise 2008 sei das versäumt worden. Die Autoren kritisieren das Sondergutachten des deutschen Sachverständigenrates zu den Folgen der Pandemie[241], das auf nachhaltiges Wirtschaften nicht eingeht. Im Gegensatz dazu haben 17 europäische Umweltminister die Europäische Kommission aufgefordert, den verkündeten *Green Deal* ins Zentrum der Wirtschaftshilfen zu stellen.

Covid-19 hat gezeigt, wie weitreichend die Folgen eines an und für sich kleinen Ereignisses sind. Im Verhältnis dazu hat der Klimawandel aber eine noch viel enormere disruptive Kraft. »Die Ökonomen unterschätzen die Kosten des Klimawandels«, kritisiert zum Beispiel die *New York Times*.[242] Zum einen verändere sich mit dem rasanten Tempo des Klimawandels auch die Bewertung von Gütern und Dienstleistungen wie etwa dem Wassermanagement. Zum anderen gebe es Probleme bei der Bepreisung von Kategorien wie der Biodiversität oder der Versäuerung der Weltmeere.

Zum Beispiel verändere das rasche Schmelzen der Himalaya-Gletscher den Wasserhaushalt in großen Regionen und für viele Menschen, ohne dass man dies wirtschaftlich ausreichend kalkulieren könnte. Auch sei unklar, wann Entwicklungen zu einem »*tipping point*« kommen, wo bereits kleine Veränderungen zu Kaskaden von Folgeschäden führen. »*The missing risks*« nennt das ein Policy Brief der London School of Economics gemeinsam mit dem Grantham Research Institute on Climate Chance und dem Potsdam Institute for Climate Impact Research.[243] Wird die Wirtschaft die ihr jetzt angebotenen Hilfsgelder nutzen, um veraltete Strukturen zu reparieren, oder wird sie nun beginnen, in Zukunft zu investieren?

Schließlich ist da noch die Radikalisierung der Politik, befeuert von »alternativen Fakten«, die das Vertrauen in Wissenschaft und Experten untergraben. »Es gibt ein neues Klima des Stolzes auf Irrationalität und Dummheit«[244], so der Populismusforscher Thomas Noetzel von der Universität Marburg.

Die Sehnsucht nach weniger Komplexität und mehr Eindeutigkeit liegt auch der wachsenden EU-Kritik zugrunde, die immer mehr Länder erfasst. Besonders deutlich wurde das im Prozess des Brexit, der Großbritannien als gespaltene Gesellschaft zurückließ und die EU schwer beschädigte. Aber auch in anderen Ländern, in Frankreich mit Marie LePen, in Italien mit Matteo Salvini oder in Ungarn mit Viktor Orbán, nehmen EU-kritische Strömungen zu. Die unterschiedlichen Reaktionen auf den Flüchtlingsansturm aus Syrien und anderen Ländern im Jahr 2015 zeigten bereits die Zerfallserscheinungen in Europa, die dann im hektischen Rückzug auf die eigenen Grenzen während der Covid-19-Pandemie erneut blamabel deutlich wurden. Auch Europa hat dringend eine Innovationsstrategie unter mutiger Führung nötig.

Mut und Motivation – das sind die beiden entscheidenden Faktoren, die der deutschen Industrie in vielen Bereichen fehlen. Die lange Phase des Erfolgs, die mehr als ein Jahrhundert anhielt, hat vielerorts den Blick auf die notwendige Transformation verstellt. Jetzt, wo immer deutlicher wird, dass Deutschland völlig neue

Geschäftsmodelle braucht, will es nicht den Ausverkauf seiner renommierten Produktion riskieren, sind Mut und Pioniergeist nötig, Eigenschaften, die rar geworden sind, aber nun wieder umso nötiger werden. Denn Analog braucht Digital.

KAPITEL 4

Deutschlands Wirtschaft in der Dekade der neuen Machtblöcke

Die Welt nach der Pandemie

Öffnen wir also die Augen und versuchen wir, die Welt aus einer neuen Perspektive zu betrachten, aus der digitalen Perspektive. Längst hat sich unser Lebensstil massiv durch das Internet und die allgegenwärtige Mobilkommunikation verändert. Ohne sie wäre auch die Covid-19-Pandemie völlig anders verlaufen. Diejenigen Länder, die sehr früh digitales *Contact Tracing* einsetzten, konnten die Pandemie als erste unter Kontrolle bringen. Das war ein eindrucksvoller Beweis für das, was moderne Technologien leisten können und müssen, um das Überleben auf diesem Planeten zu sichern. Aber auch mittel- und langfristig werden die Erfahrungen mit Covid-19 vieles an unserer Gesellschaft verändern, was auch in der Wirtschaft völlig neue Impulse setzen wird.

Ein anderer Lifestyle: *Cocooning*

Die umfangreichen Veränderungen im Alltag, die der Lockdown und das Gebot des *Social Distancing* mit sich gebracht haben, werden in vielen Fällen nicht verschwinden, sondern zu anhaltenden Strukturänderungen führen. Das liegt zum einen an dem Bestreben der Unternehmen, Produktion und Dienstleistungen resilienter gegenüber Gefährdungen zu machen. Zum anderen ist dafür aber auch ein neuer Lebensstil verantwortlich, der Hygiene und Infektionsschutz in den Mittelpunkt stellt und weniger kontaktfreudig ist: das *Cocooning*. Was diese Haltung des sich »Einspinnens« alles mit sich bringen wird, ist noch gar nicht abzusehen. Aber feststeht: Es wird in der absehbaren Zukunft seltener zu sozialen Kontakten kommen, Fernreisen werden nicht mehr mit derselben Sorglosigkeit gebucht werden, die Hygienevorschriften und der Schutz vulnerabler Bevölkerungsgruppen bleiben ein Thema. Es wird, wie es inzwischen häufig heißt, kein Zurück mehr zu den alten Verhältnissen geben. Die Zukunft gehört einer *Low-Touch-Economy*.[245]

Automatisierung und Virtualisierung

Um resilienter gegenüber Krisen zu werden, nimmt annähernd jedes zweite Unternehmen in 45 Industrienationen die Covid-19-Pandemie zum Anlass, die Automatisierung seiner Prozesse voranzutreiben.[246] Betroffen sind nicht nur Logistikunternehmen, die weiter automatisieren werden, um die explodierende Nachfrage nach Lieferservices bewältigen zu können. An der Spitze stehen Branchen, die Körperkontakte – und damit eine Infektionsgefahr – weitgehend unnötig machen: in einer *Low-Touch-Economy*. Dazu gehören Supermärkte, bei denen die Kunden ihre Waren selbst scannen, kontaktlose Bezahlsysteme, Fast-Food-Ketten, die automatisiert die Bestellungen ausliefern, sowie Hotels, Flughäfen und Krankenhäuser, die in Zukunft verstärkt Roboter einsetzen werden, um Menschen zu schützen, etwa beim Desinfizieren gefährlicher Bereiche oder zur Reinigung. In den USA werden intelligente Maschinen zum Sortieren von Hausmüll und Recyclingmaterialien verwendet, um die Infektionsgefahr zu verringern.

Robotik hilft nicht nur bei dem Test auf das Covid-19-Virus bei *Drive-Through*-Tests im Auto, sondern intensiviert die Leistung des gesamten Health-Care- und Diagnostikbereichs. So wurden in Rekordzeit in Deutschland vollautomatische Produktionslinien für die Hochgeschwindigkeitsfertigung von Mundschutzmasken entwickelt. Kommunikationsroboter sollen künftig in Pflege- und Altenheimen eingesetzt werden, wenn persönliche Kontakte eingeschränkt werden müssen. Im China wurden sogar Polizeiroboter mit fünf hochauflösenden Kameras und Infrarot-Thermometern ausgestattet, welche die Temperatur von zehn Personen gleichzeitig in einem Radius von fünf Metern scannen konnten und melden, wenn sie in Risikobereichen Personen ohne Mundschutz wahrnahmen. Zugangskontrollen mit infrarotgesteuerter Wärmemessung werden zunehmend auch in Europa üblich werden.[247]

Gleichzeitig nimmt die Virtualisierung von Kontakten deutlich zu. Laut einer repräsentativen Studie des ZEW in Mannheim unter rund 1.800 Unternehmen der Informationswirtschaft und des Verarbeitenden Gewerbes vom August 2020 wird das Arbeiten von zu Hause fester Bestandteil der Arbeitsorganisation werden.[248] »Die Verbreitung von Arbeit aus dem Homeoffice und von Videokonferenzen wird sich beschleunigen«, so Janine Pelosi, die Marketingchefin von ZOOM.[249] Die Anzahl der Meetingteilnehmer der Plattform haben sich von 10 Millionen im Dezember 2019 auf 200 Millionen im März 2020 verzwanzigfacht.[250] Yoga-Kurse, Vorlesungen und Home-Schooling finden verstärkt online statt, aber auch internationale Treffen von Regierungschefs und Ministern. Kulturveranstaltungen wie Theatervorstellungen oder Konzerte werden gestreamt.

Die Profiteure dieser Automatisierungs- und Visualisierungswelle sind erneut die großen Internetgiganten. »Wie kann uns die Krise in eine bessere Zukunft führen?« fragte Eric Schmidt, früherer Google-Chef und jetzt Executive Chairman der Holding Alphabet, im *Wall Street Journal*: »Unternehmen wie Amazon wissen, wie effizientes Besorgen und Liefern funktioniert. Sie müssen ihre Dienstleistungen und ihren Rat den Regierungen zur Verfügung stellen, die nicht ausreichend computerisiert sind und zu wenig Wissen haben.« Bildung und Wirtschaft, so Schmidt, basierten bald auf »*tele-everything*«, dafür fehlten in den USA aber noch die digitale Infrastruktur und das 5G-Netzwerk. Die National Security Commission on Artificial Intelligence, ein Board, in dem viele Vertreter der GAFA-Unternehmen vertreten sind, wies explizit auf die chinesischen Wettbewerber hin, die durch ihre Regierungsunterstützung im Bereich der Überwachungstechnologien führend seien.[251]

Chinas Rückkehr

»*Is China winning?*« – Mitte April 2020 brachte es der *Economist* auf den Punkt: Was zunächst so aussah, als könnte die Covid-19-Pandemie China um Jahre zurückwerfen, hat mittelfristig das Potenzial, das Land an die Spitze der Welt zu katapultieren. Denn wie ein Bumerang kehrt China auf die Weltbühne zurück – nach einem radikalen Lockdown in der Provinz Wuhan und großräumigen Einschränkungen für insgesamt etwa 760 Millionen Chinesen.[252] Die Autoindustrie war besonders von den Ausgangssperren betroffen. Doch schon Mitte Februar, einen knappen Monat nach dem Lock-down, fuhr BMW seine Produktion im nordöstlich gelegenen Shenyang wieder hoch, das weniger als andere Regionen von der Krankheit betroffen war.[253] Daimler folgte, nach vier Wochen Stillstand, Mitte April.[254] Seither ist China bemüht, Normalität zu demonstrieren – und ein positives Image zu gewinnen: Vier Milliarden Atemschutzmasken und Hunderttausende Testkits[255] spendete das Land anderen betroffenen Nationen, als sich die Infektionskrankheit im Februar 2020 auch außerhalb Asiens verbreitete.

Vier Dimensionen kennzeichnen Chinas Umgang mit der Pandemie im eigenen Land:

– In großem Ausmaß kamen geogetrackte Services, Big-Data-Analysen und Robotik zum Einsatz, um Hochrisikofälle zu identifizieren, die Bewegungsfreiheit zu begrenzen und den zwischenmenschlichen Kontakt zu minimieren.
– Digitale Plattformen in industrieübergreifenden Ökosystemen sammelten und verarbeiteten *in real-time* wichtige Informationen und verteilten die Ergebnisse. Auf diese Weise blieben die Bürger trotz des Lockdown informiert.
– Unternehmen hebelten Online- zu Offline-Services und -Plattformen, und sie boten virtuelle und *augmented reality* an, um die Langeweile während der Isolation zu vertreiben und sie über einen längeren Zeitraum so erträglich wie möglich zu machen.

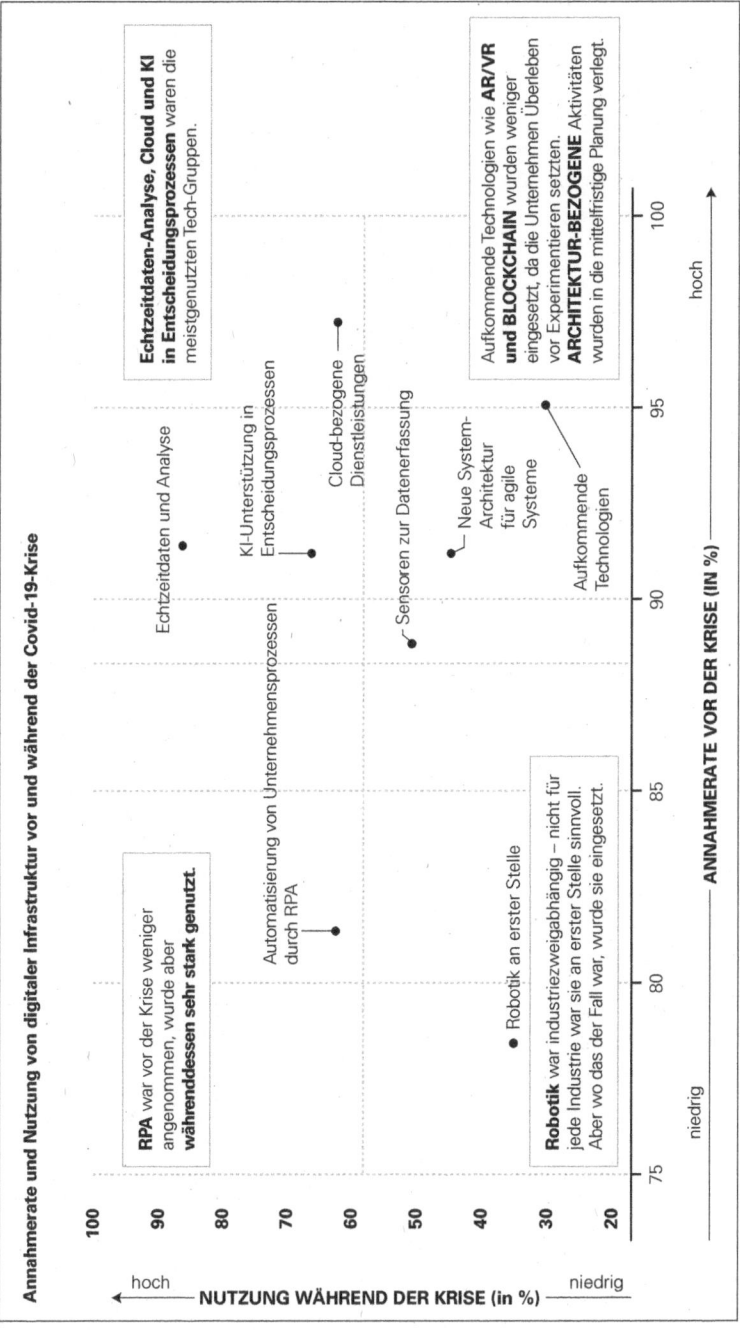

Annahmerate und Nutzung von digitaler Infrastruktur vor und während der Covid-19-Krise

RPA war vor der Krise weniger angenommen, wurde aber **währenddessen sehr stark genutzt.**

Echtzeitdaten-Analyse, Cloud und KI in Entscheidungsprozessen waren die meistgenutzten Tech-Gruppen.

Aufkommende Technologien wie **AR/VR und BLOCKCHAIN** wurden weniger eingesetzt, da die Unternehmen Überleben vor Experimentieren setzten. **ARCHITEKTUR-BEZOGENE** Aktivitäten wurden in die mittelfristige Planung verlegt.

Robotik war industriezweigabhängig – nicht für jede Industrie war sie an erster Stelle sinnvoll. Aber wo das der Fall war, wurde sie eingesetzt.

Echtzeitdaten und Analyse

KI-Unterstützung in Entscheidungsprozessen

Automatisierung von Unternehmensprozessen durch RPA

Cloud-bezogene Dienstleistungen

Sensoren zur Datenerfassung

Neue System-Architektur für agile Systeme

Aufkommende Technologien

• Robotik an erster Stelle

NUTZUNG WÄHREND DER KRISE (in %)
hoch — niedrig

ANNAHMERATE VOR DER KRISE (IN %)
niedrig — hoch

100 90 80 70 60 50 40 30 20

75 80 85 90 95 100

Quelle: Accenture Business Continuity Survey Januar und April/Mai 2020

– Digitale Lösungen halfen dabei, die Wirtschaft am Laufen zu halten. So fanden Live-Streaming-Veranstaltungen statt, das Internet der Dinge und Robotik übernahmen die automatisierte Fertigstellung, und es wurden flexible digitale Arbeitsmöglichkeiten geschaffen, so dass Tätigkeiten aus den Homeoffices möglich wurden.[256]

Erste Analysen der Krisenbewältigung in China zeigten bereits Veränderung in der Technologieadaption: Cloud, Analytics und Künstliche Intelligenz spielten ganz vorne mit. Diese nahmen auch im *Ramp-up* der Industrie, dem Wiederanlaufen, einen wichtigen Platz ein. Wir können davon ausgehen, dass diese Technologien die nächste S-Kurve darstellen, eine neue Ära der technologischen Entwicklung.

Die nächste S-Kurve

S-Kurven bilden Phasen und Kernprozesse transformativen Wandels ab. Sie beschreiben die Verläufe der Adaption von Ideen und Technologien über einen Zyklus von vier Phasen: die Entstehung, das Wachstum, die Reife und schließlich Ablösung. Die Adaption hat die Form einer S-Kurve im Zeitverlauf. Das Konzept geht zurück auf den amerikanischen Kommunikationswissenschaftler Everett M. Rogers, der seine Theorien zur Diffusion bereits 1962 vorlegte.[257] Als Diffusion bezeichnete er den Prozess, durch den eine Innovation im Laufe der Zeit unter den Teilnehmern eines sozialen Systems kommuniziert wird. Vier Voraussetzungen beeinflussen die Verbreitung einer neuen Idee: die Innovation selbst, Kommunikationskanäle, Zeit und ein soziales System. Eine der neuen und zentralen S-Kurven ist nun die Cloud als eine der zentralen Grundlagen von unternehmensübergreifender Skalierung und Optimierung.

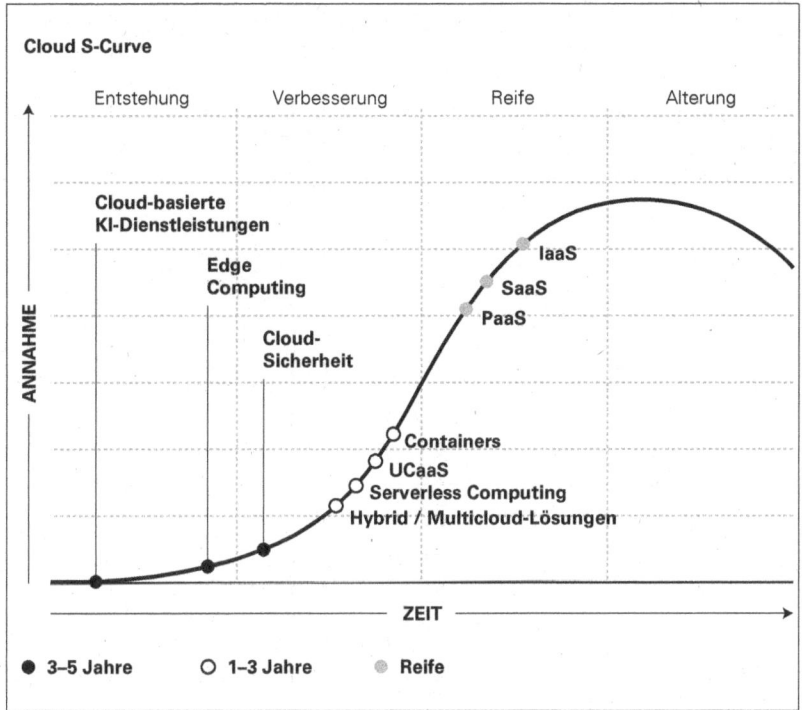

Quelle: Accenture Research

Push der Digitalisierung

Der Worldwide Digital Transformation Spending Guide der International Data Corporation (IDC) zeigt, dass die Ausgaben für die digitale Transformation von Geschäftspraktiken, Produkten und Organisationen trotz der Herausforderungen der Covid-19-Pandemie in einem soliden Tempo fortgesetzt werden. Die weltweiten Ausgaben für diese Technologien und Dienstleistungen werden 2020 voraussichtlich um 10,4 Prozent auf 1,3 Billionen US-Dollar steigen. Dies ist zwar deutlich langsamer als das Wachstum von 17,9 Prozent im Jahr 2019, bleibt jedoch einer der wenigen Lichtblicke in einem Jahr, das durch dramatische Einsparungen bei den gesamten Technologieausgaben gekennzeichnet ist.[258] Für die Digitalisierungsbeauftragte der Bundesregierung, Dorothee Bär, war das Covid-19-Virus eine zwar in dieser Art unerwünschte, aber doch notwendige Initialzündung, um einen Push der Digitalisierung in Deutschland auszulösen. Sie sei »eine Chance«, so zum Beispiel auch Marco Buschmann (FDP), Mitglied in einer Arbeitsgruppe des Bundestagspräsidenten, welche die Digitalisierung im Parlament auch nach der Pandemie voranbringen soll. »Uns hat schlicht die Not dazu gezwungen, alte Vorbehalte aufzugeben«, sagte der Erste Parlamentarische Geschäftsführer der *Deutschen Welle*.[259] Zum Beispiel werde in der Arbeitsgruppe darüber nachgedacht, an Video-Ausschuss- oder Fraktionssitzungen als Option festzuhalten und sogar Sitzungen des Parlamentes »digital zu ergänzen«, etwa für Abgeordnete, die einer Hochrisikogruppe angehören und nicht im Plenum anwesend sein können. Deutschland sei mit der Digitalisierung von Politik, Verwaltung und der Arbeitsorganisation durch die Corona-Krise ein gutes Stück vorangekommen.

Gesundheit als Leistungsversprechen

Deutschland hat, was die akute erste Phase der Covid-19-Pandemie anging, eine besonders gute Performance bewiesen, als es um den Schutz seiner Bevölkerung und die Kapazitäten des Gesundheitssystems ging. Während die Bertelsmann Stiftung in einem Gutachten von 2019 noch von Überkapazitäten und ruinöser Konkurrenz der Kliniken sprach und die Hälfte der deutschen Krankenhausbetten für überflüssig hielt[260], wurde nach dem Ausbruch der Pandemie die Zahl der Intensivbetten laut der Deutschen Krankenhausgesellschaft im Frühjahr 2020 von 28 000 (davon 20 000 Beatmungsplätze) auf 40 000 (30 000 mit Beatmung) gesteigert.[261] So gab eine von der Deutschen Interdisziplinären Vereinigung für Intensiv- und Notfallmedizin (DIVI), dem Robert Koch-Institut (RKI) und der Deutsche Krankenhausgesellschaft (DKG) in Rekordzeit aufgebaute Plattform einen aktuellen Überblick, wo im Land noch Intensivplätze mit Beatmungskapazität frei waren. Bestellungen für Masken, Medikamente und Schutzausrüstung wurden online abgewickelt. Digitalgestützte Hochdurchsatzverfahren vergrößerten die Testkapazitäten in den Laboren. Über Webportale konnten sich freiwillige Helfer anmelden.

Ein Covid-19-Krankenhausentlastungsgesetz half dabei, in Rekordzeit Einnahmeausfälle für Corona-reservierte Behandlungsplätze zu kompensieren, zusätzliche Intensivplätze mit Beatmungsmöglichkeiten zu schaffen und Schutzausrüstung für Ärzte und Pflegekräfte zu organisieren. Finanziert wurde das aus Mitteln der Gesetzlichen und der Privaten Krankenversicherung.[262] Die Erfolge waren deutlich: In Deutschland waren bis zum Frühjahr 2020 sechs Prozent Übersterblichkeit (erhöhte Sterberate) zu verzeichnen, einer der weltweit niedrigsten Werte. In Großbritannien, wo man anfangs auf strenge Schutzmaßnahmen verzichtet hatte und das öffentliche Gesundheitswesen unterfinanziert ist, waren es im Vergleich 67 Prozent.[263]

Gesundheit wird auch in den Jahren nach dieser Pandemie ein zentrales Thema bleiben. Nichts ist wichtiger, kein Trend hat ein größeres Potenzial für alle Lebensbereiche relevant zu werden, glauben Zukunftsforscher angesichts der Erfahrung der Pandemie.[264] Zumindest beschäftigten deren gesundheitliche Folgen die Bevölkerung im April 2020 immer noch in ähnlichem Ausmaß wie die wirtschaftlichen Konsequenzen, so der Corona-Monitor des Bundesinstituts für Risikobewertung.[265]

Die Pandemie hat deutlich gemacht, dass Gesundheit zu den Themen gehört, die nicht allein nach Kriterien der Kosteneffizienz bewertet werden können, sondern auch etwas mit staatlicher Fürsorge zu tun haben. Viele Regierungen dieser Welt werden nun nach Wegen suchen, die Gesundheit ihrer Bevölkerung zu schützen, ohne dabei überwiegend auf andere Länder angewiesen zu sein. Supply Chains werden verkürzt werden, einheimische Pharmaunternehmen aktivieren bereits stillgelegte Produktionslinien für Medikamente, und medizinische Hilfsmittel wie Atemschutzmasken werden nun wieder im eigenen Land hergestellt.

»So kann es nicht bleiben«, kommentierte zum Beispiel der bayerische Ministerpräsident Markus Söder (CSU) die Lage während der Viruskrise, als deutlich wurde, dass Antibiotika, Antidepressiva, Bluthochdruck-, Herz- und Antikrebsmittel oder auch Pneumokokken-Impfstoff knapp wurden. Verantwortlich waren dafür vor allem Generika, die nach dem Auslaufen des Patentschutzes der Originalpräparate kostengünstig überwiegend in China hergestellt werden. Als Folge wurde darüber diskutiert, ob die Krankenkassen künftig Pharmahersteller mit Standort in Europa bevorzugen sollten. Andere Nationen ohne die entsprechende Infrastruktur werden verstärkt Dienstleistungen aus dem Bereich Gesundheit nachfragen.

Mittelfristig werden neuartige Technologien wie Blockchain (*Distributed Ledger Technology*), Künstliche Intelligenz, *Virtual* und *Augmented Reality* und Quantencomputing den gesamten Gesundheitssektor massiv verändern – die Ausbildung revolutionieren, die diagnostischen Möglichkeiten erweitern (zum Beispiel durch Retina-Scans, Sprach- und Gesichtsanalyse), Telemedizin stützen oder auch die Selbstfürsorge von Patienten stärken, etwa durch *Smart Homes* oder *Ambient Assisted Living*.[266] Dazu ist es notwendig, dass sämtliche Prozesse in der Gesundheitsversorgung digital durchstrukturiert werden, also auch die Arztsuche, die Terminbuchung oder die Kommunikation mit den Krankenversicherern. Den Patienten gewinnen kann, wer schon frühzeitig, also vor einer Erkrankung, dessen Bedürfnisse erkennt und befriedigt, zum Beispiel durch ein gut durchdachtes Vorsorgesystem, das darauf fokussiert, Gesundheit zu bewahren, statt erst im Krankheitsfall aktiv zu werden. Dies ist eine der Strategien der Krankenkassen, die zunehmend digitale Services anbieten. Unternehmen steigen zunehmend in den neuen Markt ein: »*Every Business is a Health Business*«. Viele Finanzinstitute (insbesondere Versicherungsunternehmen) in China etwa beginnen, neue Wertversprechen zu formulieren, die »Garantie + Prävention + Service« im Gesundheitsbereich kombinieren.

Plattformen gegen das Virus

Wie nutzbringend die Zusammenarbeit unterschiedlicher Akteure auf Plattformen sein kann, erwies sich in der Covid-19-Pandemie: Zum Beispiel wurde in Deutschland im Rahmen des Hackathon #wirVSvirus die Idee für eine Plattform #industryVSvirus geboren, die im April 2020 live ging. Eine interdisziplinäre Gruppe entwickelte sie mit dem Ziel, Industrie, Forschung und Behörden zu vernetzen und dabei Angebot und Nachfrage von Schutzgütern zu regulieren.[267] Impfstoff-Plattformen kombinieren Ergebnisse bisheriger Vakzine mit neuartigen Antigenen und testen die Ergebnisse auf Brauchbarkeit als Notfall-Impfstoff.[268] Die Deutsche Interdisziplinäre Vereinigung für Intensiv- und Notfallmedizin (DIVI), das Robert Koch-Institut (RKI) und die Deutsche Krankenhausgesellschaft (DKG) bauten gemeinsam eine Plattform auf, über die freie Beatmungsplätze in allen Kliniken Deutschlands registriert und abgefragt werden können.[269]

Aber es gab auch alltagspraktische Geschäftsideen wie eine Gutscheinplattform, die es Gästen ermöglichte, Voucher für einen späteren Lokalbesuch zu kaufen und den Wirten so über den Lockdown zu helfen.[270] Oder das Angebot save-the-night.com, das Online-Events vermittelte und Spenden an Künstler ermöglichte.[271] Viele neue Vertriebsplattformen ermöglichten Liefer- und Abholservices. Crowdfunding-Plattformen warben für neue Geschäftsideen.

Digitale Infrastruktur als Wettbewerbsfaktor

Der Lockdown zur Eindämmung der Covid-19-Pandemie hat wieder einmal bewiesen, wie wichtig eine funktionierende Infrastruktur für eine resiliente Wirtschaft und Gesellschaft ist – Verkehrswege, die trotz Bewegungseinschränkung Transporte ermöglichen, Telekommunikationsnetze, um die Umstellung der Arbeit auf Virtualisierung zu ermöglichen, Stromversorgung und natürlich eine medizinische Infrastruktur. Allein die Empfehlung der WHO, sich oft die Hände zu waschen, hat gezeigt, wie viele Länder das nicht sicherstellen konnten, weil ihre Bevölkerung keinen Zugang zu ausreichend Frischwasser hat. »Warum konnte Afrika sich nicht schneller entwickeln«, fragt zum Beispiel der stellvertretende Außenminister Chinas, Le Yucheng. »Ein wichtiger Grund ist, dass die Infrastruktur unterentwickelt ist.«[272] Das bezieht er nicht nur auf das Verlegen von Wasserleitungen, sondern ganz selbstverständlich auch auf den digital kontrollierten Betrieb von Brunnen, Leitungsnetzen und Abwasserklärung.

Die Welt hat einen gigantischen Bedarf an Infrastruktur, stellte das World Economic Forum schon im Frühjahr 2019 fest, und 15 Billionen US-Dollar groß sei die Finanzierungslücke, die sich nach Prognosen bis 2040 auftut.[273] Die Gründe liegen im hohen Kapitalaufwand, Infrastruktur ist weltweit chronisch unterfinanziert. Aber zusätzlich schreckt private Investoren auch der Mangel an strategischer Planung ab. Und wo es Infrastruktur gibt, ist sie in der gesamten Weltwirtschaft der am wenigsten digitalisierte Sektor, sie hinkt Jahrzehnte der technischen Entwicklung hinterher. Das betrifft nicht nur Entwicklungsländer: Die USA haben für Dämme, Straßen und Energienetze im eigenen Monitoring gerade mal die Note 3 minus erhalten.[274] In Italien drohen 300 Brücken einzustürzen, in Frankreich über 800.[275] Viele Kraftwerke quer durch Europa sind veraltet und in Südafrika müssen immer wieder Stromnetze wegen Überlastung abgeschaltet werden.

Verlangsamt wird der Ausbau der Infrastruktur durch den mangelnden Wettbewerb in vielen Staaten: Einheimische Hersteller und Auftragnehmer werden präferiert. Immer häufiger führen auch Sicherheitsbedenken zum Ausschluss bestimmter Produzenten bei systemrelevanten Technologien, wie das etwa in manchen Ländern bei Huawei der Fall ist (siehe Seite 171ff.).

Die Urbanisierung führt dazu, dass jeder dritte Städter – insgesamt rund eine Milliarde Menschen – in Slums leben, ohne sauberes Wasser, ausreichende Hygiene und stabilen Wohnraum. Bis 2050 soll sich die Zahl dieser Menschen verdreifachen. Rechnet man die Folgen des Klimawandels hinzu, die Anpassungen erfordern, dann müssen bis 2040 fast 100 Billionen US-Dollar investiert werden.[276]

Rund eine Billion US-Dollar will China zwischen 2017 und 2027 investieren, mit Mitteln der Staatsbanken, Entwicklungsbanken und durch *Public Private Partnerships*.[277] Die USA haben nachgezogen mit der US International Development Finance Corporation, einer neuen Entwicklungshilfe-Agentur, die über 60 Milliarden US-Dollar[278] zur Verfügung hat.

Was die digitale Infrastruktur angeht, so hat China die Pandemie als *Testbed* genutzt, um noch intensiver zu investieren und die bestehenden Geschäftsmodelle zu skalieren. Innerhalb nur eines Monats hat das chinesische Ministerium für Industrie und Informationstechnologie (MIIT) sechs Aktionspläne herausgegeben, welche die kleinen und mittleren Unternehmen digital fitter machen sollen sowie das industrielle Internet stärken und 5G ausbauen. Das soll die Produktionsketten in der Industrie stabilisieren und die Wiederaufnahme der Produktion unterstützen. Die Anstrengungen fokussieren insbesondere auf kleine und mittlere Unternehmen, die nun mithilfe des Staates Schwächen in Produktionssystemen, aber auch ungenügende Kontrolle der Lieferketten, unzureichende Finanzierung und mangelnde Talentförderung angehen sollen. Betont wurde, wie wichtig es sei, die Investitionen in zukunftsträchtige Technologien wie 5G-Netzwerke und Datenzentren zu beschleunigen. Anweisungen regeln, wie im Krisenfall mit intelligenten Technologien umzugehen sei, auch, was Datenschutz rund um sensible und persönliche Daten, *Cybersecurity*-Risiken und Rechteschutz angeht.

Schlüsselsektoren und Unternehmen in Chinas neuer Infrastruktur-Initiative

Sektor	Die wichtigsten Unternehmen	Ziele
5G-Infrastruktur	**Führende chinesische Mobilfunkanbieter:** China Mobile, China Telecom, China Unicom **Chinesisches Rundfunknetz Hersteller von Telekommunikationsgeräten:** Huawei Technologies, ZTE, Ericsson	Bau von 600 (X)Q 5G-Basisstationen im ganzen Land bis Ende 2020 und 5 Millionen bis 5,5 Millionen bis 2025, um eine landesweite 5G-Abdeckung zu gewährleisten
Künstliche Intelligenz	Sense Time, Megvii, Yitu Technology, CloudWalk Technology, Baidu, Alibaba, Tencent, Huawei, Cambricon, Horizon Robotics Technology	Bau von 20 innovativen AI-Testzonen im ganzen Land bis 2023
Big-Data-Zentren	Huawei, Tencent, Alibaba, Inspur, Lenovo, Amazon Web Services, Intel	Bau einer großen, aber ungenannten Anzahl Big-Data-Zentren, Super-Data-Zentren und Edge-Computing-Rechenzentren bis 2025, um die steigende Inlandsnachfrage nach Datenspeicherung zu decken
Industrielles Internet	Huawei, Inspur, Yonyou, Alibaba, Tencent, Baidu	Bau von drei bis fünf Internet-Plattformen auf Weltklasse-Niveau bis 2025, um einer Million Unternehmen bei der digitalen Transformation zu helfen
Ultra-Hochspannung	State Grid Corporation of China, China Southern Power Grid	Aufbau von bis zu 16 Ultrahochspannungs-Bauprojekten beginnend in 2020, inklusive der Erweiterung von Stromtransformatoren und neuen Stromrichterstationen
Intercity-Hochgeschwindigkeitsschienen und Schienenverkehr	CRRC, China Railway Signal & Communication, China Highspeed Railway Technology	Ausbau des Eisenbahnnetzes um mehr als 4000 km bis 2020, davon 2000 km für Hochgeschwindigkeitsstrecken
Infrastruktur zum Laden von Elektrofahrzeugen	State Grid Corporation of China, TGood, Star Charge, BYD, Contemporary Amperex Technology's charging arm, Potevio Group, Huawei Cloud	Im Jahr 2020 kommen 12 000 Ladestationen für Elektrofahrzeuge hinzu und bis 2025 werden es mehr als 36 000 sein

Quelle: CCID [279]

Insgesamt hat China angekündigt, 2 Billionen US-Dollar in die Hightech-Infrastruktur zu investieren, um die Wirtschaft anzukurbeln.[280] Eines der wichtigsten Ziele dabei ist es, weniger Hightech aus dem Ausland importieren zu müssen. 70 Prozent der Kernelemente der Industrietechnologie soll bis 2025 aus China stammen, dazu mussten sich die Unternehmen bereits verpflichten.

Schwerpunkte der Investitionen sind neben 5G, dem industriellen Internet und künstlicher Intelligenz Zentren für Big Data, Ultrahochspannung, High-Speed-Züge und der Ausbau des Ladenetzes für Elektroautos. Profitieren sollen vor allem Staatsbetriebe, aber auch drei Telekommunikationsunternehmen – neben China Mobile auch Ericsson und der taiwanesische Elektronik-Hersteller Lite-On. Auch die Tencent und die Alibaba Group Holding haben Investitionen angekündigt.

Konnektivität: die Veredelung der Materie

Ein chinesisches Sprichwort sagt: »Wenn Du reich werden willst, baue zuerst Straßen.«[281] Das historische Weltreich hatte als Lebensader die Seidenstraße, ein Netz von Karawanenstraßen, das Jahrhunderte lang den Mittelmeerraum mit Asien verband. Waren und Ideen wurden hier zwischen West und Ost ausgetauscht. Die aktuelle chinesische *Belt and Road*-Initiative (siehe Seite 74f.) folgt in Grundzügen diesem alten Handelsweg. China sieht darin aber mehr als nur ein Geflecht von Straßen, das Häfen, Bahnhöfe und Flughäfen miteinander verbindet. Seine moderne Variante dieser internationalen Infrastruktur besteht nicht nur aus Beton und Steinen, sondern wichtige Teile davon werden mit digitaler Technologie bestückt und vernetzt – die »Digitale Seidenstraße«. Durch die Bits und Bytes wird die physische Welt veredelt und zukunftstauglich, sie wird konnektiv. Außerhalb Chinas hat sich das Verständnis des ungeheuren Potenzials des Betriebs der physischen Welt jedoch noch nicht durchgesetzt.

Alle üblichen Indizes teilen die Welt immer noch in eine physische und eine digitale Sphäre. Das World Economic Forum beispielsweise misst die Qualität der Infrastruktur in seinem jährlichen *Competitiveness Report* lediglich in der physischen Welt (*transport infrastructure, road connectivity, quality of road infrastructure, railroad density km/1,000 km, efficiency of train services, airport connectivity score, efficiency of air transport services, liner shipping connectivity, efficiency of seaport services*).[282] Da hier immer die physische Infrastruktur gemeint ist, spielt Deutschland unter den Top Ten weltweit mit. Zukünftig aber geht es darum, die physische Welt weiter zu optimieren und mit der digitalen Infrastruktur zusammenzubringen. China hat dies erkannt. Deshalb hat es auch auf die Erfahrung mit Covid-19 so reagiert, dass es eine weitere Dimension der »neuen Seidenstraße« aus der bislang eher rhetorischen Ecke geholt hat: Dem geplanten *Health Belt & Road*-Vorhaben geht es darum, die Resilienz der physischen und digitalen Infrastruktur zu schützen. Gesundheit wird hier als Infrastruktur gedacht, die zur Verfügung stehen muss, damit weder die Maschinen stillstehen, noch die Datenströme anhalten. Das Ziel ist globale Gesundheit[283], auch wenn es noch sehr pauschal formuliert ist.

Big Government is back!

Riesige Finanzspritzen sollen auch in Deutschland der Ökonomie wieder auf die Füße verhelfen. Das größte Hilfspaket in der Geschichte Deutschlands verabschiedeten Bundesregierung, Bundestag und Bundesrat Ende März 2020: Rund 1170 Milliarden Euro wurden für Zuschüsse, Kredite und Garantien ausgewiesen.[284]

In vielen Ländern wurden staatliche finanzielle Hilfsprogramme aufgelegt – in Frankreich machte die Regierung eine Vollbremsung und kehrte ihre bisherigen Pläne zur Liberalisierung der Wirtschaft und zur Rentenreform ins Gegenteil um. Man schwor, dass keine einzige Firma bankrott gehen würde.[285] Die niederländische

Regierung will 90 Prozent der durch Kurzarbeit entstandenen Gehaltsverluste kompensieren, die Dänen 75 Prozent der Löhne und Gehälter übernehmen, um Entlassungen zu verhindern, ähnlich die Schweden. In den USA wird plötzlich nach einer Sozialversicherung gerufen. Und Europa plant einen *Green Deal* (siehe Seite 215f.), dessen Ziele nun verstärkt auch das Wiederanlaufen der Wirtschaft bestimmen sollen.

Die Notwendigkeit, Abstand zu halten, hat ironischerweise die gegenseitige Abhängigkeit und Verbundenheit wieder vor Augen geführt. Den solidarischen Zusammenhalt der Gesellschaft zu stärken, ist neben der Sicherung der Gesundheit zur Hauptaufgabe der Politik geworden. »Die übergeordnete Funktion des Wirtschaftssystems, durch die Arbeiter in Privatunternehmen Gewinn zu generieren«, schreibt der amerikanische *New Statesman*, »kommt dem Gebot in die Quere, Leben zu retten.« [286] Die Welt hat verstanden, dass dies nicht das letzte Virus gewesen sein wird, das um den Erdball wandert.

In Deutschland hatten die Regierungen von Bund und Ländern weitreichende Eingriffe in die Freiheitsrechte beschlossen – mit der vorübergehenden Einschränkung des freien Personen-, Waren- und Dienstleistungsverkehrs, Verboten von Veranstaltungen und Versammlungen sowie Beschneidungen von Berufs- und Gewerbefreiheit. Eine sehr unterschiedlich besetzte Protestbewegung aus Impfgegnern, Verschwörungstheoretikern und Rechtsextremen formierte sich im Mai 2020 und legte die Hauptstadt Berlin wiederholt lahm. Doch die große Mehrheit der Bevölkerung hat die staatlich verordneten Beschneidungen angesichts der Infektionsgefahr begrüßt. [287] Der zur Linderung der wirtschaftlichen Folgen verabschiedete Wirtschaftsstabilisierungsfonds sieht sogar vor, dass der Staat Anteilseigner von Unternehmen werden kann, um ihren Untergang abzuwehren. »Kommt der Staat, um zu bleiben?«, fragt die *NZZ* und verweist auf das Beispiel der Commerzbank, an der der Staat auch ein Dutzend Jahre nach der Finanzkrise immer noch rund 15 Prozent des Kapitals hält.[288] Mit rund 300 Millionen Euro stieg der Staat im Sommer 2020 als Anteilseigner der Lufthansa ein, verbunden mit einem Neun-Milliarden-Kredit-Rettungspaket. [289]

Leviathan, der starke Souverän, den Thomas Hobbes erdacht hatte, um die Schrecken der vielen Kriege seiner Zeit abzuwehren, kommt wieder in Mode. Boris Johnson, der die Briten zunächst nach dem Prinzip der Herdenimmunität durch die Krise schicken wollte, bevor er diese Politik aufgab, ließ sogar die Eisenbahnen verstaatlichen, um sie angesichts drastisch gefallener Passagierzahlen zu retten. Aber wird das staatliche Engagement auch eine Investition in die Zukunft sein?

New Leadership

In Zeiten des Wandels und der Unsicherheit tritt der Wunsch nach Entscheidungsfreiheit und Ungebundenheit häufig hinter den Wunsch nach Führung zurück. Wer Erfolg im Umgang mit der Viruskrise hat, wird auch auf anderen Sektoren punkten. Der Umgang mit der Corona-Krise wird die Politik verändern – in einigen Ländern dirigistische bis diktatorische Tendenzen stärken, in anderen Elemente der Sozialstaatlichkeit wiederbeleben. Solidarität mit den Mitbürgern, das ist eine der Paradoxien der Pandemie, äußert sich gerade in den Abstandsregelungen. Dieser kritische Spagat zwischen Verbindung und Unverbundenheit wird die Welt noch für viele Jahre in Atem halten.

Nicht nur in Zeiten der Krise ist Leadership gefragt – doch unter dem Eindruck der Pandemie, in der rasches Handeln notwendig wurde, ohne dass sich die längerfristigen Konsequenzen daraus auch nur annähernd abschätzen ließen, zeigte sich in Politik und Wirtschaft rasch, wer bereit war, Verantwortung zu übernehmen. Das reicht von der Frage, wann und zu welchen Bedingungen in den einzelnen Bundesländern der Ausnahmezustand ausgerufen wurde bis hin zu der organisatorischen Höchstleistung, improvisierte Intensivstationen aufzubauen, Schutzkleidung zu beschaffen oder Unternehmen dazu zu bewegen, statt Autoersatzteilen Atemschutzmasken zu produzieren. Im Umgang mit den Herausforderungen zeigten sich im Frühjahr 2020 durchaus Unterschiede zwischen den Bundesländern, doch insgesamt funktionierte die Zusammenarbeit von Bundesregierung, den Ländern sowie Wirtschaft und Wissenschaft gut. In anderen Ländern Europas wie Schweden oder den Niederlanden sowie dem Brexit-Großbritannien kam es hingegen zu manch überraschender Kehrtwendung in der Corona-Politik, was von den Wählern wahrgenommen und kritisiert wurde.

»Mit Zuckerbrot und Peitsche«, kommentiert die *New York Times,*[290] hätten sich die Regierungschefs an die Bevölkerung gewandt, in dem Bemühen, um Zuversicht und Vertrauen zu werben, während sich die Welt gerade in rasantem Tempo wandelte und jeder Tag neue Unsicherheiten brachte. Statt der erratischen Statements von Donald Trump wurden plötzlich Politiker sichtbar, die dichter am Geschehen waren – wie Andrew M. Cuomo, Gouverneur des Staates New York. In Neuseeland kündigte Premierministerin Jacinda Ardern an, gemeinsam mit ihrem Kabinett auf 20 Prozent ihrer Einkünfte zu verzichten, als Zeichen der Solidarität mit denjenigen, die durch die Pandemie ihren Job verloren hatten.

Zwischen den USA und China

Die Neuvermessung der Welt

»China ist allein aufgrund seiner Größe ein wichtiger Player in der Welt«, sagte der ehemalige amerikanische Außenminister Henry Kissinger Ende 2019 auf dem New Economy Forum in Peking. Gefragt, ob sich die Welt erneut in zwei polarisierte Blöcke aufteilt, warnte er im Gespräch mit dem britischen Historiker Niall Ferguson vor »einem katastrophalen Ausgang«, falls die Konfrontation mit der USA weiter eskaliere, denn einen Sieger könne es in diesem Konflikt nicht geben. Im Vergleich zum Kalten Krieg des vergangenen Jahrhunderts, so Kissinger, sei diese Konkurrenz auch deshalb so brisant, weil China im Gegensatz zur damaligen Sowjetunion eine starke wirtschaftliche Macht sei.[291]

»Bewegen wir uns auf einen neuen Kalten Krieg zu? Einen technologischen Kalten Krieg?«, fragte auch Microsoft-Präsident Brad Smith Anfang 2020 auf einer Konferenz. »Das fragt man sich zunehmend in Washington, Brüssel, Berlin, Paris und auch Peking. Das ist eine der Fragen, auf die dieses Jahrzehnt Antworten geben wird.«[292]

TechWars ist ein Begriff, der schon seit ein paar Jahren für das eisiger werdende Klima zwischen den USA und China, zwischen West und Ost, gehandelt wird – aber nun in aller Offenheit auch diskutiert wird. Denn in den kommenden Jahren stehen wichtige Entscheidungen an, technologische Entscheidungen, die gleichzeitig auch politische und wirtschaftliche sein werden, und bei denen es, wie bei dem historischen Ost-West-Konflikt, um Vorherrschaft geht. Und auch, wenn auf dem diplomatischen Parkett immer wieder mal lächelnd Hände geschüttelt wurden – der Ton ist rau geworden. China arbeitet forciert daran, seine Abhängigkeit von Halbleiter-Importen zu verringern und hat selbst ein neues Gesetz zur Exportkontrolle in Kraft gesetzt.[293]

»Wir können China nicht erlauben, unser Land zu vergewaltigen, das tut es nämlich. Das ist der größte Diebstahl in der Weltgeschichte«, hatte Donald Trump schon während seines ersten Wahlkampfs wortgewaltig erklärt. Zwei Jahre später, im März 2018, unterzeichnete er – nun als Präsident – eine Beschwerde vor der Welthandelsorganisation WTO über Chinas Lizensierungspraktiken, er beschnitt ausländische Investitionen in den USA und verhängte Zölle auf chinesische Technologieprodukte. Im April 2018 antwortete China darauf mit eigenen Zöllen auf 128 US-Produkte im Wert von drei Milliarden US-Dollar. Schon einen Tag später veröffentlichte der amerikanische Handelsbeauftragte eine neue Liste mit derselben Zahl zu verzollender Produkte, worauf China mit einer Liste antwortete, die 106 Produkte enthielt. Zwei Wochen später erklärte das US-Handelsministerium, dass der chinesische Kommunikationskonzern ZTE gegen Gesetze verstoßen habe und US-Unternehmen sieben Jahre lang keine Geschäfte mehr mit ihm machen dürften. Die folgenden Handelsgespräche endeten ohne Ergebnis.[294]

So ging das einige Monate mit mehr oder weniger freundlich geführten Interimsgesprächen weiter, bis im Februar 2019 ein Spitzengespräch in Peking stattfand, bei dem Donald Trump erklärte, die angekündigten Zölle noch weiter aussetzen zu wollen, was die Chinesen auch für ihre Seite bestätigten. Doch dann wurde der Showdown dennoch fortgesetzt – mal kündigten die Amerikaner ein Instrument an, um die gegenseitigen Handelsbeziehungen zu verstärken, dann drohten sie wieder, innerhalb weniger Wochen die Zölle auf chinesische Produkte mehr als zu verdoppeln. Darauf antwortete China mit neuen Einfuhrzöllen, während am 16. Mai 2019 die USA das chinesische Unternehmen Huawei auf eine sogenannte Entity-Liste setzten und ihm damit untersagten, ohne behördliche Genehmigung amerikanische Produkte zu kaufen. Zwei Wochen später erklärte China, seine eigene Entity-Liste aufzustellen.

Das amerikanisch-chinesische *tit for tat*, das Wie-Du-mir-so-ich-Dir, verdeutlicht exemplarisch die folgende Grafik:

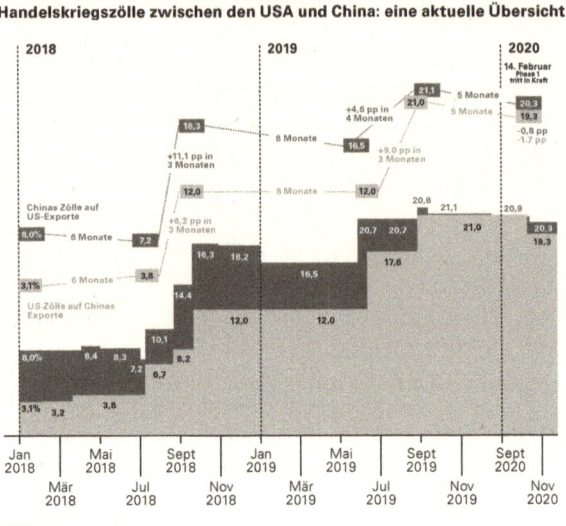

Handelskriegszölle zwischen den USA und China: eine aktuelle Übersicht

Quelle: PIIE[295]

2018

7. Februar
US-Sektion 201: Zölle auf Solarpanels und Waschmaschinen

23. März
US-Sektion 232: Zölle auf Stahl und Aluminium

2. April
Chinas Vergeltungsmaßnahmen gegen die Zölle von US-Sektion 232

1. Mai
Senkung des chinesischen Meistbegünstigungszolls auf Pharmazeutika

1. Juli
Chinas MFN-Zollsenkung für Konsumgüter, Autos und IT-Produkte

6. Juli
US-Sektion 301 Zölle (34 Milliarden USD) und Chinas

23. August
US-Sektion 301 Zölle (16 Milliarden USD) und Chinas Vergeltungsmaßnahmen (16 Milliarden USD)

24. September
US-Sektion 301 Zölle (200 Milliarden USD) und Chinas Vergeltungsmaßnahmen (60 Milliarden USD)

1. November
Chinas MFN-Zollsenkung für Industriegüter

2019

1. Januar
China setzt Vergeltungsmaßnahmen gegen US-Automobile und -teile (Sektion 301) aus und senkt MFN-Zollsätze für 2019

7. Februar
US-Sektion 201: Senkung der Zölle für Solarpanels und Waschmaschinen im zweiten Jahr der Tarifpolitik

Juni
Zölle nach US-Sektion 301 (Erhöhung um 10% bis 25% auf 200 Milliarden USD mit Wirkung vom 15. Juni) und Chinas Vergeltungsmaßnahmen gegen einige US-Produkte (Teilmenge von 60 Milliarden USD, 1. Juni)

1. Juli
Chinas MFN-Zollsenkung für IT-Produkte

1. September
Zölle nach US-Sektion 301 (15% auf eine Teilmenge von 300 Milliarden USD) und Chinas Vergeltungsmaßnahmen gegen einige US-Produkte (Teilmenge von 75 Milliarden USD)

17. September
China führt Produktausschlüsse für US-Exporte von weniger als 2 Milliarden USD ein

26. Dezember
China führt Produktausschlüsse für US-Exporte von weniger als 1 Milliarde USD ein

2020

7. Februar
Zölle nach US-Sektion 201: Senkung der Tarife für Solarpanels und Waschmaschinen im zweiten Jahr der Tarifpolitik

8. Februar
US-Sektion 232 erweitert Zölle auf Importe, die Aluminium und Stahl verwenden

14. Februar
Halbierung der am 1. September 2019 verhängten US-Zölle nach Sektion 301 in Höhe von 15% (auf eine Teilmenge von 300 Milliarden USD) und Halbierung der am 1. September 2019 verhängten Vergeltungszölle Chinas (auf eine Teilmenge der 75 Milliarden USD-Liste)

Wenige Tage danach erhob China Zollforderungen auf amerikanische Waren im Wert von 60 Milliarden US-Dollar. So ging es Monate hin und her – mit Provokationen und Wiederannäherungen, mit Beschwerden vor der WTO und schließlich doch der Unterzeichnung eines Phase-1-Deals.[296] Doch der Konflikt ist damit nicht beigelegt. Präsident Donald Trump nutzte jede Gelegenheit, die Pandemie durch das »*Chinese virus*« dem Rivalen in die Schuhe zu schieben.[297] China reagierte gelassen: Alibaba-Gründer Jack Ma schickte den USA, wie auch vielen anderen Ländern, gespendete Hilfsmittel: in diesem Fall eine Million Atemschutzmasken und 500 000 Test-Kits.

China war auch die erste große Volkswirtschaft, die sich nach dem Pandemieschock wieder aufrappelte, während die hohen Infektionszahlen in den USA die Stabilisierung der Wirtschaft immer wieder in Frage stellten.[298]

Gegenseitiges Misstrauen

Letztlich geht es bei diesem Hickhack um Zölle und Viren um nichts weniger als den Kampf um die technologische Vorherrschaft. Begonnen hatte die Debatte mit der ständigen Sorge der Amerikaner, ungewollt Technologien ins Ausland zu transferieren. Jedes Unternehmen, das in China Geschäfte machen wollte, war zu entsprechenden Konzessionen gezwungen, sonst hatte es keine Chance auf diesem begehrten Markt. Dann wurde das »*Made in China 2025*«-Programm verkündet, verbunden mit hohen staatlichen Förderungen für Automation, neue Energien, 3-D-Druck und andere Zukunftsbranchen. Als Reaktion begannen die USA, dem von der chinesischen Regierung unterstützten Aufkauf westlicher Firmen einen Riegel vorzuschieben, vor allem im Bereich der Halbleiterbranche.

2014 hatten chinesische Hacker die Personalunterlagen von 22 Millionen US-Verwaltungsangestellten gestohlen, ein besonders brisanter Fall von Spionage, da die Betroffenen »durchsichtig« für fremde Geheimdienste wurden.[299] Daraufhin drängte Barack Obama im Herbst 2015 auf eine Vereinbarung mit seinem chinesischen Amtskollegen Xi Jingping, um das Hacking einzudämmen. Heute sind die USA überzeugt, dass diese Form der Industriespionage auf anderem Niveau fortgesetzt wird. Auch aus diesem Grund gelten die Produkte der chinesischen Telekommunikations-Unternehmen ZTE und Huawei mittlerweile als Sicherheitsrisiko, vor allem für den technologischen Sprung in 5G. So haben die USA zum Beispiel Australien davor gewarnt, die beiderseitigen Sicherheitsinteressen seien in Gefahr, wenn das Land Huawei beauftrage, sein 5G-Netz zu errichten. Daraufhin hat der Kontinent Huawei aus dem 5G-Ausbau ausgeschlossen, ein Beschluss, den der chinesische Botschafter in Canberra in ungewohnter Direktheit als »politisch motiviert« und »diskriminierend« bezeichnete.[300] Ähnlich scharf kritisierte China den Ausschluss Huaweis vom 5G-Ausbau in Großbritannien im Juli 2020 und warf der Union »Verschwörung mit den USA« vor.[301] In den USA wird die restriktive Politik gegenüber Huawei trotz der starken politischen Polarisierung bis dato »*bipartisan*«, von Republikanern wie Demokraten, getragen.

Umgekehrt hat aber auch China die Sorge, zu stark von der US-Technologie abhängig zu bleiben, und das chinesische Misstrauen ist nicht weniger geworden, seit der Whistleblower Edward Snowden enthüllte, wie weitreichend der US-amerikanische Geheimdienst NSA auch außerhalb des heimischen Territoriums Politiker ausspionierte. 2017 erließ China ein Gesetz zur Cybersecurity, das sowohl den Staat als auch die Wirtschaft einbezieht. Es verlangt von Netzwerkbetreibern, dass sie in kritischen Bereichen sämtliche Daten, die im Land produziert oder gesammelt wurden, nicht ins Ausland transferieren dürfen. Für ausländische Unternehmen bedeutet dieses Gesetz ganz konkret, dass sie entweder in große Datenbanken in China investieren oder sich mit einem lokalen Provider zusammentun müssen. Apple zum Beispiel speichert seine chinesischen Daten in der Guizhou-Cloud. Es kann auch vorkommen, dass ausländische Unternehmen verpflichtet werden, ihren Quellcode offenzulegen, oder dass sie andere zentrale Informationen der Regierung vorlegen müssen.[302]

Das Ende der Softpower?

Die Entwicklung zeigt, dass die Weltpolitik in eine neue Phase eingetreten ist. Die beiden Großmächte USA und China haben das Tanzparkett der politischen Diplomatie verlassen und kommunizieren immer häufiger mit offenen Drohungen und gegenseitigen Druckmitteln. Rund 40 Jahre nach Aufnahme diplomatischer Beziehungen zwischen Peking und Washington sehen die USA in China zunehmend eine Bedrohung für ihre globale Macht und ihre demokratischen Werte. Begründet wird das unter anderem mit der Unterdrückung von Minderheiten wie den muslimischen Uiguren, den Tibetern oder auch der Protestbewegung in Hongkong. Es häufen sich auch die Hinweise, dass chinakritische Wissenschaftler aus dem In- und Ausland Sanktionen ausgesetzt werden.[303]

China fährt einen doppelten Kurs: Es hat seine Softpower mit dem Projekt der »neuen Seidenstraße« (siehe Seite 74f.) ausgebaut – nicht nur mit wirtschaftlicher Förderung, sondern auch mit mehr als 500 Konfuzius-Instituten und 170 Büros der offiziellen Nachrichtenagentur Xinhua. Die Kulturindustrie prosperiert – einem UN-Bericht von 2018 zufolge ist China inzwischen der größte Exporteur von Kreativgütern und -dienstleistungen wie Filmen, Fernsehserien, Online-Entertainment, Musik, Videospielen und Kunst. Ein Beispiel: Im Spitzenjahr 2014 hat China in diesem Bereich Güter und Dienstleistungen im Wert von 191,4 Milliarden US-Dollar exportiert (im Vergleich die USA mit 41,5 Milliarden US-Dollar) und für 14,5 Milliarden US-Dollar importiert (USA: 96,9 Milliarden US-Dollar).[304]

Prominentes Beispiel ist die chinesische Kurzvideoplattform TikTok. Sie hat die Zahl ihrer User so weit gesteigert, dass auch Medien wie die *Washington Post* dort für sich werben.[305] Doch ihr Erfolg brachte den chinesischen Anbieter auch ins Fadenkreuz von Präsident Donald Trump. Mitte August 2020 ordnete er erfolglos an, dass der Mutterkonzern Bytedance sich binnen drei Monaten von den Daten aller amerikanischen Nutzer zu trennen habe. Als

Grund genannt wurden Sicherheitsbedenken. TikTok hat nach eigenen Angaben 100 Milionen Nutzer in den USA, für die sich nun Microsoft und Twitter interessieren.[306]

Die Volksrepublik zeigt außerdem aber durchaus auch ihre *Hard Power*: mit territorialen Ansprüchen auf Taiwan, das Südchinesische Meer und die von Japan verwalteten Inseln Diaoyu/Senkaku. Die historisch begründeten Forderungen Chinas hat der Ständige Schiedshof in Den Haag 2016 auf Grundlage der UN-Seerechtskonvention zurückgewiesen, doch das Urteil wurde von Peking nicht anerkannt.[307] Peking droht immer wieder mit der »Wiedervereinigung« mit Taiwan.[308] Trotz gegenteiliger Versprechungen hat China militärische Installationen wie Landeplätze und Raketenbasen auf sieben künstlichen Inseln im Südchinesischen Meer errichtet.

Was ihre militärische *Hard Power* angeht, steigern sowohl China als auch die USA ihr Verteidigungsbudget. Im Jahr 2019 hat Washington rund 732 Milliarden Dollar für das eigene Militär ausgegeben, Peking 261 Milliarden.[309]

Digital Bifurcation

In den 1990er-Jahren war Europa der erste Wirtschaftsraum, der – ausgehend von Finnland – den 2G-Standard für digital verschlüsselten Mobilfunk adaptierte. Rund zehn Jahre später übernahm Japan diese Pionierrolle bei 3G. 2011 starteten die USA mit 4G. Heute beschreibt der chinesische »Made in China 2025«-Plan die nächste Stufe, 5G, als strategisch bedeutenden Technologiebereich dafür, dass China eine weltweit führende Industrienation werden will. Aber was bedeutet dieser Technologiesprung in einer Welt, die sich nun auch im virtuellen Raum zusehends spaltet?

Schon länger gibt es Debatten um die »Balkanisierung« des Internets, da immer häufiger großräumig eingesetzte Filter unliebsame Inhalte aussperren, nicht nur in China, sondern auch in Russland, dem Iran oder Saudi-Arabien. Der frühere Google-Chef Eric Schmidt prognostizierte bereits 2018, dass es bis 2028 zu einer Teilung des Internets käme und China sein eigenes Netz aufbauen würde.[310]

Das erste Signal für eine direkte Abspaltung kam von Huawei. Als der Telekommunikationskonzern und größter Hersteller auf diesem Sektor bereits auf der Schwarzen Liste der USA stand, äußerten Mitarbeiter, man würde möglicherweise eine eigene Alternative zur Android-Plattform kreieren, die derzeit von mehr als zwei Milliarden Menschen rund um die Welt genutzt wird, eine Konkurrenz natürlich auch für das iOS-System von Apple. Immerhin kann Huawei auf 42 Prozent des chinesischen Marktes und auf rund 25 Prozent des russischen Marktes zurückgreifen. Das neue System »Harmony OS« wurde im Herbst 2019 vorgestellt.[311] Bislang funktionieren nur chinesische Geräte damit, aber die Plattform könnte wichtig werden, wenn Android aus China verbannt werden sollte. Bisher ist es das am breitesten genutzte System, allerdings dürfen in China die meisten Google-Apps nicht integriert werden.

Zum Jahresende von 2019 verkündeten die staatlichen Medien Chinas außerdem, dass das Land kurz davor stehe, mit dem Satellitennavigationssystem »Beidou« das amerikanische GPS zu ersetzen und von seiner Leistung her sogar zu übertreffen – ein weiterer klarer Schritt der Abkoppelung von den bisherigen technologischen Standards. Drei von vier der chinesischen Smartphones können mit dem neuen Netzwerk operieren und selbstverständlich ist es kompatibel mit dem neuen 5G-Standard.[312]

Die Teilung des Internets betrifft aber nicht nur China und die USA. Der Iran ist dabei, ein »Nationales Informations-Netzwerk« aufzubauen, eine Art heimisches Intranet. Auch Russland hat 2019 angekündigt, ein eigenes Internet aufzubauen, mit der Begründung, sich vor Angriffen aus dem Cybernetz schützen zu wollen.[313] Doch solche Ansätze sind keine ernsthafte Alternative zu den Initiativen der beiden großen Player, China und den USA. Den technologischen Goldstandard, was Internetzensur angeht, besitzen immer noch die Chinesen, schreibt *Wired*, deren technologische Perfektion sei bisher unerreicht: »Das reicht über die Grenzen Chinas hinaus: Peking will die Regeln des globalen Internets neu formulieren.«[314] Da China aber so stark mit dem Westen wirtschaftlich verbunden sei, jongliere die Internetregulierung ständig mit dem Wunsch der Kontrolle und der Notwendigkeit einer gewissen Offenheit. Aber auch die kleinen separatistischen Länder müssen sich fragen, wie weit sie gewillt sind, erprobte internationale Standards wie das *Border Gateway Protocol* aufzugeben. Manipulationen ließen sich dann nicht mehr so leicht zurückverfolgen.

Getrennte Ökosysteme

Ein geteiltes Internet, vielleicht sogar eine Welt mit mehreren Netzen – was bedeutet das – jenseits von politischer Zensur – in der Praxis? Schließlich geht es nicht nur um den Zugang zu einem Distributionsnetz, sondern um viel mehr: um technische Standards, Schnittstellen und nicht zuletzt auch um abgeschottete Ökosysteme, geteilte Wertschöpfung und schlussendlich einen Großteil der Wirtschaft. In einem *Worst-Case*-Szenario müssen deutsche und europäische Unternehmen Produkte und Dienstleistungen anbieten, die mit beiden Systemen kompatibel sind. Das ist keine leichte, aber eine immer wahrscheinlichere Aufgabe, die auf Europa zukommt.

Wenn sich das Internet zwischen den USA und China teilt, bedeutet das, dass sich auch die Ökosysteme scheiden, riesige Wertschöpfungsnetzwerke, in denen Tausende von Unternehmen zusammenarbeiten, werden dabei auseinandergerissen. Das betrifft damit auch die Daten von Produkten und Dienstleistungen, die über die gesamte Wertschöpfungskette verfolgbar sein müssen, um wertvolle Informationen zu gewinnen. Es könnte zu unterschiedlichen technologischen Standards für das industrielle Internet oder auch die Mobilfunkkommunikation kommen. Der Konflikt könnte Staaten zwingen, sich zwischen US- und chinesischer Technologie zu entscheiden oder – für die exportorientierte deutsche Industrie wahrscheinlich – Strategien für beide Welten zu entwickeln.

Das Wettrennen um 5G

Was das konkret für Wirtschaft und Gesellschaft bedeutet, zeigt die Auseinandersetzung um 5G, die neue, fünfte Generation des Mobilfunks, die das Funknetz dynamisieren sowie schneller und belastbarer machen soll. Notwendig wird das vor allem durch die wachsende Einbindung mobiler Geräte in das Internet der Dinge (*Internet of Things, IoT*). Neben fünf Milliarden Usern, die mobil mit Handys, Tablets oder Laptops unterwegs sind, sollen die Mobilfunknetze in Zukunft auch noch Fahrzeuge, Maschinen, Hausgeräte und Gebäude-Sensoren miteinander koppeln. Das erfordert eine 1000-fache Mobilfunkkapazität.[315]

Nach Schätzung des Londoner Analysten IHS wird es im Jahr 2030 dreißig Milliarden miteinander vernetzte Dinge geben, die selbst wieder Daten sammeln und verarbeiten. »Um es in einem Bild zu sagen«, schreibt die *ZEIT*: »Wer das 5G-Netz errichtet, der baut nicht nur Erdölpipelines des 21. Jahrhunderts, der baut Wasser- und Gasleitungen, das Straßen- und Eisenbahnnetz gleich dazu.«[316]

Der chinesische Mobilfunkkonzern Huawei ist nicht nur weltweit führend in der 5G-Technologie, sondern auch noch preisgünstiger als die internationale Konkurrenz. Da er aber in den USA auf einer Schwarzen Liste steht, werden Länder, die mit Huawei kooperieren wollen, gedrängt, sich andere Technologiepartner zu suchen.

In den USA selbst ist Huawei aus Kostengründen vor allem in ländlichen, nicht dicht besiedelten Regionen vertreten. Doch nun stellt die Regierung eine Milliarde Dollar zur Verfügung, damit die Netzbetreiber die chinesischen Komponenten austauschen können.[317] Telefongesellschaften in den USA sind verpflichtet zu melden, wenn sie Huawei oder ZTE verwenden. Seit Mai 2019 dürfen Huawei-Telefone auch keine Apps von Google, GMail, Google-Maps oder YouTube verwenden. Huawei darf aktuell in den USA auch keine Komponenten oder Software kaufen.

Parallele Netze

Die EU-Empfehlungen erhöhen die Sicherheitsanforderungen für alle Netzbetreiber. Sie schlagen Restriktionen in sicherheitsrelevanten Bereichen vor und empfehlen den parallelen Aufbau von unterschiedlichen 5G-Netzen, um problematische Abhängigkeiten zu vermeiden und die Sicherheit zu erhöhen. Ausländische Investitionen im 5G-Bereich sollen intensiv beobachtet und geprüft werden. Wettbewerbsverzerrungen durch Staatshilfen und Dumpingpreise soll begegnet werden. Und schließlich sollen europäische Innovationen und Unternehmen im 5G-Bereich besonders gefördert werden, um zu diversen und vertrauenswürdigen Lieferketten zu kommen.[318] Ein Bann gegenüber Huawei wurde nicht verhängt. Großbritannien hingegen hat Huawei im Sommer 2020 ausgeschlossen.

Im März 2020 hatte Huawei trotz vieler Hürden weltweit bereits 91 5G-Aufträge gesichert, 47 davon aus Europa, z. B. von der spanischen Telefónica, der Schweizer Firma Sunrise oder dem holländischen Unternehmen KPN. Inmitten der wirtschaftlichen Verwerfungen, die das Corona-Virus in China und der Welt hinterließ, gab der Mobilfunkkonzern außerdem die Meldung heraus, dass er in Frankreich eine Fabrik eröffnen werde, um die Lieferketten für seine europäischen Kunden zu verkürzen. 200 Millionen Euro sollen dafür zur Verfügung gestellt werden.[319]

Deutschland zählt zu den Ländern, die Huawei unter strengen Sicherheitsauflagen am Aufbau des 5G-Netzes beteiligen. »Ohne Huawei können wir so schnell kein 5G-Netz aufbauen«, erklärte Innenminister Horst Seehofer (CSU) im Januar 2020. 900 000 Arbeitsplätze in Deutschland, so Schätzungen, hängen außerdem von Exporten nach China ab.[320]

Künstliche Intelligenz und Open Source

Ein weiteres Feld des *Tech Wars* ist die künstliche Intelligenz, ein Gebiet, auf dem China in den vergangenen Jahren enorme Fortschritte gemacht hat. 2030, so die Planung der chinesischen Führung, möchte das Land hier international führend sein. Der Sektor erhält massive staatliche Unterstützung und zieht wegen der Attraktivität auch führende KI-Forscher und junge Talente aus anderen Ländern an. Umgekehrt arbeiten und studieren viele junge chinesische Forscher in den USA, wo sie allerdings zunehmend unter der restriktiveren Politik leiden.

Noch gibt es zwischen China und den USA viele enge Verbindungen, was die Künstliche Intelligenz angeht – vor allem den Austausch von Akademikern, Forschung und gegenseitige Finanzierung. Doch Henry Kissinger, der frühere Außenminister der USA und ein Zeitgenosse des Kalten Kriegs zwischen West und Ost, prognostizierte bereits eine »Kriegsführung per Algorithmen« in der Konkurrenz zwischen China und den USA, bei der man auch mit Hacking, Falschinformationen und Zerstörung wichtiger Daten rechnen müsse.[321]

Künstliche Intelligenz wird in den kommenden Jahren eine der entscheidenden Technologien sein, die vor allem in den Bereichen Gesundheit, Kommunikation und Transport die Wirtschaft und Gesellschaft verändern wird. China hat 2017 mit dem »New Generation Artificial Intelligence Development Plan« eine Förderinitiative gestartet, die Ministerien, aber auch Regionalverwaltungen und

Unternehmen zu milliardenschweren Investitionen veranlasst hat. Eine amerikanische Studie zeigte, dass China auch wissenschaftlich Fortschritte macht: Es hat seinen Anteil an den obersten zehn Prozent der meistzitierten wissenschaftlichen Veröffentlichungen zu KI kontinuierlich ausgeweitet. Im Jahr 2018 waren es bereits 26,5 Prozent, während die USA einen Anteil von 29 Prozent hatten – China dabei im Aufwind und die USA auf dem Abstieg.[322]

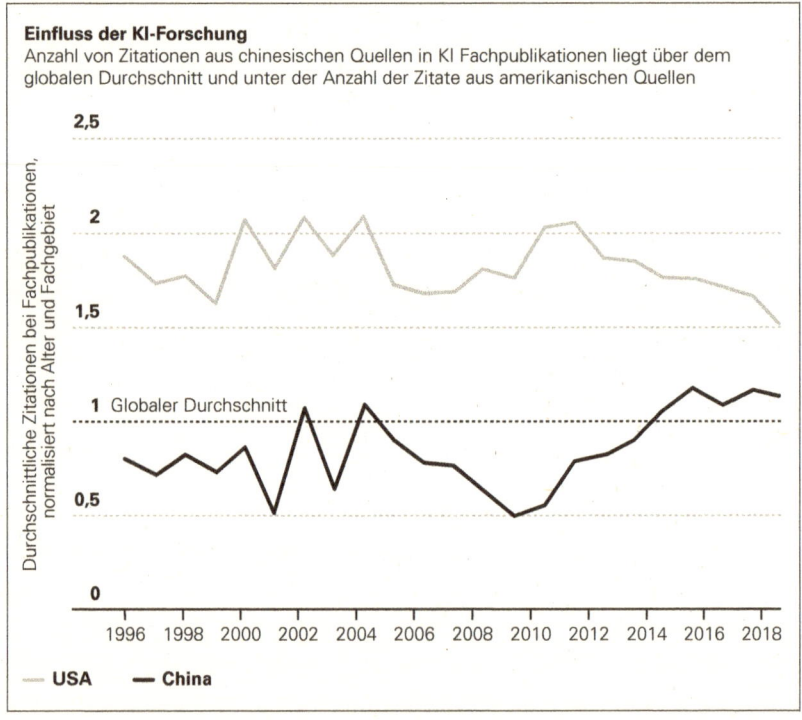

Einfluss der KI-Forschung
Anzahl von Zitationen aus chinesischen Quellen in KI Fachpublikationen liegt über dem globalen Durchschnitt und unter der Anzahl der Zitate aus amerikanischen Quellen

Quelle: Nature[323]

Laut dem Wissenschaftsjournal *nature* sind in China international führende Unternehmen in Computervision, Spracherkennung und *Natural Language Processing* angesiedelt, die bereits in vielen Industrien Anwendung finden.[324]

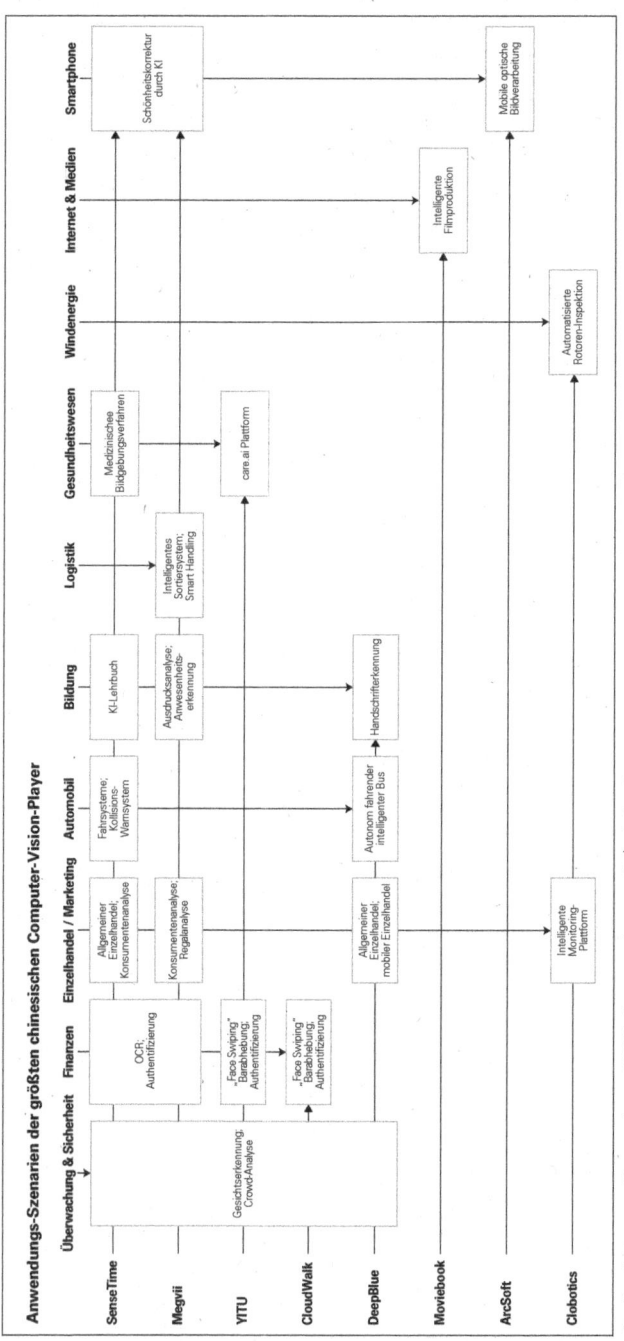

Anwendungs-Szenarien der größten chinesischen Computer-Vision-Player

	Überwachung & Sicherheit	Finanzen	Einzelhandel / Marketing	Automobil	Bildung	Logistik	Gesundheitswesen	Windenergie	Internet & Medien	Smartphone
SenseTime		OCR; Authentifizierung	Allgemeiner Einzelhandel; Konsumentenanalyse	Fahrsysteme; Kollisions-Warnsystem	KI-Lehrbuch		Medizinische Bildgebungsverfahren			Schönheitskorrektur durch KI
Megvii	Gesichtserkennung; Crowd-Analyse	"Face-Swiping" Barabhebung; Authentifizierung	Konsumentenanalyse; Regalanalyse		Ausdrucksanalyse; Anwesenheits-erkennung	Intelligentes Sortiersystem; Smart Handling	care.ai Plattform			
YITU		"Face-Swiping" Barabhebung; Authentifizierung								
CloudWalk		"Face-Swiping" Barabhebung; Authentifizierung								
DeepBlue			Allgemeiner Einzelhandel; mobiler Einzelhandel	Autonom fahrender intelligenter Bus	Handschrifterkennung					
Moviebook									Intelligente Filmproduktion	
ArcSoft										Mobile optische Bildverarbeitung
Clobotics			Intelligente Monitoring-Plattform					Automatisierte Rotoren-Inspektion		

Quelle: Accenture Research vor CICC: Computer vision: Search for the next promising application area, August 2019

Das Land profitiert dabei von der Fülle von Daten, die dort weitgehend ohne gesetzliche Hindernisse gesammelt und genutzt werden können, auch wenn es inzwischen ein KI-Gesetz gibt, das erste ethische Standards setzt und von den Unternehmen »*good governance*« im Umgang mit den Daten verlangt.

Mit einem wichtigen Aspekt der künstlichen Intelligenz scheint sich der zentralistisch regierte Staat aber noch schwer zu tun: der Open-Source-Bewegung. Im Westen trägt Open Source ganz wesentlich zur Entwicklung der smarten Algorithmen bei. Akademische Forscher entwickeln viele davon gemeinsam mit Industrieentwicklern auf offenen Plattfirmen und nutzen ihr gegenseitiges Wissen. Die von China von Baidu entwickelte Open-Source-Plattform PaddlePaddle werde hingegen vor allem dazu genützt, konkrete AI-Produkte zu entwickeln, kritisiert *nature*.

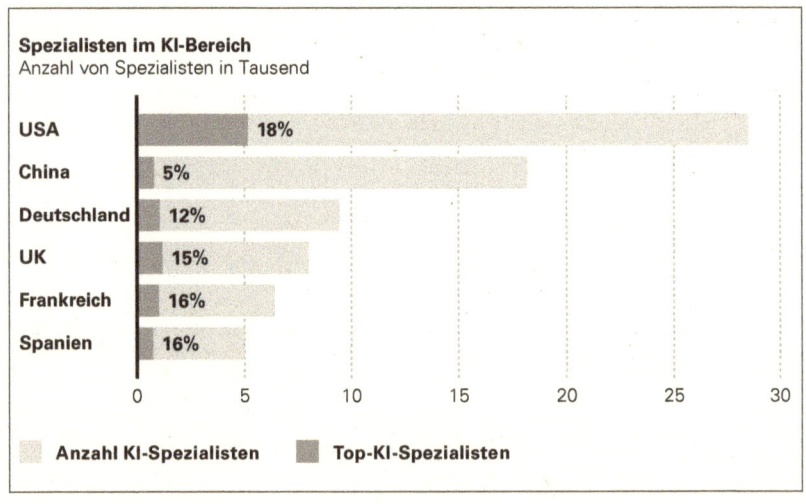

Quelle: Nature[325]

Auch im Bereich Hardware habe China noch schmerzhafte Lücken. Zheng Nanning, Direktor des Institute of Artificial Intelligence and Robotics an der Xi'an Jiaotong University, glaubt, dass es noch mindestens fünf Jahre dauern wird, bis China den Westen einholen kann, was das theoretische Verständnis der Materie angeht.[326] Die Zahl der KI-Forscher erreicht bereits ungefähr zwei Drittel der amerikanischen – gemessen an der Zahl ihrer Publikationen oder erteilten Patente: 2017 waren das rund 18 200 chinesische und 29 000 amerikanische Wissenschaftler.

Doch gemessen am h-Index, der wissenschaftliche Produktivität und Häufigkeit der Zitation misst, lag China nur auf Platz 6.[327]

In einigen Bereichen, zeigt eine neue Studie der Bertelsmann Stiftung, hat China sich jedoch bereits an die Spitze hochwertiger Patente gesetzt, zum Beispiel im Recycling. »Die USA sind immer noch die Superpower, wenn es um Patente geht«, so das Fazit der Stiftung. »Aber China holt rasch auf.«[328] Im Jahr 2018 befand sich China in 42 von 58 Technologie-Klassen unter den ersten Drei mit den meisten Weltklasse-Patenten. In fünf Bereichen, darunter Ernährung und Umwelt, liegt China bereits an der Spitze. Zehn Jahre zuvor war das Land noch weit abgeschlagen gewesen. Eine ähnliche Patent-Dynamik entwickelt Südkorea. 2019 lag es an zweiter Stelle aller internationalen 5G-Patente.

Forschung als Festung

Aber auch die USA müssen sich anstrengen, um ihre Spitzenposition im Bereich KI zu halten. Ein Mittel dafür scheint die US-Regierung darin zu sehen, dass sie den Zugang chinesischer Forscher zu US-Forschung einschränkt. Laut *Financial Times* verlangt sie von der wissenschaftlichen Community eine intensivere Zusammenarbeit mit den Geheimdiensten und kritisiert, dass zu wenig gegen die chinesische Anwerbung von Talenten unternommen würde.[329] Zahlenmäßig sind chinesische Digitalexperten durchaus ein nennenswerter Faktor: In Silicon Valley, dem Olymp der digitalen Technologien in den USA, leben viele von ihnen, Expats genauso wie Immigranten der ersten Generation. Rund 17 Prozent der Bevölkerung dort spricht Chinesisch. Nur an der Spitze der Tech-Companies sind Chinesen sehr selten vertreten. »Je mehr die USA ihre Offenheit aufgeben, desto mehr treiben sie KI-Talente in die Arme ihre Wettbewerber, allen voran der chinesischen«, warnt Joy Dantong Ma vom Paulsen Institute, Chicago.[330]

Wie demokratisch ist Technologie?

Ein gemeinsamer Datenpool von Staaten wie Kanada, Australien, Großbritannien und EU-Staaten könnte helfen. So hat auch der ehemalige NATO-Generalsekretär Anders Fogh Rasmussen gefordert, dass zum Beispiel die Militärallianz ihre eigene, demokratische KI-Entwicklung benötige.[331] Auch die Tech-Community in den USA, traditionell der Open-Source-Bewegung zugewandt, misstraut den politischen Absichten, die hinter der von ihnen entwickelten Technologie stehen: 2018 hatten zum Beispiel Google-Mitarbeiter gegen die Rolle ihres Unternehmens in dem Projekt »Maven« protestiert, bei dem es um Verbesserungen der Zielgenauigkeit militärischer Drohnen mithilfe künstlicher Intelligenz ging. Der Vertrag mit dem Pentagon wurde daraufhin nicht verlängert.[332] Das nordamerikanische *Defense Innovation Board* ist jetzt in der Diskussion mit US-Universitäten darum bemüht, die Akzeptanz der KI zu verbessern, indem Eckdaten eine ethisch strukturierte künstliche Intelligenz sichern sollen.[333]

Politisch leichter ist es da, die kritische Aufmerksamkeit auf die chinesischen Konkurrenten zu lenken, zumal die restriktive chinesische Politik gegenüber der Bevölkerungsgruppe der Uiguren Fragen der Menschenrechte aufwirft. Deren sogenannten »Berufsbildungseinrichtungen«, wie die chinesische Führung sie nennt, werden mithilfe künstlicher Intelligenz überwacht. Das US-amerikanische Handelsdepartment hat das zum Anlass genommen, um 28 chinesische Unternehmen auf die sogenannte *Entity List* zu setzen, und damit den Export sensitiver Technologien an sie zu untersagen. Dazu zählen zum Beispiel SenseTime, Megvii, Yitu und iFlytek. Begründet wurde das unter anderem mit der Sorge, dass intelligente Überwachungstechnologien in Entwicklungsländer exportiert werden könnten. Auch der Streit um TikTok (siehe Seite 176f.) wird damit begründet, dass die Kurzvideoplattform in Hongkong die freie Meinungsäußerung unterbunden habe.[334]

Einige der Firmen auf der *Entity List* sind weltweit tätig: Hikvision zum Beispiel, ein Videoüberwachungshersteller, hat nach eigenen Angaben mehr als 34 000 Angestellte weltweit und viele internationale Dependancen. Das Unternehmen hat die Olympischen Spiele in Peking ausgestattet, den Fußball-Weltcup in Brasilien und den Flughafen von Mailand.[335] Der russische Präsident Wladimir Putin beschrieb die amerikanischen Einschränkungen chinesischer Technologie als »den ersten Techno-Krieg der digitalen Ära«.[336]

Als Reaktion auf die amerikanische Politik verstärkt China seine Anstrengungen, die Innovation im eigenen Land weiter anzukurbeln und Kerntechnologien selbst zu produzieren, also die Lieferketten zu diversifizieren und seine Technologien aus dem US-Markt abzuziehen. Die chinesischen Halbleiterhersteller und Softwareentwicklung haben mehrjährige Steuernachlässe erhalten und im Herbst 2019 wurde ein 29 Milliarden US-Dollar-Fonds aufgelegt, der die Halbleiterindustrie voranbringen soll. Ähnlich wie in den USA wies die Regierung in Peking außerdem Behörden und öffentliche Einrichtungen an, ausländisches Computer-Equipment und Software innerhalb von drei Jahren durch eigene Produkte zu ersetzen.[337] China ist auf dem besten Weg, technologisch souverän zu werden.

Fight, fight – talk, talk (*chin.: da da, tan tan*)

Im Gespräch bleiben, aber dabei weiterkämpfen – *da da, tan tan*, war eine legendäre Devise von Mao während seines Kampfes um die Macht in China. Diese Strategie ist immer noch aktuell, schließlich haben US-Unternehmen und -Partner zum Beispiel 2017 Gewinne von 544 Milliarden Dollar in China gemacht und eine völlig »Entkoppelung« der USA halten viele Experten für unmöglich.[338] Einige Unternehmen wie Nintendo, GoPro oder Hasbro suchen nach Alternativstandorten in Indien, Vietnam oder Mexiko. Aber die meisten Firmen wollen den chinesischen Standort nicht aufgeben. Starbucks will bis 2023 3000 neue Filialen in China aufmachen. Tesla hat eine Fabrik in Shanghai eröffnet, die 150 000 Wägen jährlich bauen soll.

Digitale Souveränität

Europa steht zwischen den Frontlinien der beiden Weltmächte und stellt sich die Frage nach den Implikationen technologischer Abhängigkeit. »Der Kampf, den wir führen, geht um unsere Souveränität«, erklärte der französische Präsident Emmanuel Macron auf der Münchner Sicherheitskonferenz 2020 in München. »Wenn wir nicht unsere eigenen Champions auf allen Gebieten aufbauen – digital, mit künstlicher Intelligenz – dann werden die anderen diktieren, was wir für eine Wahl haben.«

Macron kritisierte schon lange, dass die europäischen Mitgliedsländer sich gegenüber den Plänen Chinas »naiv« verhielten. 2019 gelang es ihm schließlich auf einem Staatscheftreffen der EU in Brüssel, breite Unterstützung für mehr Unabhängigkeit von den EU-Mitgliedern zu erhalten. Macron: »Viele Jahre lang haben wir keine koordinierte Haltung dazu eingenommen und China hat von unserer Uneinigkeit profitiert.«[339] Vor allem sollen chinesische Investitionen künftig stärker überwacht und geprüft werden. Margrethe Vestager, geschäftsführende EU-Vizepräsidentin und Kommissarin für Wettbewerb, sprach sich sogar dafür aus, Industrien zu verstaatlichen, bevor sie als Folge der Pandemie-Rezession durch China aufgekauft würden.[340]

In Deutschland verstärken sich im Sommer 2020 die Diskussionen um die digitale Souveränität. So schlägt beispielsweise die Deutsche Akademie der Technikwissenschaften einen »European Public Sphere« vor, ein digitales Ökosystem, das »in seiner technischen Ausgestaltung europäischen Werten wie Transparenz, Offenheit und dem Schutz der Privatsphäre folgt«. Es kann einen öffentlichen digitalen Raum schaffen, der faire Zugangs- und Nutzungsbedingungen bietet, den öffentlichen Diskurs stärkt und die identitätsstiftende Pluralität Europas sicherstellt.[341]

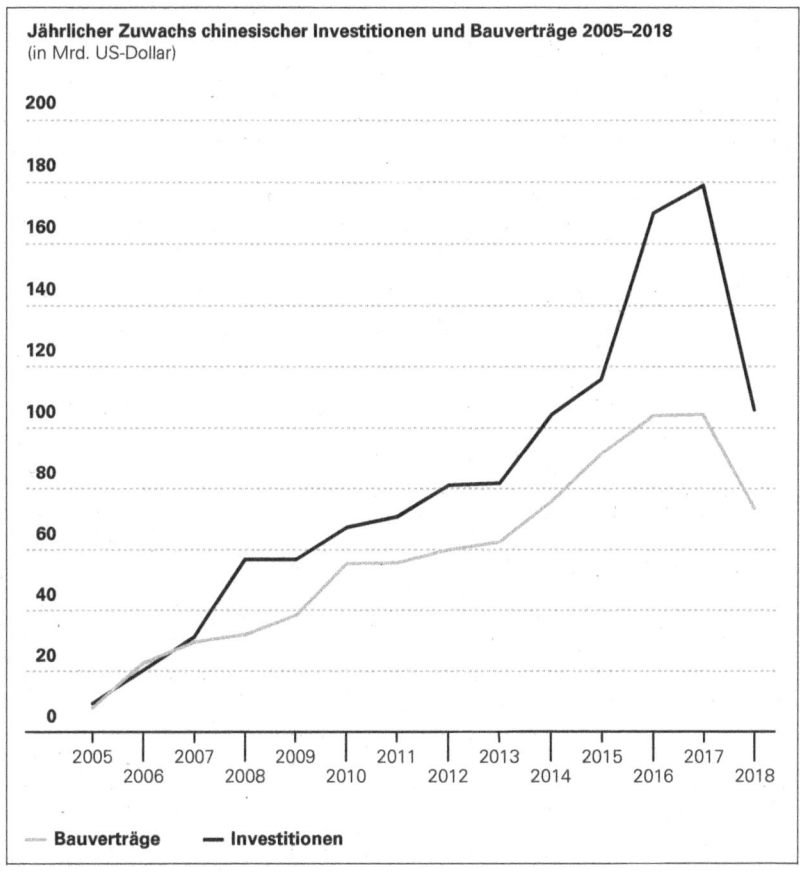

Jährlicher Zuwachs chinesischer Investitionen und Bauverträge 2005–2018 (in Mrd. US-Dollar)

--- Bauverträge — Investitionen

Quelle: *Kiel Institut für Weltwirtschaft*[342]

Wie viel Souveränität die EU wirklich gegenüber den USA und China erreichen kann, ist offen. Von Häfen bis zu Elektrizitätswerken über Fußballclubs und Finanzdienstleister – China ist mit vielen Milliarden Euro tief mit der europäischen Wirtschaft verknüpft. Zwischen 2008 und 2018, schreibt der britische *Guardian*, habe China geschätzte 300 Milliarden Euro für europäische Unternehmen oder die Etablierung chinesischer Firmen auf dem EU-Markt ausgegeben, vor allem in Großbritannien, Deutschland und Frankreich. Der Investitionsboom in ausländische Unternehmen hat seinen Höhepunkt bereits überschritten.[343]

Die Macht der Hyperscaler

Deutschland und Europa spielen in der Plattformökonomie nicht mit und es fehlt an wichtigen Bausteinen wie der Cloud und einer schlagkräftigen IT-Industrie. SAP ist in Europa der einzige globale Akteur im digitalen Hightech-Bereich, das aber reicht nicht aus, um mit den USA oder China zu konkurrieren. Griechenland, Italien, Ungarn oder auch die Schweiz sind der chinesischen *Belt and Road*-Initiative beigetreten, was ihre Sympathien zwischen der EU und China zumindest spaltet.

Doch auch in der westlichen digitalen Welt muss sich Europa behaupten. Ein wichtiges Beispiel für die Notwendigkeit digitaler Souveränität ist die Cloud. Cloud-Technologien und deren Nutzung bilden die Basis für eine »Neue IT«, bei der mit innovativen Verfahren (*Agile, DevOps, Site Reliability Engineering*) und neuen Architekturen (KI, Big Data, *Micro-Services, Tool-Chains*) Software entwickelt und betrieben wird. Sie ermöglicht die Digitalisierung der Unternehmen und Institutionen und stellt den Markterfolg sicher. Die Nutzung der Cloud ist ein Muss, um die Wettbewerbsfähigkeit zu sichern. Hierfür stellen Microsoft, Amazon und Google mächtige Plattformen bereit, die mit bisher unvorstellbar großem Investitionsvolumen kontinuierlich ausgebaut und weiterentwickelt werden. Sie haben dadurch einen großen Vorsprung auf dem Markt:

- Microsoft, Amazon und Google halten laut den Marktforschern von Statista gemeinsam 59 Prozent[344] Marktanteil am globalen Cloud-Infrastruktur-Markt. Der einzige nennenswerte Wettbewerb kommt aus China.
- Seit dem Jahr 2000 haben die drei großen Tech-Unternehmen zusammen 270 Milliarden US-Dollar an Kapital investiert; davon 116 Milliarden US-Dollar allein 2018/2019.[345]
- Im Jahr 2018 waren es Cloud-Investitionen in Gesamthöhe von 43 Milliarden US-Dollar beziehungsweise 62 Prozent des gesamten CAPEX von 69 Milliarden US-Dollar, das von den drei Unternehmen ausgegeben wurde.[346]
- Die sieben größten Cloud-Player der Welt Amazon, Microsoft, Google, IBM, Alibaba, salesforce und Tencent, geben jährlich fast 50 Prozent des gesamten Einkaufsvolumens an Hardware-Komponenten wie CPUs, Dynamic RAM, NAND und Hard Disk Drives aus.

Es wird aber nicht nur in Hardware und den Infrastruktur-Ausbau investiert, sondern auch in kontinuierliche Innovationen in den Service-Portfolios. Über 100 Cloud-Bausteine können in einer Art Cloud-Periodensystem angeordnet werden, das den »Werkzeugkasten« für Entwicklung und Betrieb von Cloud-Services beschreibt – auf den Ebenen *Infrastructure-as-a-Service, Platform-as-a-Service* und *Software-as-a-Service*. Dies zeigt die Mächtigkeit der großen Cloud-Plattformen – weit jenseits des oft noch vorherrschenden Verständnisses von Public Cloud als einer großen »Festplatte« im Internet.

Cloud-Bausteine digitaler Infrastrukturen

Netzwerk-betrieb	Persistenz, Speicher	Rechen-dienste	Datenbank-dienste	Unternehmens-integration	Sicherheits-, Identitäts- und Zugangsdienstleistungen	Verwaltungs- & Automatisierungsdienste	Entwicklungs-Dienstleistungen	Anwendungs-Dienste	Mobile Dienste	Analytik & Big Data	„Künstliche Intelligenz"-Dienste	IoT & VR/AR-Dienste	Unternehmens-Anwendungen
Virtueller Netzwerkbetrieb	Zugangskontenaz Festplattenspeicher	Bare Metal/Dedizierte Rechendienste	Cloud-eigene RDBMS	Daten-Import/-Export	Account Management	Authentifizierungs-automatisierung	App-Deployment-Automatisierung	Anwendungs-Hosting	Entwicklung mobiler Anwendungen	Daten-Orchestrierung	Spracherkennung	IoT-Edge	Content-Management
Hybrid-Konnektivität	Object Storage	Virtuelle Server	Nichtrelative verwaltend RDBMS	Datenintegration & ETL	Compliance	Sicherheits-bereitstellung	Verteilte Anwendungen	Business-Anwendungen	Testen mobiler Anwendungen	Datenentdeckung	Bilderkennung	IoT-Gateway	Managen E-Mail-Services
Dedizierte Konnektivität	Gemeinsam genutzter Dateienspeicher	Container-Rechendienste	No-SQL	Workin-port-Export	Verzeichnisdienst	DDoS Schutzdienstleistung	Anwendungs-Testing	E-Mail Benachrichtigungen senden	Mobile Identitäts- & Datensynchronisation	Big Data-Verwaltung	Sprach-Gliederung	IoT-Events	Liefert Comms
Netzwerküberwachung	Archivierung - kalter Speicher	Container Registry	Graphdatenbank	Datenmigration	Informationsschutz	Anwendungs-Firewall	DevOps Pipeline	Medien-transkodierung	Mobile Targeting	Stream-Analytics	TTS Sprachsynthese	Verteilte & Erweiterte Realität	Anwendungs-Steuerung
Weboptimierung	Hybrid-Speicher	Entwicklungselemente Rechendienste	In-Memory-Datenbank	Integrations-Dienstleistungen	Hardware-Sicherheitsmodul	Firewall-Verwaltung	Microservices	Messaging/Dienst	Mobilgeräte-verwaltung	Visualisierung	Übersetzung		Desktop-as-a-Service
Domain Name Service	Backup	Stapelverarbeitung	Data Warehouse	Server-Migration	Zertifikats-verwaltung	Schlüssel-verwaltung	Quellcode-verwaltung	Workflow-Dienst	Mobile Analytics	Datenqualitäts-dienst	Maschinelles Lernen		Marketer
Internetverbindungsverwaltung	Notfall-wiederherstellung	Skalierbarkeit	Caching	Unternehmensanwendungs-integration	Secrets-Management	Automatisierter Netzwerkbetrieb	Application Discovery	Push-Benachrichtigung		Predictive Analytics	Training von maschinellem Lernen		Portal
Content Delivery Network		Einfache Rechendienste	Stammdaten-management										

Quelle: Accenture

Jeder der MAG-Hyperscaler (Microsoft, Amazon, Google) deckt nahezu alle dieser Komponenten ab und baut sein Portfolio kontinuierlich aus. Amazon beispielsweise berichtet von jährlich mehr als 2000 neuen Features, die zu seiner AWS-Plattform hinzugefügt werden. Ähnliches gilt für die Microsoft Azure und Google Clouds. Zurzeit sind die MAGs insbesondere aktiv beim Ausbau ihrer Big-Data- und KI-Kompetenzen, aber auch im Bereich von Quantencomputing aus der Cloud. Somit gilt: Jedes Unternehmen, das diese Milliarden-Investitionen nicht zum eigenen Vorteil hebelt, schneidet sich von den mächtigen und rapiden Innovationszyklen ab. Amazon hatte die Cloud zunächst lediglich innerhalb des Unternehmens genutzt und hat sie dann extern mit großem Erfolg an den Markt gebracht.

Um der Sorge des *Lock-in* zu begegnen arbeiten die Hyperscaler auch intensiv an der Portierbarkeit von Anwendungen in der Cloud (sogenannten *Workloads*) – über diverse Clouds hinweg, auch über die von konkurrierenden Unternehmen. So wurden 2019 sowohl von Google mit Anthos als auch von Microsoft mit Azure Arc entsprechende Services auf den Markt gebracht, die Computing-Container variabel über diverse Clouds, inklusive privater Clouds, verteilen und managen lassen. Die Hyperscaler reagieren hier auf die Anforderung ihrer Kunden hinsichtlich der Unterstützung von Multi-Cloud-Szenarien. Sie wollen Ängste vor einer Abhängigkeit von ihren Plattformen adressieren und Alternativen aufzeigen.

Nur wenige Unternehmen schaffen es, was Finanzierung und Manpower angeht, mit dem Tempo der Hyperscaler mitzuhalten, was diesen weitere Macht verleiht. Mit wachsenden Marktanteilen können sie immer noch mehr Datenzentren und Infrastruktur aufbauen, um weitere Daten zu aggregieren. »Hyperscaler dominieren heute die IT-Landschaft«, so ein Vertreter der amerikanischen Synergy-Forschungsgruppe: »Sie formen den Markt der Dienstleistungen um, verändern die Investitionsmuster in die IT bei den Unternehmen und verursachen massive Disruption unter den Serviceprovidern.«[347]

Den Vorsprung der Hyperscaler kann eine vergleichbare deutsche oder europäische Konkurrenz aktuell nicht wettmachen. Wir könnten intelligente Cloud-Nutzungsmodelle entwickeln und regulatorische Vorgaben zur Öffnung der Cloud-Plattformen machen, um die digitale Souveränität der Unternehmen, Industrien und Staaten Europas vorerst zu sichern.

Wie schwerwiegend die Abhängigkeit von den großen amerikanischen Digitalriesen sein kann, zeigt das Beispiel Venezuelas. Die dortigen Nutzer der *Creative Cloud* erhielten im Oktober 2019 ein Schreiben des Anbieters Adobe. Es bezog sich auf eine Anweisung des US-Präsidenten, die Zusammenarbeit von US-Unternehmen mit Individuen und Unternehmen in Venezuela einzuschränken. Es blieb den Kunden nur wenige Tage Zeit, ihre Daten aus der Cloud herunterzuladen und anderweitige Lösungen zu finden, bevor Adobe die Sperrung des Zugangs ankündigte. Diese Erfahrung eines *lock-outs* wird von den Befürwortern nationaler Cloud-Infrastrukturen immer wieder zitiert. Auch die Auslieferungs-Blockade von Android-Betriebssystemkomponenten für Huawei ist ein prominenter Fall, der zeigt, wie der plötzliche Entzug von Zugriff auf IT-Technologien als politisches Druckmittel eingesetzt werden kann.

Eine entsprechendes Bedrohungsszenario wird politisch auch in Deutschland und Europa als relevant eingestuft, denn Deutschland ist weder bei Hardware, Netzwerktechnik noch Systemsoftware in den eigenen Rechenzentren technologisch souverän – übrigens genauso wenig in der Landesverteidigung. Hier sind bereits Entscheidungen gefällt worden: Diese Lücke soll beispielweise durch das europäische Projekt FCAS adressiert werden (siehe Kapitel 5). Derzeit wird ein großer Teil der Computerleistung amerikanischer Hersteller in eigenen Rechenzentren durch Cloud-basierte Dienste ersetzt, die aber auch amerikanischen Anbietern gehören.

In China hat sich eine distinkte Cloud-Landschaft entwickelt. Zu den Anbietern gehören unter anderem Alibaba, Huawei, CASICloud, Venus Cloud oder Rootcloud. [348]

Das Technologie-Dilemma

Deutschland liegt beim Einstieg in die Public-Cloud-Technologien international noch zurück, holt aber stark auf. Während bei uns im Land momentan etwas weniger als zehn Prozent der Unternehmens-IT auf öffentlichen IaaS-, PaaS- und SaaS-Plattformen läuft, gehen Experten von mehr als einer Verdopplung der Nutzung von Public-Cloud-Diensten in Drei-Jahres-Schritten aus. In sechs Jahren könnten somit bereits nahezu 50 Prozent der deutschen Unternehmens-IT in den Public Clouds der Hyperscaler laufen. In den USA und in einigen anderen Ländern wird dieser Meilenstein bereits in drei Jahren oder sogar früher erwartet. Die damit verbundenen Wettbewerbsvorteile können für die dortigen Unternehmen also deutlich früher realisiert werden.

Allerdings gilt für die zentrale Rolle der Cloud auch: Ein »Venezuela-Szenario« könnte einem *Kill Switch* für die deutsche Wirtschaft und den Staat nahekommen. Die Cloud wird somit zur kritischen Infrastruktur und ein Projekt wie Gaia-X wird damit dringend notwendig.

Gaia-X – die europäische Wolke

Der Schritt zu mehr Unabhängigkeit und zu europäischer Souveränität geht über die gemeinsame Nutzung und Weiterentwicklung von Technologien. Die Mitgliedsländer der EU sind allerdings spät aufgewacht, was die Frage digitaler Souveränität angeht. Doch inzwischen ist deutlich geworden, dass die technologische Abhängigkeit auch politische und wirtschaftliche Abhängigkeit bedeuten kann. Zum Beispiel können die USA mit dem Cloud Act aus dem Jahr 2018 Dienstleister verpflichten, auf Anfrage der Behörden persönliche Daten der Nutzer zur Verfügung zu stellen.

Die EU möchte deshalb nicht von diesen Unternehmen abhängig bleiben. 2019 haben Deutschland und Frankreich den Plan für eine gemeinsame Dateninfrastruktur vorgestellt, die in der Öffentlichkeit als europäische Cloud diskutiert wurde. »Wir wissen nicht, wie sicher unsere Daten letztlich sind«, betonte zum Beispiel Frank Melzer, Vorstand Product and Technology Management bei dem Automatisierungsunternehmen Festo.[349] »Europa bleibt weiterhin offen für die Welt«, erklärte ein Kommissionsmitarbeiter vor der Presse, »aber wir haben die Ambition, digitale Souveränität zu erreichen.«[350] Das wurde von amerikanischer Seite kritisiert: Europa beraube sich durch dieses Projekt fundamentaler Vorteile für die Cloud-Nutzer – Wahlfreiheit, Flexibilität und die Fähigkeit, global zu skalieren, ohne an Sicherheit zu gewinnen, so ein Sprecher für Amazon Web Services.[351]

Im Juni 2020 präsentierten der deutsche Wirtschaftsminister Peter Altmaier (CDU) und sein französischer Kollege Bruno Le Maire ein deutsch-französisches Papier mit wichtigen Eckdaten für Gaia-X: Ziel ist die Vernetzung dezentraler Infrastrukturdienste zu einem homogenen, nutzerfreundlichen System. Die daraus entstehende Dateninfrastruktur soll sowohl die digitale Souveränität der Nutzer von Cloud-Dienstleistungen als auch die Skalierungsfähigkeit und Wettbewerbsposition europäischer Cloud-Anbieter stärken. Die Dateninfrastruktur basiert auf Open Source und soll insbesondere auch kleinen und mittleren Unternehmen zu digitaler Souveränität verhalten. In 2021 soll der Betrieb von Gaia-X starten.[352] Gaia-X soll von einer internationalen Nonprofit-Organisation nach belgischem Recht gesteuert werden, die von 22 Unternehmen aus Deutschland und Frankreich gegründet wurde. Hauptziel sollen die Entwicklung von Standards und Normen sowie die Formulierung einer gemeinsamen Research Agenda sein.

Die Beteiligung an Gaia-X ist die Antwort der deutschen Regierung auf die berechtigte Sorge um digitale Souveränität. Ein dezentraler Netzwerkverbund soll geschaffen werden, um bestehende IT-Ressourcen zu bündeln, in einer integrierten Art verfügbar zu machen und standardisierten Datenaustausch zu ermöglichen. Die veröffentlichten Papiere beschreiben eine Vielzahl von Anwendungsszenarien, die Gaia-X unterstützen soll – von der Plattform für die intelligente Fertigung der Industrie 4.0 bis zur sicheren Cloud für die Finanzwirtschaft.

Ein detaillierteres technisches Konzept, wie diese Anforderungen umgesetzt werden sollen, liegt jedoch bisher nicht vor – ausgenommen eine Referenz zur Architektur des »International Data Space«, die aber nur einen Teil der technischen Aspekte des Vorhabens abdeckt. Ebenso fehlen Vorschläge für den zentralen regulativen Rahmen. Die Vielzahl der beteiligten europäischen Stakeholder mit unterschiedlichsten Interessenlagen deutet auf einen langwierigen, mehrjährigen Abstimmungsprozess und eine hochkomplexe Governance auf EU-Ebene hin. Die angekündigten Investitionen sind überschaubar, darüber hinaus muss die weitere Finanzierung des Vorhabens noch geklärt werden.

Ein Taktwechsel scheint erforderlich, wenn diese europäische Initiative Aussicht auf Erfolg haben soll – und ein Perspektivenwechsel wäre notwendig, um einen möglichen, wenn auch unwahrscheinlichen Kontrollverlust wie einen *Lock-in* zu adressieren.

Optionen gegen den *Lock-in*

Ein *Lock-in*, also die technologische Abhängigkeit von den globalen Hyperscalern bei fehlenden Ausweich- oder zumindest Rückzugs-Alternativen im Markt, stellt eines der Risiken dar, die für deutsche und europäische Unternehmen dringend adressiert werden müssen. Es geht darum,

- den *Lock-in* in eine bestimmte Technologie zu vermeiden, mit resultierender technologischer und kommerzieller Abhängigkeit vom Anbieter
- das Risiko zu reduzieren, dass Dienste ohne Abstimmung vom Anbieter modifiziert oder beendet werden – bis hin zu einem plötzlichen *Lock-out*
- Daten und Systeme vor unerlaubtem Zugriff zu schützen
- die Kontrolle über die Entwicklung, den Betrieb und die Lieferung digitaler, datenbasierter Dienste zu sichern

Solange es keine Datensouveränität durch eine eigene europäische Cloud gibt, sollten Unternehmen oder Institutionen beim Vertragsabschluss darauf achten, dass der rechtliche Sitz der Partner bevorzugt in der EU liegt beziehungsweise sie mit EU- oder deutschen Gesellschaften verbunden sind. Das erhöht den Schutz vor dem US Cloud Act, der den amerikanischen Behörden zunehmend Zugriff auf die Daten erlaubt. Es können auch individuelle Regelungen getroffen werden, um spezielle Compliance- oder Sicherheitsanforderungen zu realisieren. Hier gilt grundsätzlich, dass die Größe des Kunden-Unternehmens einen wesentlichen Einfluss auf die Bereitschaft der Hyperscaler hat, von ihren Standard-Vertragsbedingungen abzuweichen. Zusätzlich könnten hier die EU oder eine Gruppe an Staaten ihr Gewicht in die Waagschale werfen und gemeinsam mit den Unternehmen diese Forderung auf staatlicher Ebene untermauern. Denn die notwendigen Investitionen für eine europäische Cloud wären gewaltig und können mit circa 100 Milliarden US-Dollar veranschlagt werden.

Viele Unternehmen und Institutionen arbeiten bereits an einer Infrastruktur, die sich auf mehrere Clouds stützt. Das reduziert die Abhängigkeit und eröffnet die Option, *Workloads* über mehrere »Landezonen« hinweg zu verteilen. Die technologische Komplexität, eine solche Architektur zu etablieren und zu beherrschen, ist jedoch erheblich.

Ein alternativer oder komplementärer Ansatz ist es, die Nutzung proprietärer Technologien in der Infrastruktur- und Plattform-Schicht bewusst zu vermeiden. Hier stehen verschiedene Open-Source-Lösungen sowie offene Frameworks zur Verfügung.[353] Dieser Lösungsansatz hat allerdings auch seine Probleme, da die Unternehmen sich damit von einem Großteil der differenzierenden Services und Innovationen der Hyperscaler abschneiden. Damit geht Innovationsfähigkeit verloren. In jedem Fall ist es sinnvoll, die Verwendung der Bausteine aus dem Public-Cloud-Werkzeugkasten für jede Anwendung und jedes Entwicklungsvorhaben neu zu bedenken. Hierbei sind Aspekte wie Innovation, Business-Kritikalität, Differenzierung, Abhängigkeit und die Exit-Optionen mitzudenken.

Auf nationaler oder europäischer Ebene können außerdem Regulierung und Compliance-Vereinbarungen den Druck auf die Hyperscaler erhöhen, entsprechende Sicherheiten für den Schutz der Daten zu bieten. Das Risiko dabei ist jedoch, dass – wie zum Beispiel bei der IT-Regulation der Banken – solche Vorgaben Innovation und Wettbewerbsfähigkeit von Unternehmen oder ganzer Sektoren bremsen. Eine andere Option, digitale Souveränität in den Clouds außereuropäischer Unternehmen zu erreichen, könnte die Gewährleistung von gesicherten Zugriffsrechten darstellen – ein Art Notfall-Kontrollübernahme durch europäische oder nationale Institutionen.

Versuche, eigene souveräne Cloud-Plattformen in Europa aufzubauen, waren in der Vergangenheit gescheitert: Der Cloud Exchange der Deutschen Börse wurde 2016 eingestellt, 2018 verkündete Microsoft die Beendigung seiner deutschen Treuhänder-Cloud in Zusammenarbeit mit der Deutschen Telekom. Das Angebot war nicht wettbewerbsfähig. Microsoft setzt nun schlicht auf seine eigenen Azure-Rechenzentren in Deutschland.

Der Werte-Wettbewerb

Es gebe keinen dritten Platz auf der Siegertreppe, kommentierte der taiwanesische Unternehmer und Computerwissenschaftler Kai-Fu Lee sarkastisch das Ringen Europas um digitale Souveränität. Die Kommissionspräsidentin Ursula von der Leyen hatte in ihrer Inaugurationsansprache 2019 die Technologieentwicklung gemeinsam mit einer wirkungsvollen Klimapolitik zur absoluten Priorität erklärt. Aber die EU beiße sich in ihrem Bemühen selbst in den Schwanz, indem sie immer wieder Partikularinteressen verfolge, analysierte die US-Zeitschrift *Foreign Policy (FP)* im Frühjahr 2020.[354] Nicht nur falle es Europa schwer, sich auf eine gemeinsame Position zu einigen, auch verfolge die Gemeinschaft eine unklare Linie zwischen einer tendenziell amerika-feindlichen Politik (die zum Beispiel die Wettbewerbsposition von Google kritisch bewerte wie auch die Steuervermeidung von Apple) und einer unter den Mitgliedern unterschiedlichen und umstrittenen Sympathie für China.

Schon einmal war der »Techno-Gaullismus«, wie FP die französisch-deutschen Initiativen nennt, kläglich gescheitert, nämlich als die deutsch-französische Suchmaschine Quaero 2006 Google Konkurrenz machen wollte. Kaum vom Fleck komme auch das GPS-System Galileo, das nun endlich Ende 2020 komplett sein und in Betrieb genommen werden soll. Statt sich auf seine große Chance zu konzentrieren – die Verbindung von der physischen zur digitalen Welt – plansche Europa in Gewässern, wo es keine echte Chance mehr habe – beispielsweise im Cloud-Business.[355]

Wem dienen die Technologien? Ein weiterer, viel zu wenig diskutierter Punkt ist, dass der neue Systemwettbewerb im Kern einer um gesellschaftliche Werte ist. Viele stellen sich nicht nur die Frage, ob die europäische Cloud mit den amerikanischen oder chinesischen mithalten kann. Sie fragen sich auch, inwieweit die demokratischen Werte, welche Kapitalismus, Liberalismus und Industrialisierung von Anfang an begleitet haben, überleben können angesichts von zwei Supermächten, die wie China einen anderen Weg gehen oder, wie die USA, unter Präsident Trump die staatliche Kontrolle erhöht hat. »Wieso hält sich die Europäische Union eigentlich nicht mehr an Kalifornien, das gerade neue Datenschutzgesetze und Vorschriften für die *Gig Economy* verabschiedet habe, die mehr dem Denken von Brüssel und Berlin ähnelten«, fragt *Foreign Policy*: »Kalifornien ist ideal als asymmetrische Allianz mit der EU im Zeichen demokratischer Technologien.«[356]

Diplomatie der Skepsis

Amerika hat in den Augen der deutschen Öffentlichkeit den Glanz seines *Star Spangled Banners* verloren. Auf den ersten Blick, schreibt Jan Weidenfels vom Mercator Institute of China Studies, steht Deutschland China näher als jemals bevor und ist den USA entfernter als früher.[357] Fast die Hälfte der Bevölkerung (42,3 %) ist nach einer Umfrage[358] von 2019 der Ansicht, dass Peking ein besserer Partner für Berlin sei als Washington. Nur sieben Prozent der Befragten meinten, Europa sollte mit den USA enger zusammenarbeiten, um der Ausbreitung des chinesischen Einflusses auf der Welt etwas entgegenzusetzen.

Vielleicht spiegelt das aber eher eine zunehmende Entfremdung von den Vereinigten Staaten wider als den Beginn einer langen Freundschaft mit China. Seit der deutschen Entscheidung, nicht an dem von den USA-geführten Einmarsch in den Irak teilzunehmen, ist das transatlantische Verhältnis kühler geworden, von beiden Seiten. Die Enthüllungen von Edward Snowden über das internationale Abhörprogramm der NSA haben viel Misstrauen ausgelöst und Parlamentarier die Frage stellen lassen, ob man den USA nicht mindestens so sehr misstrauen müsse wie Huawei.[359] Die Drohung von Donald Trump, höhere Zölle auf europäische Autos zu erheben und die Ankündigung von Repressalien gegen die

deutsch-russische Pipeline Nord Stream 2[360] haben die diploma-
tische Wetterlage eher verdunkelt, genauso wie die Kritik an der
deutsch-amerikanischen Handelsbilanz und zu niedriger finanzieller Beteiligung an der NATO. Der unverhohlene Anspruch der
Amerikaner, den deutschen Partnern den richtigen Weg zu weisen,
hat die deutsche Industrie, zum Beispiel den BDI[361], dazu gebracht,
sich bei der Regierung für einen eigenen europäischen Weg stark
zu machen.

Trotzdem gilt auch China in der deutschen Gesellschaft immer
mehr als »Systemkonkurrent« (siehe Seite 108f.). Trotz aller Wert-
schätzung vorteilhafter wirtschaftlicher Angebote aus China bleiben die Vorbehalte gegenüber dem starken Einfluss der Kommunistischen Partei auf die Wirtschaft, der unvollständigen Öffnung
gegenüber dem Westen oder auch dem *Social Scoring System*
(siehe Seite 107) für die Bürger bestehen. China hat sich auf dem
internationalen Parkett nicht für die Prinzipien der Welthandelsorganisation WTO oder für eine Verlängerung des atomaren Mit-
telstreckenvertrags INF starkgemacht. Die deutsche Regierung
sieht ähnlich wie die USA die Verletzung der Menschenrechte der
Uiguren kritisch, ebenso den Umgang mit den Bürgerprotesten in
Hongkong. Die »Neue Seidenstraße«, die bis in die EU reicht, wird
nicht nur als Infrastrukturleistung gesehen, sondern auch als geo-
politisches Machtinstrument.

Deutschland, so die Analysen des Mercator Institute for China
Studies (MERICS), verfolgt nicht den amerikanischen Weg des Ab-
koppelns, zeige aber immer mehr einen europäischen Reflex: Es
investiere erhebliche Energie in die engere Abstimmung der EU-
Mitgliedsstaaten, was die Beziehungen zu China angeht, und hat
zum Beispiel auch darauf gedrungen, dass die NATO China in seine strategischen Überlegungen einbezieht. »China ist heute schon
ein innenpolitischer Faktor in Europa«, betonte MERICS-Direktor
Mikko Huotari auf einer Anhörung des Auswärtigen Ausschusses
des Bundestags im Juni 2020.[362]

Der *Cyberwar*

Die virtuelle Kriegsführung habe eine neue Dimension erreicht, die das amerikanische Militär nachts nicht schlafen ließe, schrieb das Magazin *Forbes* 2019. Gemeint war die wachsende Verschränkung des Cyberspace mit der physischen Welt – die Angriffe in der einen und Vergeltungsschläge in der anderen Welt erlaube. Alles ist miteinander vernetzt: Als die USA zum Beispiel einen gezielten Anschlag auf den Iran verübten, nachdem das Land eine US-Drohne abgeschossen hatte, kam die Warnung, dass Millionen von Microsoft Outlook-Systemen gehackt werden würden.[363]

China, Russland, Nordkorea und der Iran sind die Länder, die am aktivsten auf dem Gebiet des *Cyberwar* sind, mit Tausenden von professionellen Computerexperten, die automatisierte Fake-News-Kanäle einrichten, Twitter-Accounts kapern und dort Inhalte austauschen oder Steuerzentren hacken und lahmlegen. Aber auch die USA und Israel kämpfen auf diesem Gebiet, auch wenn sie nie öffentlich die Verantwortung für den Stuxnet-Virus übernommen haben, der 2010 die iranischen Urananreicherungsanlagen lahmlegte. 2019 hat die USA aber zugegeben, dass sie als Vergeltung für einen angeblichen Drohnenangriff des Iran auf saudi-arabische Ölförderungsanlagen einen Cyberangriff auf die Propagandastrukturen des Landes getätigt haben. Die USA haben stets erklärt, sie behielten sich das Recht vor, einen Cyberangriff auch mit militärischen Mitteln zu vergelten.[364] Dies könnte prinzipiell auch für einen Präventivschlag gelten, wenn dieser sich nachweisen ließe.

Kritisch werden solche Angriffe, wenn sie sich gegen strategisch wichtige Infrastrukturen wie Stromnetze und Telekommunikationsnetze richten oder auch das Internet der Dinge beeinflussen. Es gibt jedoch auch andere Positionen: Der Politikwissenschaftler Thomas Rid, Professor für Strategic Studies an der Johns Hopkins University's School of Advanced International Studies in Washington, hält die Angst vor einem zerstörerischen *Cyberwar* für übertrieben. Sie diene eher der Eindämmung von körperlicher Gewalt, und die Möglichkeiten digitaler Medien, Einfluss auf andere Staaten zu nehmen, läge viel eher in friedlicher Manipulation.[365]

Europa zwischen den Stühlen

Die Europäische Union ist in diesem *Tech War* zwischen die Stühle geraten. Sie wird von China umworben und von den USA unter Druck gesetzt. Ihre Mitglieder sind dem freien Wettbewerb verpflichtet, aber haben noch keine gemeinsame Strategie gefunden, wie sie mit einem staatlich geförderten Wettbewerber umgehen sollen, der außerdem nicht demokratisch verfasst ist und ein potenzielles Sicherheitsrisiko darstellt. Die USA haben deshalb unter anderem damit gedroht, den Austausch von Geheimdienstinformationen mit Großbritannien oder auch Deutschland stark einzuschränken. Die britische Regierung hat daraufhin ihre frühere Entscheidung, Huawei in den Ausbau des 5G-Netzes einzubinden, revidiert und das Unternehmen im Sommer 2020 ausgeschlossen.[366] Telenor, der größte Telekommunikationsanbieter Norwegens, hat sich für Ericsson entschieden und will den Anteil an Huawei-Technologie schrittweise eliminieren.[367] Dennoch hat Huawei weitreichende Verbindungen mit Europa – zum Beispiel Forschungskooperationen in über 150 Universitäten. Vor allem in Mittel- und Osteuropa ist der Konzern stark vertreten.

Ein wenig ähnelt das Dilemma einem Konflikt, den Franz Kafka in einer Skizze beschrieben hat: »Er hat zwei Gegner: Der erste bedrängt ihn von hinten, vom Ursprung her. Der zweite verwehrt ihm den Weg nach vorn. Er kämpft mit beiden. Eigentlich unterstützt ihn der erste im Kampf mit dem zweiten, denn er will ihn nach vorn drängen und ebenso unterstützt ihn der zweite im Kampf mit dem ersten, denn er treibt ihn ja doch zurück.«[368]

Die EU-Kommission hat im Januar 2020 Sicherheitsempfehlungen für den 5G-Ausbau verabschiedet.[369] Bereits ein Jahr zuvor hatte sie in einem Strategiepapier zu den Beziehungen mit China das Land als »systemischen Rivalen« bezeichnet, der »alternative Modelle der Governance« verfolge: »Das erfordert einen flexiblen und pragmatischen EU-umfassenden Ansatz, der es erlaube, eigene Interessen und Werte zu verteidigen.«[370] Dazu zählt das Grundrecht auf den Schutz der Privatsphäre, das, wie im Mai 2019 in den Niederlanden berichtet wurde, durchaus gefährdet sein könnte. Nach Informationen von Geheimdiensten bestand der Verdacht, dass Huawei-Geräte über eine Hintertür Zugang zu sensiblen Daten der Holländer ermöglichen. Wie die Prüfung der Geheimdienste ausfiel, ist nie publik geworden. Huawei bleibt jedenfalls auf dem niederländischen Markt.

Das neue deutsche IT-Sicherheitsgesetz sieht vor, dass alle Komponenten des 5G-Kernnetzes zertifiziert werden müssen. Das Innenministerium kann prüfen, ob das überwiegende öffentliche Interesse in Deutschland oder sicherheitspolitische Bedenken einer Mitarbeit von Huawei entgegenstehen. Technische Sicherheitsanforderungen werden so mit einem politischen Veto-Recht kombiniert.[371]

Modernisierung für neue Märkte

Transformation als Zukunftsmarkt

Für den deutschen Industriestandort ist die Verbindung von ökologischer und digitaler Transformation zukunftsweisend – etwa durch *Green IT*, also den Anspruch, die Nutzung von Informations- und Kommunikationstechnik über deren gesamten Lebenszyklus hinweg umwelt- und ressourcenschonend zu gestalten. Oder den Einsatz digitaler Zwillinge: Er kann die Entwicklung neuer Produkte beschleunigen und erheblich Energie einsparen. Insbesondere in der energieintensiven Chemiebranche können Digitalisierung und Kreislaufwirtschaft dafür sorgen, dass dieser Sektor nachhaltiger wird und auch große Mengen an CO_2 einsparen kann. Weitere Hebel des klimaneutralen Wirtschaftens sind Wasserstoff-Technologien, biologische Transformation und *Carbon Capture*, also Methoden, das Klimagas CO_2 auf der Erde zurückzuhalten und nicht in die Atmosphäre entweichen zu lassen. Die deutsche Wirtschaft und die deutsche Politik können bei der Förderung und dem Ausbau grüner Zukunftsmärkte eine führende Rolle im internationalen Wettbewerb einnehmen.

Digitale Infrastrukturen erhöhen nicht nur die Effizienz, sondern auch die Transparenz in den Wertschöpfungsketten. Nachhaltigkeit und eine schonende und effiziente Ressourcennutzung können so auf allen Stufen abgebildet werden und für neue Wertschöpfungspotenziale sorgen. Die zunehmende Bedeutung von Nachhaltigkeit kann zum Treiber von Produkt- und Prozessinnovationen sowie Smart Services werden, z. B. im Bereich der Kreislaufwirtschaft oder der *sharing economy*.

Das Ziel der Nachhaltigkeit, das hat die Pandemie gezeigt, muss außerdem um die Forderung nach Resilienz erweitert werden. Das bedeutet die Fähigkeit, sich auf negative Ereignisse tendenziell einzustellen, sie zu verkraften, sich danach wieder erholen zu können und sich auf einem stabilisierten Niveau neu anzupassen. Wirtschaft, Wissenschaft und Gesellschaft müssen lernen, in multiplen Zukunftsszenarien zu denken. Die zu erwartenden negativen Auswirkungen des Klimawandels werden selbst disruptiv wirken und flexible Antworten erfordern.

Deutschland muss sich modernisieren

In unserem eigenen Land bieten sich Riesenchancen zur Erneuerung, denn es mangelt hier an baulicher Substanz genauso wie an digitalem Ausbau der Infrastruktur. Mindestens 450 Milliarden Euro sind nötig, kritisiert das Institut der deutschen Wirtschaft, um den Verfall von Straßen, Schienen und Schulen aufzuhalten. Als öffentliche Investitionen stünden pro Jahr 80 Milliarden Euro zur Verfügung, das seien nur 2,4 Prozent der Wirtschaftsleistung, während Frankreich und Amerika mehr als drei und Japan und Australien knapp fünf Prozent aufwendeten.[372] Der Modernitätsgrad sinke deshalb in Deutschland seit bald 30 Jahren kontinuierlich.

Der Staat investiere so wenig, dass noch nicht einmal der Wertverlust der Infrastruktur durch Ersatzinvestitionen kompensiert werde, kritisiert Marcel Fratzscher, Präsident des DIW Berlin. Der Leistungsbilanzüberschuss werde eben in Deutschland nicht in Straßen, Brücken, Forschung und Entwicklung oder Klimaschutz investiert. Private Investitionen würden lieber im Ausland getätigt, da die Rahmenbedingungen für Unternehmen hierzulande unzureichend seien – das reiche von der schlechten digitalen und Verkehrsinfrastruktur über fehlende Fachkräfte bis hin zu einer ausufernden und ineffizienten Bürokratie.[373]

Der Staat als Leitanwender

Um die Skalierung von innovativen Technologien und Geschäfts-modellen sowie den Aufbau digitaler Infrastruktur voranzutreiben, muss der Staat frühzeitig als Leitanwender auftreten. Allein mit den knapp fünf Millionen Beschäftigten im öffentlichen Dienst kann er zum Schrittmacher für die digitale Transformation der gesamten Gesellschaft werden. Er vergrößert die Akzeptanz für digitale Dienste und hilft dabei, Investitionen gezielter zu steuern.

In dieser Hinsicht sind die Potenziale des Staates enorm. Das Beschaffungsvolumen der öffentlichen Stellen in Deutschland liegt bei etwa 350 Milliarden Euro. So ließe sich zum Beispiel bei der Bundeswehr, der Polizei, im Bildungssektor oder bei der Bahn zeigen, wie mit hoher Innovationskraft schnelle Transferleistungen und massive Skalierung funktionieren. Auf diese Weise könnte Deutschland die Weichen für eine bessere digitale Infrastruktur stellen. Praktisch aber sind Staat und Behörden zögerlich. Ein Vergleich der EU-Staaten zum *eGovernment* zeigt, dass lediglich sieben Länder noch schlechter in der Modernisierung der Verwaltung als Deutschland sind.

Was ist der Grund für diesen Rückstand? In der Verwaltung fehlen häufig das Know-how, die organisatorischen Strukturen und die Innovationskultur für eine schnelle digitale Transformation sowie die Skalierung wegweisender Maßnahmen. Die Verwaltungskultur wurde jahrzehntelang auf die Vermeidung von Fehlern ausgerichtet, nicht auf das Vorantreiben von Neuem. Viele Entscheidungsträger wünschen sich zudem eindeutige politische Vorgaben, die als klare Vision die Richtung weisen. Die Pläne, die es für die Digitalisierung aller föderalen Ebenen bereits gibt, werden nur langsam umgesetzt. Angestoßene Initiativen entfalten ihre Wirkung zu langsam und müssten stärker multilateral, über alle Ministerien hinweg, koordiniert werden.

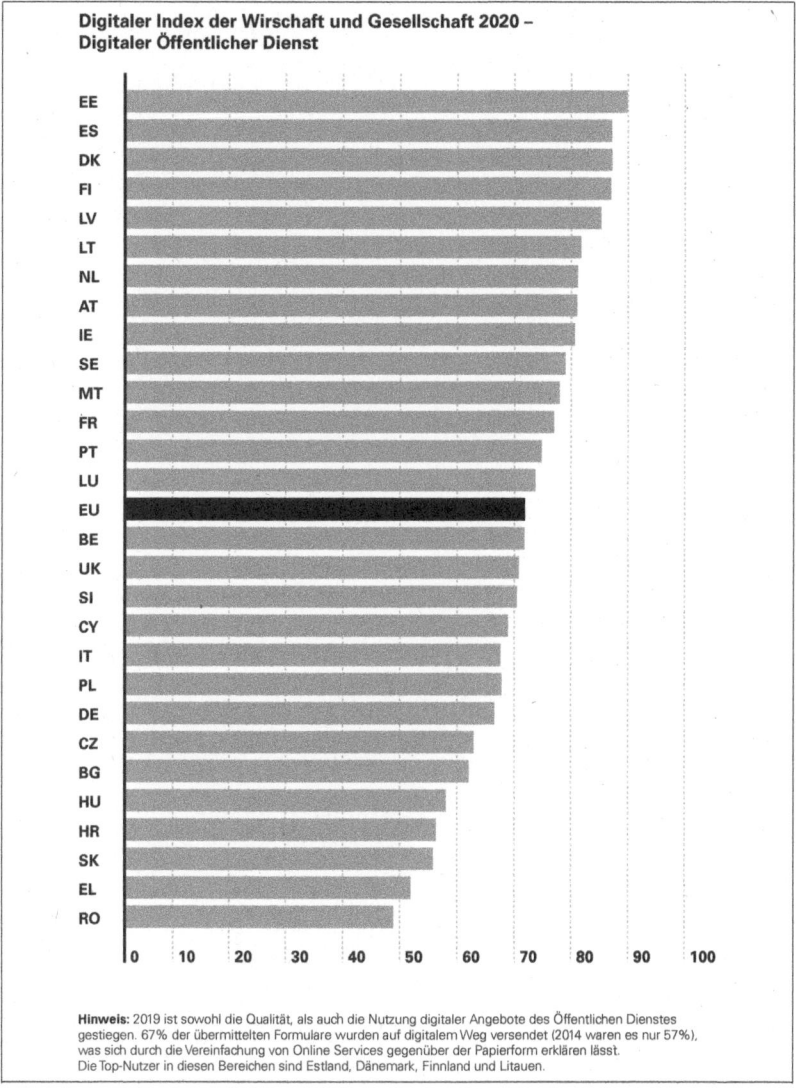

**Digitaler Index der Wirschaft und Gesellschaft 2020 –
Digitaler Öffentlicher Dienst**

Hinweis: 2019 ist sowohl die Qualität, als auch die Nutzung digitaler Angebote des Öffentlichen Dienstes gestiegen. 67% der übermittelten Formulare wurden auf digitalem Weg versendet (2014 waren es nur 57%), was sich durch die Vereinfachung von Online Services gegenüber der Papierform erklären lässt. Die Top-Nutzer in diesen Bereichen sind Estland, Dänemark, Finnland und Litauen.

Quelle: Europäische Kommission (DESI)³⁷⁴

In Deutschland haben weder die Gesundheitskarte noch der neue Personalausweis oder das Bundesportal ihr Erfolgspotenzial so richtig entfalten können. Zwar waren alle Initiativen im Prinzip richtig gedacht und lösten große Hoffnungen aus, doch die Umsetzung war am Ende gebremst. Und weil die digitale Infrastruktur in Deutschland so schwach ausgebaut ist, sind viele Innovationen, die potenziell darauf aufbauen könnten, schlicht nicht realisierbar.

Öffentliche Verwaltung digitalisieren!

Nur rund 48 Prozent der Deutschen nutzen digitale Dienstleistungen der staatlichen Behörden, so das Ergebnis des »eGovernment Monitor 2019«.[375] Im Gesamtindex liegt Deutschland weit unter dem Durchschnitt der EU – auf Platz 24. Ein Onlinezugangsgesetz von 2017 soll das verbessern, seine Regelungen müssen bis zum Jahr 2022 umgesetzt werden. Viele der digitalen Angebote sind jedoch in der Bevölkerung nicht ausreichend bekannt.

Die Verwaltungsleistungen und die Online-Erreichbarkeit werden als unzureichend bezeichnet. Besonders schlecht bewertet wird die digitale Steuererklärung: Nur 33 Prozent der Deklarationen werden mithilfe der behördlichen Software erstellt (in Österreich sind es 81, in der Schweiz 58 Prozent). Auch bei Informationssuche und Beratung werden die digitalen Portale der Finanzbehörde nur selten genutzt. Auch von der Möglichkeit, online Führungszeugnisse oder Briefwahl zu beantragen, hat nur jeder zweite Deutsche Kenntnis.

Was den Grundsatz der einmaligen Datenerfassung und -verwendung angeht, so sind deutsche Bürger misstrauischer als Schweizer oder Österreicher; sie fürchten, dass ihre Daten doch gespeichert oder weiterverwendet werden. Auch der in den Nachbarländern geäußerte Wunsch, die Zahl der digitalen Identitäten zu verringern und möglicherweise durch eine einzige zu ersetzen, wird in Deutschland eher kritisch gesehen. Die Nutzung des Personalausweises im Scheckkartenformat ist zudem umständlich, weil sie ein extra Lesegerät (das haben nur sieben Prozent der Bevölkerung) oder eine besondere Schnittstelle beim Smartphone erfordert.

Peter Parycek, Experte für *eGovernance*, der den Think Tank »Öffentliche IT« am Fraunhofer FOKUS leitet, sieht die Gefahr, dass der Staat mit der Digitalisierung nicht Schritt halten kann. Auf lange Sicht könne er so seine Steuerungsfähigkeit und Legitimation einbüßen. Parycek fordert eine neue Verwaltungskultur und sieht ein besonderes Problem im Föderalismus, der sich nur schwer koordinieren und technologisch kompatibel gestalten lässt. Hinzu komme »die Liebe zum Papier«.[376] Der »moderne Staat«, eine der fünf Säulen der deutschen »Umsetzungsstrategie Digitalisierung«[377], hat also digital noch viel zu leisten.

Viele dieser Punkte hat sich der neue Bundes-CIO Markus Richter mit auf die Fahnen geschrieben. Sein Neun-Punkte-Papier macht Hoffnung, da es umfassend nicht nur Technologie, sondern auch Kompetenzen und Kultur adressiert. [378]

Anstieg der Nutzung *eGovernment* (2012–2019)

	2012*		2019
Online einen Termin vereinbaren	19	+30	49
Status der Ausweisbeantragung im Internet abfragen	11	+14	25
Abwicklung der **elektronischen Steuererklärung** über das Internet	33	+9	42
Wunschkennzeichen online reservieren	22	+9	31
Kraftfahrzeug online anmelden / ummelden/abmelden	7	+7	14
Ausbildungsförderung online beantragen	6	+5	11

⬤ Deutschland

Basis: Alle Befragten – DE (n = 1.055), Angaben in Prozent – Abweichungen zu 2012 in Prozentpunkten
*2012: Welche der im Folgenden aufgeführten Bürgerinformationen bzw. -dienste haben Sie bereits genutzt?

Quelle: eGovernment Monitor 2019[379]

Den Datenschutz transformieren

Die fortschrittsskeptische Haltung vieler Deutscher, wenn es um die Digitalisierung geht, zeigt sich in einer rückwärtsgewandten Einstellung zum Datenschutz. Diese entspricht schon längst nicht mehr den Realitäten, welche Daten in unserer Welt abbilden. Datenschutz, wie er momentan praktiziert wird, stellt den individuellen Persönlichkeitsschutz und die »informationelle Selbstbestimmung« in den Mittelpunkt. Er berücksichtigt nicht die völlig neuen Rahmenbedingungen der digitalen und globalen Gesellschaft. So wird er zu einer Innovationshürde.

Der Persönlichkeitsschutz des Einzelnen soll über umfangreiche Online-Formulare sichergestellt werden, die, so können wir vermuten, nur die wenigsten Verbraucher auch tatsächlich lesen. Die Einwilligung der Verbraucher ist jedes Mal nötig, wenn ihre Daten erhoben werden. Eine *e-privacy*-Verordnung, die Nutzer-Tracking für zielgerichtete Werbung, das Setzen von Cookies und den Umgang mit Metadaten wie Verbindungs- oder Ortsdaten regeln sollte, hat bisher in Europa keine Mehrheit gefunden.[380] Selbst innerhalb der CDU, witzelte Kanzlerin Merkel anlässlich des Digitalgipfels 2018, wisse man wegen der Datenschutz-Grundverordnung schon nicht mehr, ob man seinen Nachbarkreisverband noch anschreiben dürfe.[381]

Bei den großen Plattformen der Digitalwirtschaft gehört es zu ihrem Geschäftsmodell, dass sie aus Milliarden von Daten Nutzerprofile erstellen und weiter verwerten. Um hier nicht vom strengen europäischen Recht behindert zu werden, hat zum Beispiel Facebook die Nutzerprofile von 1,5 Milliarden Mitgliedern aus Irland abgezogen und in die USA verschoben, wo europäische Behörden keinen Zugriff haben.[382]

Künstliche Intelligenz und Big Data haben außerdem eine neue Dimension in diese Debatte gebracht. Denn wenn Unternehmen

Daten sammeln, zum Beispiel Gesundheitsdaten aus sogenannten *Wearables*, dann können diese Technologien daraus Informationen ableiten, die nicht nur den Urheber der Information angehen,
sondern auch Dritte (wie bei der Covid-19-App) und die deshalb
Teil eines Geschäftsmodells werden können. Das Beispiel zeigt
auch, dass es Möglichkeiten gibt, Daten zu sammeln, ohne dass
sie auf den Einzelnen zurückzuführen sind. Sie werden pseudonymisiert. Die Corona-Warn-App ist ein gutes Beispiel dafür, wie Da-
tenschutzbedenken von Anfang an mitgedacht werden und durch
die Nutzung von Daten Mehrwerte geschaffen wird und das in
einer Art und Weise, die sogar der Chaos Computer Club unterstützt.

Europäischen Unternehmen muss es ermöglicht werden, auf der
Basis von Daten international konkurrenzfähige digitale Technologien und Geschäftsmodelle zu entwickeln und gleichzeitig den
Schutz der Persönlichkeit der Bürger zu gewährleisten. Die Grund-
sätze des sparsamen Umgangs mit Daten und der Zweckbindung
zum Beispiel widersprechen dem Ansatz, aus einer möglichst
großen Zahl unterschiedlichster Daten sinnvolle Muster heraus-
zukristallisieren. In einigen Bereichen, weist der Digitalverband
Bitkom hin, zum Beispiel in der medizinischen Forschung, könnten nicht immer alle Daten anonymisiert werden, weil sie rückver-
folgbar sein müssen. Insgesamt sei das Datenschutzrecht zu ver-
braucherlastig und zu wenig an den Bedürfnissen der Wirtschaft
orientiert.[383]

Sinnvoll wäre es, die Art des Datenschutzes stärker von der Nutzung der Ergebnisse der Datenverarbeitung abhängig zu machen.
Risikobasierte Tarife einer Krankenversicherung zum Beispiel sei-
en eine Frage der Solidargemeinschaft, argumentiert Bitkom, und
keine Frage des Datenschutzes. Die Bevölkerung müsse intensiver
über Funktionsweise und Nutzen von Big Data aufgeklärt werden.
Eine Ethikkommission könne Leitlinien für den Umgang mit Aussagen von Analyseprogrammen erarbeiten. Viele Daten können

pseudonymisiert erhoben werden. Das ist eine gesellschaftliche Debatte, die dringend geführt werden muss.

Datenautonomie statt Datenschutz

Die Konsumenten wünschen sich moderne, auf sie individuell angepasste Produkte, gleichzeitig wollen sie wissen, wie ihre Daten in das *Customizing* ihres Produktes eingegangen sind, und die Hoheit darüber behalten. Zwei Drittel geben an, dass sie prinzipiell die kommerzielle Verwendung ihrer Daten genauso kritisch sehen wie Datenschutz-Vergehen und Hacker.[384] Die nächste Generation der Geschäftsideen muss diese sensiblen Grenzen beachten. Künstliche Intelligenz muss so implementiert werden, dass sich die Konsumenten und Nutzer nicht davon entmachtet fühlen, sondern den Nutzen erkennen. Das gilt nicht nur für Produkte, sondern auch für die Produktion: Nicht nur automatisieren, ist das Ziel, sondern Mensch und Maschine zusammenzuführen.

Die Kundenerwartungen werden immer stärker zum Treiber für Innovationen und neue Geschäftsideen. Das erfordert gegenseitiges Vertrauen. Gelingt es Unternehmen nicht, ihren Kunden zu vermitteln, dass sie mit deren Daten nicht nur Geld verdienen, sondern sie zum Nutzen der Konsumenten in ein Ökosystem einbringen, dann wandern die Kunden ab. Außerdem müsste der Staat dann stärker regulierend eingreifen.

Es gibt viele kreative Möglichkeiten, den Kunden Datenautonomie zu gewähren. Tim Berners-Lee, einer der Schöpfer des *World Wide Web*, hat ein Start-up gegründet, um die Datenarchitektur »Solid« zu skalieren. In deren Mittelpunkt steht das Vertrauen: Individuelle Daten, etwa persönliche Information, Finanzunterlagen, Gesundheitsdaten, Adressen, werden in sogenannten Pods im Web gespeichert, doch ihr Urheber kann sie jederzeit löschen oder zurückholen und auch darüber bestimmen, wer Zugang zu ihnen erhält. Ein anderes Beispiel ist das *Known Traveller Digital Identity* (KTDI)-Programm, die mobile Lösung eines Identitätsnachweises auf der Basis von Blockchain. Dabei werden die Daten nicht wie vielleicht früher an einen Dienstleister übertragen und dort verwaltet, sondern sie bleiben im Besitz des Urhebers.

Digitaler Innovationshub: Der *Green Deal*

Eine Initiative der Europäischen Kommission, auf die Deutschland mit seinem exzellenten Ruf in Umwelt- und Energietechnik aufsetzen könnte, ist der *Green Deal*. Im November 2019 in Brüssel vorgestellt, soll er die Rahmenbedingungen schaffen, dass Europa bis 2050 klimaneutral wird. Im Zentrum steht die Entkopplung der Wirtschaft vom Verbrauch endlicher Ressourcen, insbesondere den klimaanheizenden fossilen Brennstoffen. Der Wissenschaftliche Beirat der Bundesregierung Globale Umweltveränderungen (WBGU) forderte die deutsche Bundesregierung auf, in der EU auf eine enge Verzahnung von digitalem Wandel und Nachhaltigkeit hinzuwirken. Er empfiehlt sieben Maßnahmen[385]:

- Eine Umsetzungsstrategie für die UN-Ziele für nachhaltige Entwicklung (SDGs), die auch digitale Technologien in den Dienst der Nachhaltigkeit stellt. In gleicher Weise soll Digitalisierung im 8. Umweltaktionsprogramm ab 2021 verankert werden.
- Digitalpolitik, etwa in Folge der europäischen Digitalen Agenda oder der Strategie für künstliche Intelligenz, die ökologische und soziale Ziele besonders berücksichtigt.
- Die Verbesserung der Zugänglichkeit und Weiterverwertung von (nicht personenbezogenen) Daten der Privatwirtschaft.
- Die Entwicklung und Anwendung nachhaltigkeitsorientierter künstlicher Intelligenz samt Rahmengesetzgebung mit wertebasiertem Ansatz.
- Die Sicherstellung des Zugangs zu Daten und Diensten für das Allgemeinwohl dank einer öffentlich-rechtlichen Struktur.

- *Responsible Research and Innovation* als Basis der Transformation.
- Einen EU-Gipfel zu »Nachhaltigkeit im Digitalen Zeitalter«.

Der *Green Deal* selbst hat einen Investitionsrahmen von einer Billion Euro. Etwas weniger als die Hälfte leistet der EU-Haushalt, den anderen Teil sollen die Mitgliedsstaaten beziehungsweise private Investoren übernehmen. Eine integrierte Klima- und Industriestrategie ist von zentraler Bedeutung, da die Produktion von Stahl, Zement, Grundstoffchemikalien, Glas, Papier und anderen Materialien in der EU wie auch weltweit rund 20 Prozent der gesamten Treibhausgasemissionen erzeugt.[386] Die angestrebte Balance der ökologischen, ökonomischen und sozialen Dimension des *Green Deals* lässt sich nachhaltig nur durch moderne digitale Infrastrukturen und neue Geschäftsmodelle stabilisieren.

Der öffentlichen Hand wird im *Green Deal* eine wichtige Rolle als Nachfrager von physischen Produkten zugeschrieben – »grüne«, also in der CO_2-Bilanz positive Materialien sollen den Vorzug bekommen, auch wenn sie teurer sind. Die Nachfrage danach soll dann die Skalierung und Weiterentwicklung entsprechender Produktionsverfahren ermöglichen. Eine EU-Taxonomie soll Bewertungskriterien für wirtschaftliche Maßnahmen des *Green Deal* liefern.

Circular Economy: mehr als Recycling

Als wichtige Säule des *Green Deals* ist auch der Aktionsplan für Kreislaufwirtschaft der EU[387] – der die Wirtschaftsleistung von Ressourcenverbrauch und Emissionen entkoppeln und dazu Produkt-, Geschäftsmodell- und Verhaltensinnovationen fördern soll – ohne digitale Technologien undenkbar. Sie sind nicht nur notwendig, um Stoffströme und Komponenten zu überwachen, sondern auch, um neue Businessmodelle zu entwickeln und die gewonnenen Produkte und Prozesse zu skalieren. Kreislaufwirtschaft kann den

Einsatz von Rohstoffen reduzieren und damit auch den Ausstoß an Treibhausgasen. Eine globale Kreislaufwirtschaft zu etablieren, könnte nach Schätzungen des World Economic Forum bis zu einer Billion US-Dollar an Materialkosten einsparen.[388]

Allein in Deutschland fallen jährlich über 350 Millionen Tonnen Abfälle an – eine gigantische Verschwendung an Rohstoffen und natürlichen Ressourcen. Die Wegwerfgesellschaft trägt erheblich dazu bei, dass die globale Nutzung natürlicher Ressourcen ein nachhaltiges Niveau deutlich übersteigt. Momentan verbraucht die Welt 75 Prozent mehr Ressourcen, als nachhaltig zur Verfügung stehen.[389] Was hat uns in diese Falle geführt? Fünf Hindernisse werden deutlich:

- Die bisherigen Wertschöpfungsketten sind intransparent, was den Ursprung von Materialien, den Inhalt von Produkten und die Möglichkeiten des Recyclings angeht.
- 80 Prozent des ökologischen Fußabdrucks eines Produkts sind von seinem Design bestimmt, das aber Kreislaufaspekte meist nicht berücksichtigt, sondern vor allem auf Kostenoptimierung bedacht ist.
- Müllsammlung und -verarbeitung sind ineffizient und verhindern die Skalierung. Allein bei den Reststoffen aus Elektronik sind 80 Prozent nicht ausreichend dokumentiert, um sie erfolgversprechend rezyklieren zu können, die meisten werden illegal vergraben oder weiterverkauft. Bei Plastikverpackungen ist es in der EU so, dass zwar fast drei Viertel gesammelt, aber nur etwas über 40 Prozent wiederverwendet werden.
- Das Sortieren von Wertstoffen und die Prozesse der Weiterverarbeitung sind mangelhaft, Materialien werden oft kreuzkontaminiert. Ohne Skalierung bleibt das Recycling unnötig teuer.
- Die bisherigen linearen Prozesse lassen sich nicht leicht umsteuern. Die aktuellen Strukturen machen es schwer, den Wert gebrauchter Güter zu bestimmen. Wir sitzen in einem »linearen Lock-in«.[390]

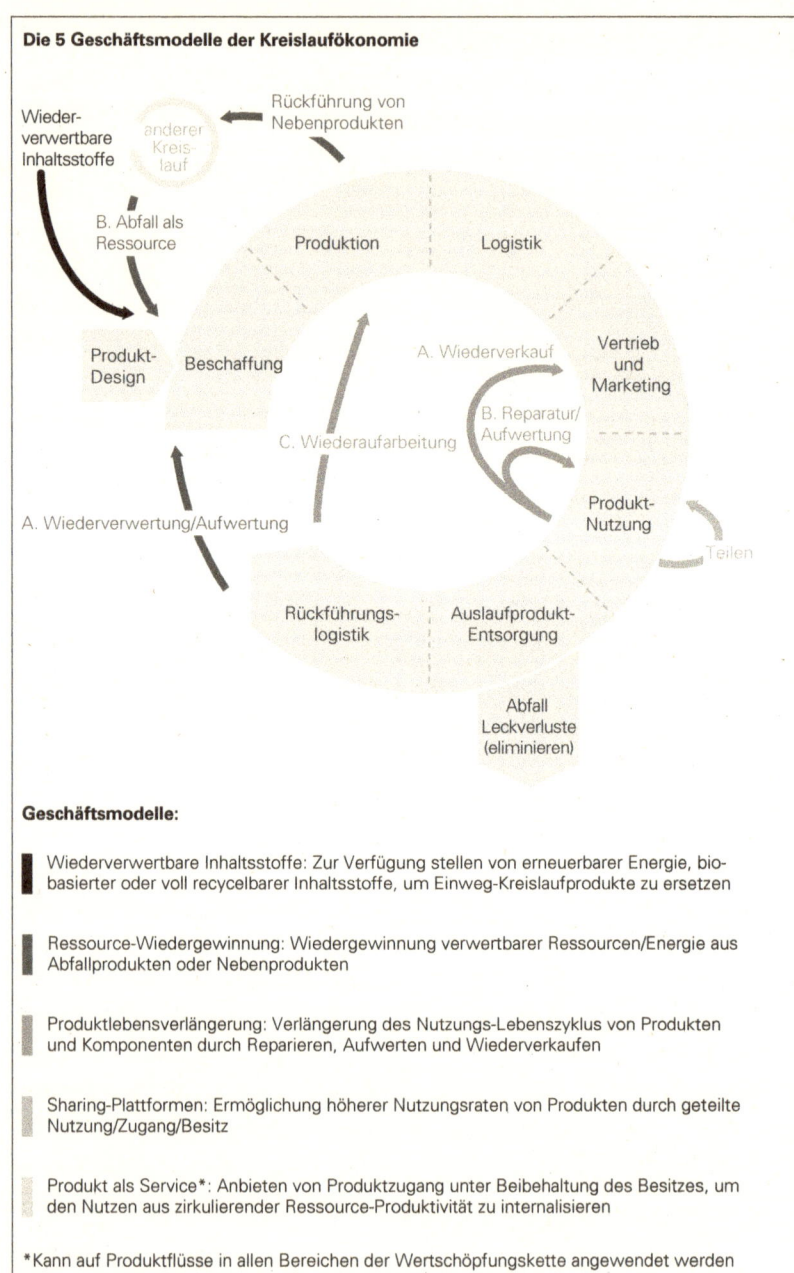

Die 5 Geschäftsmodelle der Kreislaufökonomie

Geschäftsmodelle:

Wiederverwertbare Inhaltsstoffe: Zur Verfügung stellen von erneuerbarer Energie, biobasierter oder voll recycelbarer Inhaltsstoffe, um Einweg-Kreislaufprodukte zu ersetzen

Ressource-Wiedergewinnung: Wiedergewinnung verwertbarer Ressourcen/Energie aus Abfallprodukten oder Nebenprodukten

Produktlebensverlängerung: Verlängerung des Nutzungs-Lebenszyklus von Produkten und Komponenten durch Reparieren, Aufwerten und Wiederverkaufen

Sharing-Plattformen: Ermöglichung höherer Nutzungsraten von Produkten durch geteilte Nutzung/Zugang/Besitz

Produkt als Service*: Anbieten von Produktzugang unter Beibehaltung des Besitzes, um den Nutzen aus zirkulierender Ressource-Produktivität zu internalisieren

*Kann auf Produktflüsse in allen Bereichen der Wertschöpfungskette angewendet werden

Quelle: Accenture[391]

Dabei geht es bei der Kreislaufwirtschaft nicht einfach nur um Recycling, sondern auch darum, wiederverwendbare und leistungsfähige Materialien zu finden, die Nutzungsdauer von Produkten zu verlängern und Abfallprodukte zurückzugewinnen. Das erfordert neue Geschäftsmodelle über die gesamte Wertschöpfungskette hinweg. Die Digitalisierung kann zum Beispiel Sharing-Ansätze anbieten oder auch die Virtualisierung physischer Produkte. Reparieren und Instandsetzen kann zu einem neuen Ausbildungsberuf werden. In der Produktion von Zement, Stahl, Plastik und Aluminium kann die Kreislaufwirtschaft bis zu 40 Prozent und in der Nahrungsmittelproduktion bis zu 49 Prozent der Treibhausgasemissionen einsparen (bis 2050). Der mögliche volkswirtschaftliche Nutzen bei Mobilität, Bau und Nahrungsmittelproduktion wird alleine für Europa mit über eine Billion Euro beziffert.[392]

Nachhaltigkeit als Exportartikel

Klima- und Umweltschutz sowie Kreislaufökonomie werden zu einem wichtigen Exportartikel. China zum Beispiel könnte zu einem wichtigen Abnehmer werden. Das Land baut unter anderem seine Abfallwirtschaft massiv aus. Hunderte neue Müllverbrennungsanlagen entstehen, aber auch die Recyclingquote wird schrittweise erhöht. Ab 2021 will China keine festen Abfallstoffe mehr importieren. Allein in den chinesischen Städten werden jährlich rund 285 Millionen Tonnen Abfälle produziert. Der Müllberg soll sich nach Prognosen bis zum Jahr 2030 auf rund 550 Millionen Tonnen jährlich fast verdoppeln.[393] Ziel der Regierung ist es deshalb, in Großstädten eine Recyclingquote von 35 Prozent zu erreichen (derzeit geschätzte fünf Prozent). In 46 Pilotstädten sollen Abfallgebühren eingeführt werden und bis 2025 landesweit der Hausmüll nach vier Kategorien – Küchenabfälle, Trockenabfälle, recycelbare Abfälle sowie Sondermüll – sortiert und getrennt gesammelt werden.[394]

Als eines der ersten Länder weltweit hatte China neben Deutschland und Japan bereits 2009 ein Kreislaufwirtschaftsgesetz erlassen. Anfangs hatte es zunächst keine großartigen Konsequenzen, doch inzwischen drohen Steuern und hohe Strafen bei Nichtbeachtung. Eine landesweite Datenbank ist im Aufbau. Gleichzeitig sind Recyclinganlagen zur Wertstoffgewinnung bei Papier und Glas, aber auch in der Stahlherstellung, beim Recycling von Elektroschrott, Autoreifen oder Baustoffabfällen in Betrieb und Bau. Insgesamt sieht die Zeitung *People's Daily* das Potenzial von Chinas Recyclingmarkt im Jahr 2030 bei rund einer Billion US-Dollar und 40 Millionen neuen Arbeitsstellen.[395]

Umwelttechnisches Know-how wird hier zum Exportartikel, denn der Entsorgungsbereich (inklusive Müllverbrennung) ist für ausländische Firmen geöffnet. Vertreten sind unter anderem bereits Veolia, Suez, Remondis und Alba. Weitere Firmen wie Alstom, Befesa, Martin GmbH oder Babcock & Wilcox Vølund liefern Anlagendesigns sowie Verbrennungs- und Recyclingtechnologie.

Digitalisierung jetzt!

Keiner der neuen Märkte ist ohne konsequente und rasche Digitalisierung denkbar. Doch so resilient sich Deutschland in seiner technologischen Antwort auf die Pandemie erwiesen hat, so fraglich ist, wie belastbar unsere digitalen Strukturen mittel- und langfristig sind. Bei Breitband, 5G, Cloud und Datenmarktplätzen hinken wir im europäischen wie im globalen Vergleich hinterher. Das gefährdet unsere Chance, im Wettbewerb um den digitalen Betrieb der physischen Welt mitzuspielen. In China hingegen werden nicht nur die sogenannten Champions staatlich unterstützt, auch kleinere Unternehmen erhalten fast 40 Prozent der Software- und Cloud-Investitionen als Subvention. Darüber hinaus können sie sich als regionale Champions bei der Entwicklung von Schlüsseltechnologien bewerben und zusätzlich jeweils bis zu 2,8 Millionen Dollar von den Provinzen erhalten. Deshalb sind wir weder bei Hardware noch bei Netzwerktechnik und Systemsoftware technologisch unabhängig. Hier brauchen wir Ansätze, die Investitionen anderer zu hebeln und gleichzeitig unsere Souveränität zu schützen:

- **Entrümpeln der Vorschriften und Genehmigungen, mehr Tempo und Skalierung**
Deutschland spielt bei Forschung und Entwicklung weltweit ganz vorn mit. Nicht Innovation ist der Engpass – sondern es mangelt an schnellem Transfer und Skalierung von digitalen Geschäftsmodellen im Markt. Dafür sollte die Förderstruktur neu aufgesetzt werden.

Notwendig ist eine Flexibilisierung des Wettbewerbsrecht, um digitalen Ökosystemen Raum zu geben, denn Innovation braucht in vielen Fällen Kooperation. Die Zusammenführung von Ideen und Konzepten, die gemeinsame Entwicklung sowie der Betrieb von Produkten, aber auch von Schutzrechten und Geschäftsgeheimnissen verschiedenster Marktteilnehmer, werden zunehmend die Fähigkeit zur Innovation mitbestimmen.

Wettbewerbsrechtliche Regelungen dienen dem Schutz des Wettbewerbs im Markt. Doch es muss Möglichkeiten geben, sie im Interesse der Innovationsförderung in einem bestimmten Umfang auszusetzen. Dafür benötigen wir rechtssichere und agile Modelle. Der aktuelle Entwurf zur 10. Novelle des GWB-Digitalisierungsgesetzes greift hier zu kurz. Eigentlich zielt er darauf ab, marktmächtige Digitalunternehmen über das Kartellamt in ihre Schranken zu weisen. Forschungs- und Entwicklungskartelle erhalten mehr Freiheiten, aber dieses Konzept benötigt Erweiterungen und Vereinfachungen, um es im Rahmen der Digitalisierung für den agilen und diversifizierten Innovationsprozess relevant zu machen. Sonderzonen mit schnellerer Zulassung von Verfahren, Produkten und Dienstleistungen sollten über einen internationalen Benchmark evaluiert und geprüft werden.

Joachim Wuermeling, Mitglied des Vorstands der Deutschen Bundesbank, hat interessante Vorschläge gemacht: Die Aufsicht mache keine Unterscheidung zwischen Cloud-Auslagerungen und »sonstigem« Outsourcing. Aufsicht, Banken und Cloud-Anbieter sollten also den Dialog intensivieren. »Zudem muss die Aufsicht auf europäischer und internationaler Ebene stärker harmonisiert werden und an gemeinsamen Anforderungen arbeiten. Die Tatsache, dass sich ›die Cloud‹ nicht national oder regional eingrenzen lässt, darf uns nicht davon abhalten, gute Aufsichtslösungen zu suchen.«[396]

• **Gesetzlich geregelte Bereitstellung von Daten und Rechtsicherheit in der Verwendung**
Bereits weithin diskutiert wird die Frage, welche Rechte an Daten bestehen und wem diese zustehen sollen (urheberrechtlich, »sachen«-rechtlich und auch strafrechtlich). Der notwendigen – grundsätzlich aber einschränkenden – Klärung von Rechten sollte unbedingt eine Pflicht zur Verwendung oder zumindest Verfügbarmachung im Interesse der Allgemeinheit gegenüberstehen. Die Digitalstrategie der EU-Kommission nimmt diesen balancierenden Aspekt auf und schlägt kontrollierte, aber breit verfügbare Datenpools für die Entwicklung künstlicher Intelligenz vor. Vergleichbare Abwägungen wurden im Patentrecht getroffen und führen zu einem effektiven, aber – im Interesse der Allgemeinheit und volkswirtschaftlichen Innovationsförderung – inhaltlich und zeitlich begrenzten Investitionsschutz. Die enorme Bedeutung des Zugangs zu Innovation verlangt eine ähnliche Vorgehensweise im Umgang mit Daten. Ähnliche Überlegungen können auch für aus der Nutzung von Daten erzielte Algorithmen beziehungsweise deren Weiterentwicklung angestellt werden – zumindest bei grundlegenden Innovationen, die für die deutsche Wirtschaft von besonderer Bedeutung sind.

• **Neue rechtliche Einordnung von Vertragsmodellen/AGB**
Das deutsche Recht bezieht die Allgemeinen Geschäftsbedingungen auch auf Verträge zwischen Kaufleuten und rechtlich berate-

nen und vertretenen Marktteilnehmern. In anderen Ländern sind ähnliche Schutzmechanismen grundsätzlich auf Konsumentenverträge eingeschränkt. Diese enge Orientierung an den gesetzlichen Leitbildern bei der Beurteilung der Rechtmäßigkeit von verwendeten Vertragsregelungen wird zunehmend kritisch bewertet, weil sie praktisch neue Kooperationsmodelle behindert – auch die Notwendigkeit, neue Geschäftsmodelle und Dienste flexibel und rechtssicher zu gestalten. Die rechtlichen Modelle und Muster passen auch deshalb nicht, weil Innovation von ihrer Natur her etwas Neues darstellt.

• **Gesetze zur Förderung der massiven Skalierung von Software-Entwicklungskapazitäten für intelligente Produkte und Plattformen in Deutschland**
Um den Standort zu sichern, muss die Skalierung von Innovationen um den Faktor fünf bis zehn schneller werden. Dies ist aus rechtlichen Gründen in vielen Fällen derzeit nicht machbar. Die Entwicklung und Skalierung von innovativen Dienstleistungen und Lösungen wird beispielsweise durch Regulierungen im Bereich von Gesundheit, Verkehr und Finanzdienstleistungen behindert. Zulassungsvoraussetzungen oder Normensetzungen erstrecken sich dabei oft auf Innovationen, die zum Zeitpunkt der Regulierung nicht absehbar ober beabsichtigt waren.

Als kurzfristige Lösung bietet sich die Schaffung von Sonderzonen an, in denen Innovationen in einem geschützten, kontrollierten, aber realitätsnahen Umfeld, jedoch unter Aussetzung von unnötigen Auflagen und Normen, entwickelt und getestet werden können. Das Ziel wäre dann, die Auflagen nach erfolgreichem Test für die betreffenden Innovationen auch dauerhaft und flächendeckend auszusetzen. Auch der Zugang zu Talent und das Zusammenwirken von zeitweise für Innovationsprojekte zusammengeführten Ressourcen können durch zielgerichtete Überarbeitung von Zuwanderungsregelungen und dem Anwendungsbereich des Arbeitnehmerüberlassungsgesetzes gefördert werden.

KAPITEL 5

Der Plan für die nächste Dekade

Worum es jetzt geht

Wir haben gesehen, wie die kombinatorischen Effekte globaler Herausforderungen, geopolitischer Verschiebungen und technologischer Innovation zu einer Neudefinition von Wertschöpfung und somit zu einer Refokussierung der Industrie führen müssen. Ein »Weiter so« ist ausgeschlossen.

Zu lange hatten sich Politik und Wirtschaft selbstzufrieden auf dem Erfolgsmodell »*Made in Germany*« ausgeruht. Die Herausforderung der Digitalisierung wurde nicht wirklich ernst genommen. Deutschland schaffte es nicht, die alten Denkmuster zu verlassen, sich zu häuten und neue strategische Konzepte zu entwickeln. Doch nun ist die Zeit des Zögerns vorbei.

Quelle: Accenture

Ziel muss sein, Produkte und Anlagen weltweit mit »Intelligenz« nachzurüsten und an digitale Plattformen anzuschließen. Mit den Betriebsdaten sind die Unternehmen nicht nur in der Lage, neue Serviceangebote zu generieren, sondern sie können damit auch die physische Welt betreiben. Das erweitert die Leistungsketten der deutschen Industrie und schafft neue Umsätze mit dem Leistungsversprechen »*Made in* und *Operated by Germany*«.

Die Krise ist ein Weckruf und eine riesige Chance für Deutschland und Europa zugleich. Sie zwingt uns zu einer technologischen und wirtschaftspolitischen Neuorientierung zwischen den USA und China. Deutschlands und Europas Zukunft liegt dabei nach wie vor in der physischen Welt, in der wir – über Qualität, Perfektion und Sicherheit – internationalen Ruhm erworben haben. Wir brauchen aber einen integrierten Plan und die dazugehörige Governance in Europa, in den Nationalstaaten und in den einzelnen Unternehmen, um die physische Welt nunmehr digital zu betreiben. Aus dem Gütesiegel »*Made in …*« wird das Prädikat »*Made in* und *Operated by Germany*«.

Neue Technologien, neue Chancen

Technologie verändert sämtliche Etappen der Wertschöpfung drastisch – von der Herstellung über Lagerung, Lieferung und Verwaltung. Die Wertschöpfung von Produkten, Maschinen und Anlagen basiert zunehmend auf digitalen Dienstleistungen. Neue Technologien wie die Cloud, künstliche Intelligenz und Techniken wie 3-D-Druck, *Blockchain* oder autonomes Fahren werden wachsenden Einfluss auf Wirtschaft und Gesellschaft nehmen.

Viel wichtiger als die bloße digitale Optimierung, zum Beispiel durch vorausschauende Wartung, sind dabei neue Leistungsversprechen. Wenn die physische Welt auf der Grundlage digitaler Daten »smart« betrieben wird, wird nicht nur der Nutzen existierender Produkte verbessert. Es entstehen durch die Auswertung von Betriebsdaten auch ganz neue Produkte und Dienstleistungen und damit neue Formen der Wertschöpfung. Vor allem plattformbasierte Geschäftsmodelle werden vielfältiger und insgesamt an Bedeutung zunehmen.

Zukunft der Wertschöpfung

Plattformen nutzen Netzwerkeffekte: Je mehr Stakeholder daran teilhaben, desto schneller wächst die Attraktivität dieses wachsenden Ökosystems für Anbieter wie auch Nutzer. Sie erleichtern Skalierung: Mit zunehmender Reichweite und Marktdurchdringung sinken die Transaktions- und Informationskosten. Und ihre Daten ermöglichen eine Revolution des Engineering und Lernen – die permanente Verbesserung und Anpassung der Angebote an die Kundenwünsche. Doch solche Plattformen können nur mit dem Willen zur unternehmens- und branchenübergreifenden Kooperation und mit Unterstützung der Wirtschaftspolitik aufgebaut werden.[397]

Noch zielen rund drei Viertel der Unternehmen mit ihren Plattformen vor allem auf die Verbesserung bestehender Produkte und Dienstleistungen sowie Prozessoptimierung und Kostenersparnisse. Viele der Plattformen erfüllen nicht die notwendigen Voraussetzungen für Skalierung, weil sie einseitig und nicht mehrseitig strukturiert sind. Das aber schließt gerade ein Ökosystem aus Entwicklern, Partnern und Nutzern aus, ein wesentlicher Faktor für Skalierung und damit für wirtschaftlichen Erfolg. Erst das Ökosystem optimiert die Plattform, was alle ihre Dimensionen – Infrastruktur, Anwendung, Business und Interaktion – betrifft. Digitale Ökosysteme öffnen Türen zu weltweiten Partnernetzen, erreichen neue Kundengruppen und lassen alle Beteiligten kreativ an neuen Produkten, Services und Geschäftsmodellen zusammenarbeiten. Klassische Wertschöpfungsketten wandeln sich zu dynamischen, digitalen Netzwerken. Der Betrieb der physischen Welt und die Frage der digitalen Souveränität müssen gemeinsam adressiert werden.

Eine Welt – zwei Systeme?

Vor allem die Rivalität zwischen den USA und China wirkt sich negativ auf die globalisierten Wertschöpfungsketten aus. Experten warnen vor Geldentwertung, dem Verlust von Arbeitsplätzen und anderen Folgeproblemen, die in Kaskaden vor allem kleinere und schwächere Staaten mitreißen könnten. Wir stehen an einem »*Tipping Point*« der internationalen Politik, kommentierte Ian Bremmer, Experte für Geopolitik und Kolumnist des *TIME* Magazin[398], die lähmende Polarisierung durch die drohende technologische Entkoppelung der USA von China. Diese Art von »*Tribalism*« unterminiere alle bisherigen Erfolge der Globalisierung. Als wesentliche Risikofaktoren dieses Jahrzehnts nannte *TIME* auch die nationalistischen Strömungen innerhalb der EU, das Leugnen der Klimaerwärmung, das politische Scheitern des Westens im Umgang mit der schiitisch geprägten Welt und die sozialen Unruhen in Südamerika, wo politische Reformen verschleppt wurden. Nun ist – als größter Faktor – auch noch die Viruspandemie hinzugekommen. Europa muss zusammenhalten, will es nicht zwischen den Machtblöcken zerrieben werden.

Werden sich die Verwerfungen wieder glätten? Der dramatisch enge Ausgang der US-Wahlen 2020 zeigt, wie tiefgehend die Spaltung der alten Allianzen ist. Europa muss sich darauf einstellen und Einigkeit beweisen.

Globale Herausforderungen – globale technologische Lösungen

Nicht nur die außenpolitische Lage verlangt, dass wir in Deutschland ein radikales Umdenken in der Bewertung von digitaler Technik und Technologien, von künstlicher Intelligenz, Big Data und Robotik diskutieren und vollziehen müssen. Denn ohne diese lassen sich die Probleme dieser komplexen und dicht bevölkerten

Welt nicht mehr lösen. Der richtige Einsatz digitaler Technologie hat das Potenzial, die für den Planeten bedrohlichen Herausforderungen von Klimakrise, Pandemien, Ernährungsunsicherheit und Ressourcenschutz zu meistern. Die Erfahrungen der Covid-19-Pandemie haben hier wichtige Erfahrungen beigetragen – gleichzeitig ist dabei aber auch deutlich geworden, welche irrationalen wissenschafts- und technologiefeindlichen Strömungen in der Gesellschaft existieren. Industrie und Wirtschaft müssen längst ressourcenschonende, umweltfreundliche und humane Ziele verfolgen, wollen sie nicht an den Kundenwünschen vorbei agieren. Genauso sind ethische Aspekte von Produktion und Produkt, die Arbeitsbedingungen der Mitarbeiter, Umwelt- und Klimaaspekte, Compliance und Diversity zunehmend wichtig – auch für den Erfolg einer Geschäftsidee.

Chancen für die Industrie in Deutschland und Europa

Deutschland kann mehr – das hat der Innovationsruck rund um die Covid-19-Pandemie gezeigt. Unsere besondere Stärke liegt in einem tiefen Verständnis der physischen Welt und der Ingenieurskunst. Zum wirtschaftlichen Erfolg aber führt in Zukunft nur ihre Verbindung mit der digitalen Welt. Deutschland muss endlich sein Stückwerk an Verbesserungen aufgeben und stattdessen beherzt und schnell neue Wege gehen. Es gilt, Produkte und die Produktion neu zu überdenken, um die physische Welt als digitale Leistungskette abzubilden und zu betreiben. Nur so kann nichtlineares Wachstum erreicht werden. Die Plattformökonomie wird Realität, Wertschöpfung findet unternehmensübergreifend statt.

Narrative für die Menschen

Es sind weder die Qualität der Produkte noch die Notwendigkeit von Dienstleistungen, die ihre umfassende Verbreitung begründen. Vielmehr geht es um die Geschichten, in die diese eingebettet sind. Der Nutzen für den Menschen muss als bessere Lebensqualität erlebbar und als Geschichte erzählbar sein. Der Wirtschaftsnobelpreisträger Robert Shiller hat sich mit der ökonomischen Macht der Narrative auseinandergesetzt und mithilfe epidemiologischer Modelle auch ihre Verbreitung beschrieben.[399] Wie mächtig sie sind, hängt vor allem von ihrer Überzeugungskraft ab. In der Wirtschaft wird hierfür synonym der Begriff »Werteversprechen« verwendet. Dieses muss quasi viral gehen, um zu einer umfassenden wirtschaftlichen und sozialen Veränderung zu führen. Es sind »Gedankenviren verantwortlich für die vielen Veränderungen, die wir bei ökonomischen Aktivitäten beobachten«, so der Wissenschaftler der Universität Yale.

Als ein Beispiel nennt er den Dotcom-Boom der Jahrtausendwende und dessen »irrationalen Überschwang«, der zu einem völlig überzogenen Hype des Internets geführt habe: »Ich denke, es hat etwas mit der Kommunikation der Menschen und den Geschichten zu tun, die sie sich erzählen. (…) Es sind Geschichten, die sich verbreiten wie eine Epidemie – durch Mundpropaganda oder heute über soziale Medien. Wenn wir diese Narrative und populären Geschichten verstehen, verstehen wir die realen Mechanismen des wirtschaftlichen Wandels. Wir können auch ökonomisch bessere Vorhersagen treffen, weil die Storys ansteckend sind und unser Verhalten beeinflussen. Und unser Verhalten beeinflusst die Wirtschaft.«

Was es jetzt braucht

Geschwindigkeit zählt

Wer digital »unterwegs« sein will, hat keine Zeit, sich auszuruhen. Hohe Geschwindigkeit und ständige Veränderung bestimmen die digitale Welt. Viele der neuartigen Geschäftsmodelle wären vor einigen Jahren schlicht an der Masse der zugrunde liegenden Daten, der mangelnden Geschwindigkeit der Rechner und der schleppenden Datenübertragung gescheitert. Hinzu kommt ihre disruptive Kraft. Viele traditionell aufgestellten Unternehmen ringen mit dem Tempo der digitalen Innovation, die zum wesentlichen Wettbewerbsfaktor geworden ist. Konnektivität, Datenmengen und Automatisierung nehmen in bislang ungekannter Geschwindigkeit zu. Unternehmen benötigen dafür nicht nur einen ausreichenden technischen *Backbone*, sie müssen auch ihr Denken dynamisieren: experimentierfreudig werden und eine datengetriebene Entscheidungskultur aufbauen.

Das Global Center for Digital Business Transformation vergleicht die Disruption mit einem Strudel (»*Vortex of Disruption*«), der nach und nach alles mitreißt.[400] Seit dem Jahr 2000 sind 52 Prozent der Unternehmen auf der Fortune 500-Liste eingestellt oder verkauft worden.[401] Ihre durchschnittliche Lebensdauer ist von 23 Jahren im Jahre 1965 auf 15 Jahre 2014 verkürzt worden. Die Unternehmen des S&P 500-Indizes, der die Aktien von 500 der größten börsennotierten US-amerikanischen Unternehmen umfasst, existierten in den 1960er-Jahren rund 60 Jahre. 2020 sind es nur noch zwölf. »Macht es Euch nicht gemütlich«, warnt die Wirtschaftsjournalistin Teresa Novellino: »*It's Do-or-Die-Time for Digital Disruption.*«[402]

Die Erfordernisse des Umgangs mit der Pandemie werden diese Entwicklung weiter beschleunigen. Die wirtschaftliche Krise ist gleichzeitig ein Prädiktor für die Zukunftsfähigkeit eines Unternehmens, denn sie zwingt zur Transformation. Während das Risiko-management überprüft und die Supply Chains vielleicht umstrukturiert werden, bietet die Krise gleichzeitig Ansatzpunkte für neue Geschäftsmodelle, zum Beispiel, weil sich erweist, dass sich das Kaufverhalten vieler Kunden durch die Pandemie verändert hat. Prozesse, Produkte und Services müssen sich den neuen Bedingungen anpassen. Viele Unternehmen reagierten in der Krise mit strategischen Anpassungen; Anbieter wie Google, Microsoft und Zoom stellten etwa Software-Funktionalitäten kostenfrei oder zu besonderen Konditionen zur Verfügung, um Unternehmen bei der Umstellung auf *Remote-Work* zu entlasten. Denn natürlich muss auch die Arbeit neu organisiert werden.

Wir benötigen eine Transfer- und Skalierungsstrategie rund um die Themen Cloud, Software & Daten, Plattformen und Ökosysteme. Dafür braucht es unternehmensübergreifende Zusammenarbeit genauso wie eine Wirtschaftspolitik, die Infrastruktur und Rahmenbedingen schafft. Die meisten der von deutschen Unternehmen eingeführten B2B-Plattformen erfüllen nicht die Voraussetzungen, um erfolgreich und schnell zu skalieren; das heißt Daten zu aggregieren und damit das Potenzial der Verwertung zu maximieren. Statt in digitalen Ökosystemen zu agieren, versuchen deutsche Unternehmen, sich als »*one trick pony*« auf dem Markt durchzuschlagen – ein Denken in schmalen Bahnen, dem auch nur beschränkter Erfolg beschieden ist.

Um die Leitbranchen wie Automobil- und Maschinenbau, Chemie, Elektro- und Medizintechnik, Logistik und Energietechnologie im internationalen Wettbewerb konkurrenzfähig zu machen, müssen sie konsequent digitalisiert, analysiert und um intelligente Dienstleistungen und Produkte ergänzt werden. Im Internet der Dinge wird diese physische Welt mit der digitalen zusammenkommen – über Sensorik, Software, Edge-Computing und Clouds. Gemeinsam ermöglichen sie neue Werteversprechen.

Digitale Souveränität

Digitale Souveränität ist im 21. Jahrhundert die Basis für jede gesellschaftliche und ökonomische Entwicklung. Dazu sagte Kanzlerin Angela Merkel auf dem Digitalgipfel 2019 einen entscheidenden Satz: »Deutschland kann nicht alles. Ich denke, wir sollten im gesamten Bereich der Digitalisierung soweit wie möglich europäisch denken. Europa muss im Grundsatz alles können.«

Aber auch Deutschland und Europa zusammen können »nicht alles«: Für die Zukunft entscheidende Bausteine wie die Cloud, ausreichende Konnektivität oder Rechenzentren fehlen und lassen sich auch nicht über Nacht realisieren. China hingegen hat dies als eine Priorität entlang des gesamten Technologiestacks identifiziert und investiert massiv mit einer holistischen Perspektive in den gesamten Kernsatz dieser Technologien. Basistechnologien und Anwendungen kommen heute überwiegend aus USA und Asien. Allein bei den Infrastruktursystemen ist die EU noch ein wichtiger Player hinter China.

Die digitale Souveränität muss ein gesamteuropäisches Projekt sein. Denn es geht im Prinzip darum, einem *Lock-in* genauso aus dem Weg zu gehen, wie einem *Lock-out*: »Der neue Trend zur Autarkie unter dem Schlagwort ›Technologiesouveränität‹ gefährdet die Wohlstandsvorteile der Globalisierung«, warnt Gabriel Felbermayr, Chef des Instituts für Weltwirtschaft in Kiel.

Digitale Souveränität und wirtschaftliches Wachstum stehen in einem Spannungsverhältnis, das durch die geopolitischen Verwerfungen verstärkt wird. Bald könnte die Hälfte aller *Workloads* bereits in den Cloud-Infrastrukturen nicht europäischer Anbieter liegen. Es braucht Regularien und Lösungen, die die digitale Souveränität auch in den Cloudinfrastrukturen dieser Anbieter sichert (siehe Seite 221). Das heißt nicht, das Europa alles selbst »bauen« muss. Bitkom definiert digitale Souveränität als Möglichkeit, »eigene Gestaltungs- und Innovationsspielräume zu erhalten und einseitige Abhängigkeiten zu vermeiden«. Der Digitalverband weist darauf hin, dass vollständige digitale Souveränität in einer vernetzten Welt zwar weder realistisch noch zielführend sei. In besonders kritischen Bereichen müsse es aber eine Risikoabwägung geben. Eine vollständige Neuentwicklung könne zum Beispiel dann einen Mehrwert haben, wenn es um Kernkomponenten im Bereich der nationalen Sicherheit gehe.[403]

Gibt es für Europa nur die eine Lösung, sich zwischen den USA und China zu entscheiden, wie unlängst der Publizist Matthias Döpfner forderte?[404] Werfen wir einen Blick auf die technologischen Bausteine digitaler Souveränität.

Territorien des Fortschritts

Was sind die entscheidenden technologischen Bausteine, die darüber entscheiden, ob Wirtschaft und Gesellschaft sich in der digitalen Ära entfalten können? Und wo steht Deutschland in diesem globalen Wettlauf um die Poleposition? Im B2C-Bereich dominieren die amerikanischen und chinesischen Plattformunternehmen und haben hier einen äußerst schwer aufholbaren Vorsprung. Im B2B-Bereich aber spielt Europa aufgrund des tiefen Verständnisses der physischen Welt noch vorne mit. Im B2B-Bereich hat Europa mehr Bausteine der Digitalwirtschaft realisiert als bei B2C. Nur in einzelnen Gebieten kann Europa mit den USA und China mithalten (hellgraue Flächen). Es hakt vor allem an den Cloudinfrastrukturen, die für den Aufbau von Ökosystemen, für Transfer und Skalierung unerlässlich sind.

Zusammensetzung von Technologien im B2C-Bereich

Legende: ● nicht souverän ◐ teilsouverän ○ souverän

		EUROPA	USA	CHINA
Software	Operating system	◐	◐	◐
	KI	●	◐	○
	Solutions	○	○	○
Ökosysteme	Cloud	●	◐	○
	Apps	●	◐	◐
Konnektivität	Broadband	◐	◐	○
Hardware	Data centers	◐	◐	○
	Devices	○	◐	○

Zusammensetzung von Technologien im B2B-Bereich

		EUROPA	USA	CHINA
Software	Operating system	◐	◐	◐
	KI	●	◐	○
	Solutions	○	○	○
Ökosysteme	Cloud	●	◐	○
	Edge	○	◐	○
	Apps	●	◐	○
Konnektivität	5G	○	●	○
	Circuits	○	◐	●
	Broadband	●	◐	○
Hardware	Data centers	◐	◐	○
	Devices	○	◐	○
	Components	○	●	●
Rohstoffe	Silizium	●	◐	○
	Germanium	●	◐	○
	Gallium Arsenide	○	●	○

● nicht souverän   ● teilsouverän   ● souverän

Quelle: Accenture Research

Digitale Ökosysteme

Cloud-Technologien als Voraussetzung digitaler Ökosysteme bieten erhebliche Potenziale zur Steigerung der Wirtschaftsleistung und zur Erhöhung der Kosten- und Energieeffizienz. Die IT-Kapazitäten lassen sich damit deutlich besser auslasten als mit traditionellen IT-Konzepten. Cloud-Services sind sehr gut skalierbar und lassen sich an Leistungsbedarfe anpassen.

Die Covid-19-Pandemie ist auch hier ein Katalysator: 79 Prozent in einer von J. P. Morgan unter CIOs durchgeführten Befragung gehen von einem erhöhten Digitalisierungspush der Unternehmen in die Cloud aus. 36 Prozent planen, die Ausgaben dafür zu erhöhen.

Doch Deutschland und Europa haben, wie oben geschildert, noch keine eigene Cloud. Die Investitionen dafür sind riesig und erfordern gemeinsame Anstrengungen der europäischen Länder. Den Markt dominieren die amerikanischen Cloud-Unternehmen, mit großem Abstand geführt von Amazon Web Services (AWS), Microsoft Azure und der Google Cloud. Das kann wirtschaftliche und politische Abhängigkeiten fördern.

Clouds sind notwendig, um digitale Ökosysteme entstehen zu lassen, das Rückgrat vieler digitaler Geschäftsmodelle. Sie verknüpfen die unterschiedlichsten Stakeholder des Internets: Lieferanten und Hersteller, Serviceanbieter und Kunden sowie Drittanbieter und ihre Daten. Damit das funktioniert, werden Apps benötigt, die Schnittstellen herstellen. Einzelne App-Ökosysteme gibt es bereits rund um die *Digital Bifurcation*, die entkoppelten Internetwelten zwischen den USA und China. Deutschland und Europa stehen vor der Frage, wie beide auf unterschiedliche Standards als Eingangspforte in diese digitalen Sphären reagieren.

Edge

Edge Computing bezeichnet eine dezentrale Datenverarbeitung, die am Rande des Netzes stattfindet. Beim Edge Computing werden die Daten vom Gerät selbst oder von einem lokalen Computer oder Server verarbeitet und müssen nicht an ein Rechenzentrum oder eine Cloud übertragen werden. Das bringt die Datenverarbeitung näher an den Ort, wo sie gebraucht wird, zum Beispiel bei der Verkehrsüberwachung, und beschleunigt sie. Sensible Daten wie etwa im Gesundheitsbereich sind weniger anfällig für Missbrauch. Die Edge-Technologie ist eine der Grundlagen für *Mobile Computing* und das Internet der Dinge.

Die globalen Investitionen in Edge Computing werden voraussichtlich von knapp zehn Milliarden US-Dollar im Jahr 2019 auf 146 Milliarden US-Dollar im Jahr 2028 steigen. Die Edge ist ein wichtiges Element integrierter Lösungen; sie kann die Cloud sinnvoll ergänzen. Cloudprovider engagieren sich zunehmend, um integrierte und lokale Lösungen anbieten zu können, und arbeiten mit Telekommunikationsunternehmen zusammen, um in den wachsenden 5G-, IoT- und Edge-Markt einzusteigen. Gerade hier werden in Deutschland aktuell große Anstrengungen unternommen. Auch im Bereich KI-basierter digitaler Services in der Industrie mit hohen Echtzeitanforderungen zeigen sich große Chancen. Hier zeichnet sich laut dem KI-Experten und ehemaligem Leiter des Deutschen Forschungszentrums für Künstliche Intelligenz, Professor Wolfgang Wahlster, »ein klarer Trend zur Ablösung zentraler Cloud-Dienste durch vernetzte dezentrale Speicher- und Recheneinheiten ab. Diese werden am Rande der Kommunikationsnetze (daher als »Edge-Clouds« bezeichnet) installiert werden, sodass etwa Sensordaten ohne Umwege sofort dort, wo sie entstehen, mit KI analysiert und in Steuerungsimpulse umgesetzt werden können. Mithilfe solcher föderierter Edge-Clouds, die über 5G mit sehr geringen Übertragungszeiten verbunden werden können, wird zumindest in der industriellen KI eine stärkere Unabhängigkeit deutscher Lösungen von den großen Cloud-Anbietern in den Vereinigten Staaten und China möglich.«[405]

Hardware

Im vergangenen Jahrzehnt hat sich die weltweite Leistung der Rechenzentren um den Faktor zehn erhöht. Die weltweit übertragene Datenmenge hat sich sogar um fast den Faktor 20 gesteigert. Von den rund 4000 Rechenzentren weltweit liegt mehr als die Hälfte in den USA (2208). In China sind es nach den letzten vorliegenden Zahlen rund 1700. Rund 400 befinden sich in Deutschland. Drei Milliarden Euro will Google in neue Rechenzentren in Finnland, Irland, Belgien, den Niederlanden und auch in Deutschland investieren.

Hyperscale-Rechenzentren verbinden unzählige Server in einem Netzwerk. Laut Synergy Research gibt es mittlerweile über 500 davon. Der größte Anteil (38 Prozent) steht in den USA. Auf dem Markt für Rechenzentren werden erhebliche Investitionen von Colocation-Dienstleistern, Cloud-/Hyperscale-Dienstleistern und Telekommunikationsdienstleistern getätigt. Die Investitionen in Hyperscale-Rechenzentren sind in den letzten Jahren erheblich gestiegen, angeführt auch hier wieder von den Unternehmen Google, Facebook, AWS, Alibaba und Microsoft.

Software

Europa hat mit Linux ein Open-Source-basiertes Betriebssystem – der Markt wird aber von den amerikanischen Anbietern dominiert. Dafür spielt Deutschland bei der Unternehmenssoftware ganz vorne mit. Die deutsche SAP liegt als Top 3 unter den Software-Unternehmen weltweit nach Microsoft und Oracle. In Europa verzeichnet Deutschland auch die größte Zahl von Software-Programmierern. Unsere Handelsbilanz ist positiv, Deutschland exportiert mehr Software, als es importiert.

Im Bereich der KI sind die Fortschritte langsam und in manchen Bereichen auch hinter den Erwartungen zurückgeblieben. Laut Wolfgang Wahlster aber hat Deutschland im Bereich der KI-Anwendungen in der Industrie weltweit Standards gesetzt: »Die industrielle KI, also der Einsatz von KI zur Realisierung der nächsten Stufe der Industrie 4.0, ist das Anwendungsgebiet der KI, auf dem Deutschland einen klaren Vorsprung gegenüber Nordamerika, China und Japan hat.«[406]

Connectivity

Seit Beginn der Covid-19-Krise ist international die Nachfrage nach Breitbandkommunikationsdiensten deutlich gestiegen. Einige Betreiber verzeichneten im Vergleich zu vor der Krise einen Anstieg des Internetverkehrs um bis zu 60 Prozent. M2M-SIM-Karten (*Machine-to-Machine*) für den automatisierten Informationsaustausch zwischen Endgeräten verzeichneten laut einer aktuellen OECD-Studie mit einem Anstieg von 30 Prozent innerhalb eines einzigen Jahres das größte Wachstum. Die führenden Länder sind Schweden mit 140,6 M2M-SIM-Karten pro 100 Einwohnern, gefolgt von Österreich, Italien, den USA und den Niederlanden.

Immer wichtiger wird die 5G-Technologie, um deren Ausbau unter Beteiligung des chinesischen Huawei-Konzerns es viele Debatten gibt (siehe Seite 204f.). Europa hat aber mit Nokia (Finnland) und Ericsson (Schweden) auch zwei weltweit führende 5G-Anbieter. Doch China ist technologisch am weitesten: Schätzungen zufolge soll das Land bis 2025 40 Prozent Anteil an der Gesamtzahl der globalen 5G-Abonnenten erreichen. Protektionismus und sicherheitspolitische Diskussionen prägen diesen Markt.

Komponenten und Devices

China fehlen immer noch 80 Arten von Kernkomponenten, die das Land importieren muss. Außerdem benötigt es Prozesskompetenz.

Der Wunsch, die Abhängigkeit von ausländischen Chips zu verringern und ein weltweit führender Anbieter in der Halbleiterindustrie zu werden, war in Peking noch nie so stark wie jetzt. Der Fokus dort liegt auf der Entwicklung von KI-Chips, einer neuen Generation von Mikroprozessoren. Für integrierte *High-End*-Schaltkreise bleibt China vorläufig auf ausländische Akteure angewiesen.

In Europa ist Deutschland der führende Halbleiterproduktionsstandort. Jeder dritte in Europa produzierte Chip wird bei uns hergestellt. Das Bundesland Sachsen spielt eine herausragende Rolle. Ein großer Teil der in Europa hergestellten Chips stammt aus der Region um Dresden. Chips für die Automobilindustrie sind aufgrund derer Führungsposition in der globalen Automobilindustrie die lukrativste Branche für Deutschland. Durch die Übernahme des US-Halbleiterherstellers Cypress ist Infineon seit dem Frühjahr 2020 der weltweit führende Hersteller in diesem Bereich.

Insgesamt aber machen Unternehmen mit Hauptsitz in den USA 50 Prozent des Halbleiterumsatzes in Europa aus. Unter den 10 größten Chip-Herstellern weltweit, zu denen auch Infineon zählt, kommen fünf aus den USA.

Rohstoffe für Chips

China ist der führende Hersteller von Silizium, gefolgt von Russland, Norwegen und den USA. Das Land ist auch Marktführer in der Germaniumproduktion. Weitere große Hersteller sind die USA, Kanada, Russland und Belgien. Für Galliumarsenid ist Deutschland der führende Hersteller, neben China, Japan und der Ukraine.

Finanzierung muss her!

In Deutschland, aber auch in Europa mangelt es an der Finanzierung von Innovation und disruptiven neuartigen Geschäftsmodellen. Verstärkt wird die Misere, weil die Banken selbst in Sachen Digitalisierung hinterherhinken und zunehmend Konkurrenz von Playern aus anderen Industrien bekommen. Der Zahlungsdienstleister »Wirecard«, selbst ambitioniert im mobilen Online-Banking-Geschäft und Partner mehrerer chinesischer Unternehmen, musste im Juni 2020 Insolvenz anmelden, nachdem 1,9 Milliarden Euro in seiner Bilanz nicht zu belegen waren. Die Bankaufsicht, stellte sich heraus, war nicht ausreichend vorbereitet, um auf diesem Gebiet ihre Kontrollfunktion ausreichend auszuüben.

Vor allem für kleine und mittelgroße Betriebe ist es trotz niedriger Zinsen nicht einfach, das notwendige Kapital für die notwendige Umstrukturierung zu erhalten. Die Kreditwirtschaft in Deutschland leidet unter einer Strukturkrise. Ein auf Eigenkapital basierendes Finanzierungsmodell ist für den Erfolg in der digitalen Welt entscheidend. In den USA gibt es über Jahre gewachsene Strukturen der Finanzierung über Venture Capital, in China bezahlt der Staat digitale Infrastruktur, Investitionen und Grundlagenforschung. In Europa hingegen ist das System fremdkapitallastig, der Staat ist weitaus weniger präsent in den Zukunftsinvestitionen.[407]

Das Konjunkturpaket 2020 mit seinen Investitionen unter anderem in die Innovationskraft der Zulieferindustrie oder auch Quantencomputing ist ein Schritt in die richtige Richtung. Banken sind auch entscheidend für die internationalen Unternehmensaktivitäten, was die deutschen Bankinstitute angesichts des Rückzugs aus vielen Ländern jedoch immer weniger bedienen. Doch vor allem braucht die deutsche Industrie innovative Finanzangebote, um Geschäftsmodellinnovationen umzusetzen. *Pay-per-use*-Modelle beispielsweise können nur dann von den Unternehmen angeboten werden, wenn Banken entsprechende Finanzierungen bereithalten. Eines der wenigen guten Beispiele wird von der Commerzbank angeboten.[408]

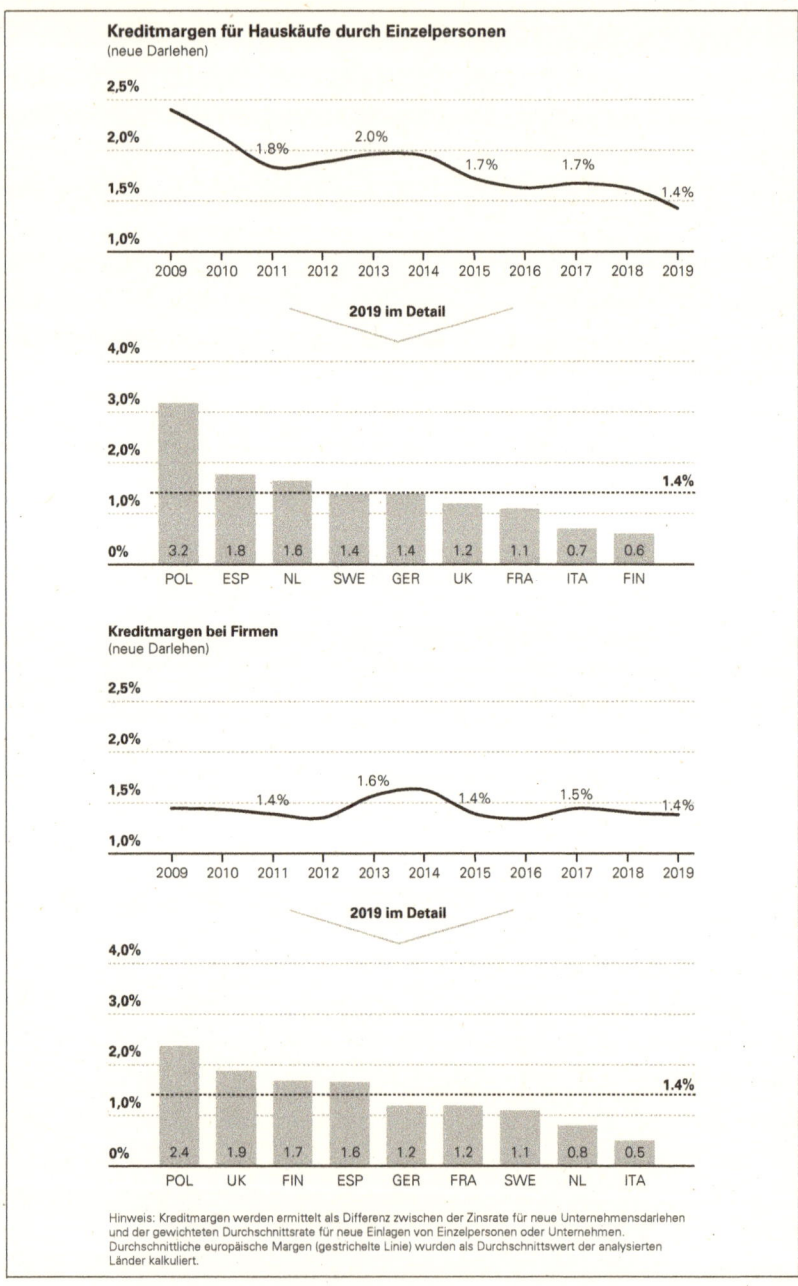

Kreditmargen für Hauskäufe durch Einzelpersonen
(neue Darlehen)

2019 im Detail

POL	ESP	NL	SWE	GER	UK	FRA	ITA	FIN
3.2	1.8	1.6	1.4	1.4	1.2	1.1	0.7	0.6

Kreditmargen bei Firmen
(neue Darlehen)

2019 im Detail

POL	UK	FIN	ESP	GER	FRA	SWE	NL	ITA
2.4	1.9	1.7	1.6	1.2	1.2	1.1	0.8	0.5

Hinweis: Kreditmargen werden ermittelt als Differenz zwischen der Zinsrate für neue Unternehmensdarlehen und der gewichteten Durchschnittsrate für neue Einlagen von Einzelpersonen oder Unternehmen. Durchschnittliche europäische Margen (gestrichelte Linie) wurden als Durchschnittswert der analysierten Länder kalkuliert.

Quelle: Accenture Research basierend auf ECB-Daten

Die Eigenkapitalrendite hat sich 2018 nach Steuern halbiert und liegt mit einem Prozent sehr niedrig. Die *Cost-Income-Ratio* nähert sich hingegen mit 73 Prozent[409] dem Niveau des Finanzkrisenjahrs 2008. Das Handelsergebnis ist rückläufig. Deutschlands Banken haben den Anschluss an den internationalen Finanzmarkt verloren.

Obwohl die Banken seit 2008 rund 100 000 Beschäftigte abgebaut und 10 600 Filialen geschlossen haben, steigen ihre Kosten – vor allem für Digitalisierung und Erfordernisse der Regulierung.[410] Zu Buche schlagen auch Finanzstrafen für Verstöße, Geldwäsche und Steuerhinterziehung, die seit 2015 die Einkünfte aller europäischen Banken um etwa 30 Prozent geschmälert haben.[411]

Notwendig für eine Renditensteigerung wären eine Reduzierung der Komplexität, bessere Kundenorientierung und neue digitale Geschäftsmodelle. Genau hier hapert es allerdings, denn viele traditionelle Banken sehen in digitalen Angeboten allenfalls ein Zusatzgeschäft und rechnen mit Umsatzzuwächsen von weniger als zwei Prozent. Weil traditionelle Banken schwerfällig sind, wandern Kunden zum Beispiel zu Fintech-Unternehmen ab: Deutschland hatte 2016 über 340 solcher Dienstleister und lag damit nach Großbritannien auf dem zweiten Platz in Europa.[412] IT-Hersteller wie Microsoft und andere Tech-Konzerne bieten Zwischenfinanzierung speziell für digitale Technologien an. Auch die Internetgiganten wie Apple oder Amazon treten mit eigenen Bezahlsystemen in Konkurrenz mit den Banken.

Wenn sich die traditionellen Banken nicht an diese Herausforderungen anpassen, werden die Kunden über kurz oder lang abwandern. Digitale Geschäftsmodelle könnten Kosten reduzieren und neue Erlöse bringen. Doch während in Holland, Finnland und Schweden die Digitalisierung des Finanzsektors weit fortgeschritten ist, hinken Deutschlands Banken hinterher. Die weltweite Rezession und die steigende Verschuldung im Zuge der Covid-19-Pandemie werden die Situation für die Banken zusätzlich verschärfen.

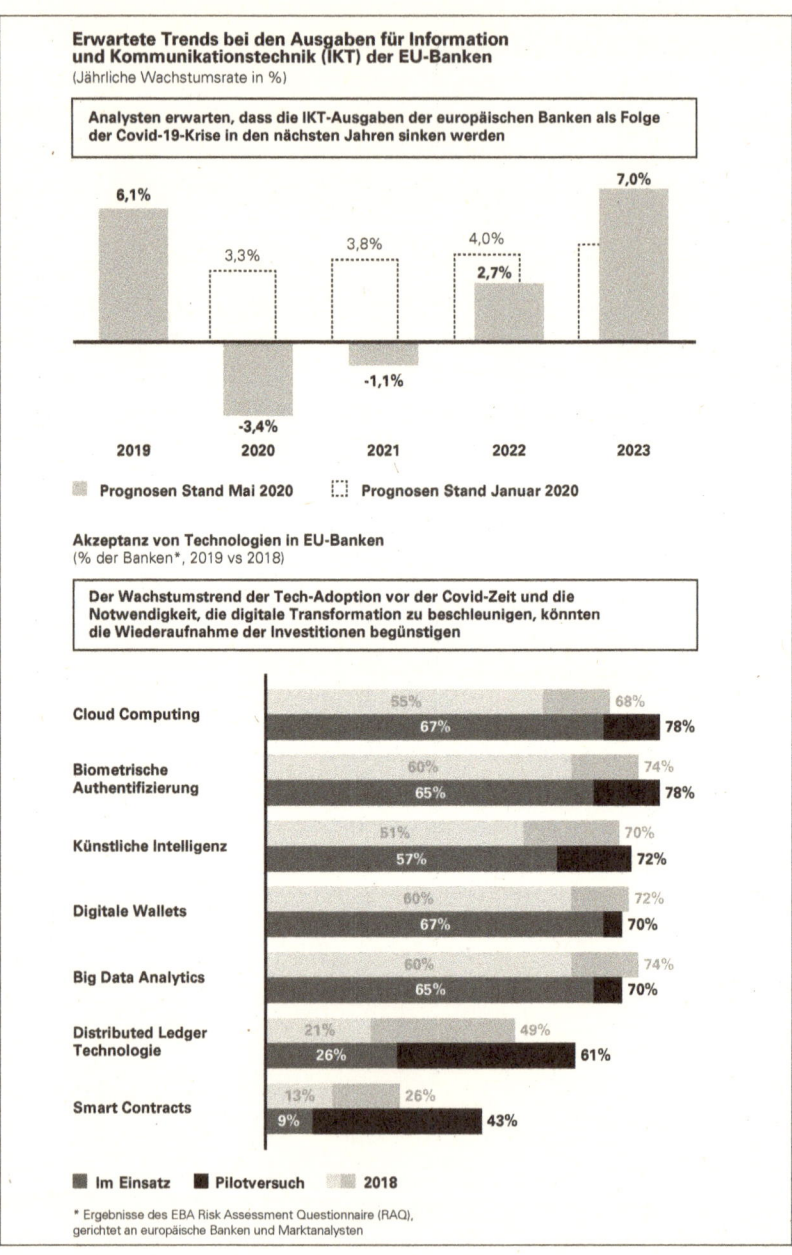

Erwartete Trends bei den Ausgaben für Information und Kommunikationstechnik (IKT) der EU-Banken
(Jährliche Wachstumsrate in %)

Analysten erwarten, dass die IKT-Ausgaben der europäischen Banken als Folge der Covid-19-Krise in den nächsten Jahren sinken werden

6,1%
7,0%
3,3%
3,8%
4,0%
2,7%
-1,1%
-3,4%

2019   2020   2021   2022   2023

■ Prognosen Stand Mai 2020   ⬚ Prognosen Stand Januar 2020

Akzeptanz von Technologien in EU-Banken
(% der Banken*, 2019 vs 2018)

Der Wachstumstrend der Tech-Adoption vor der Covid-Zeit und die Notwendigkeit, die digitale Transformation zu beschleunigen, könnten die Wiederaufnahme der Investitionen begünstigen

Cloud Computing — 55% / 68% / 67% / 78%

Biometrische Authentifizierung — 60% / 74% / 65% / 78%

Künstliche Intelligenz — 51% / 70% / 57% / 72%

Digitale Wallets — 60% / 72% / 67% / 70%

Big Data Analytics — 60% / 74% / 65% / 70%

Distributed Ledger Technologie — 21% / 49% / 26% / 61%

Smart Contracts — 13% / 26% / 9% / 43%

■ Im Einsatz   ■ Pilotversuch   ⬚ 2018

* Ergebnisse des EBA Risk Assessment Questionnaire (RAQ), gerichtet an europäische Banken und Marktanalysten

Quelle: Accenture Research, basierend auf IDC, EBA, Risk Assessment of the European Banking System 2019

In jedem Markt nützlich und unverzichtbar sein

Unser Fundament sind die soziale Marktwirtschaft und die freiheitliche Grundordnung unserer Verfassung. Für die deutsche und europäische Industrie ist es entscheidend, in beiden Systemen, dem amerikanischen und dem chinesischen, agieren zu können und gleichzeitig unser eigenes Wertesystem zu bewahren. Wenn wir unsere Spitzenposition halten wollen, müssen wir nicht nur rasch, sondern sofort handeln, noch in dieser Dekade zu Ergebnissen kommen. Mit der Entwicklung der Fähigkeiten zum digitalen Betrieb der physischen Welt müssen wir in beiden Systemen nützlich und unverzichtbar sein.

Unsere Wirtschaft benötigt dafür – lokal wie auch weltweit – eine leistungsstarke digitale Infrastruktur sowie Marktbedingungen, die einen schnellen Transfer und eine massive Skalierung von digitalen Lösungen im Echtbetrieb ermöglichen. Je weniger leistungsstark der deutsche Standort als Leitmarkt agiert, desto mehr werden Forschung, Entwicklung und Markteinführung in andere Länder mit besseren Bedingungen abwandern. Ein massiver »Exit« ist in der zweiten Hälfte der 2020er-Jahre durchaus ein realistisches Szenario. Denn – in Deutschland gibt es keine Wachstumsindustrien mehr. Es besteht die Gefahr eines Ausverkaufs.

Die Transformation des Unternehmens

Wettbewerbsfähigkeit liegt in der Entwicklung der Fähigkeiten zum digitalen Betrieb der physischen Welt. Die wichtigsten Bausteine: intelligente Produkte, intelligente Dienstleistungen und die Erfüllung von Leistungsversprechen.

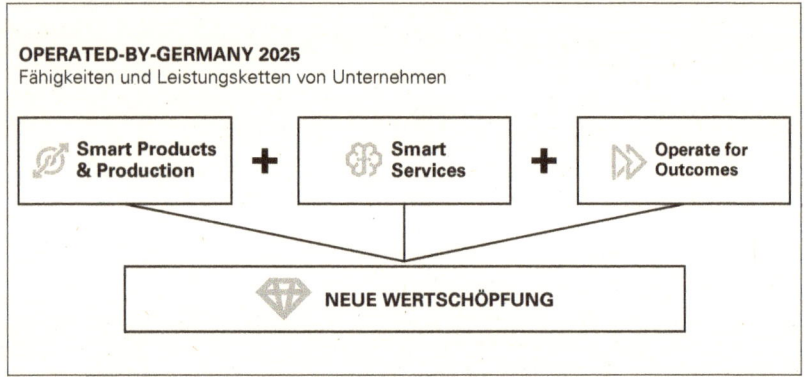

Quelle: Accenture

Die digitale Transformation hat bereits begonnen. Führende deutsche beziehungsweise europäische Unternehmen nutzen neue digitale Bausteine und Fähigkeiten für den Betrieb der physischen Welt und machen vor, wie die Unternehmen sich auf die Reise begeben können.

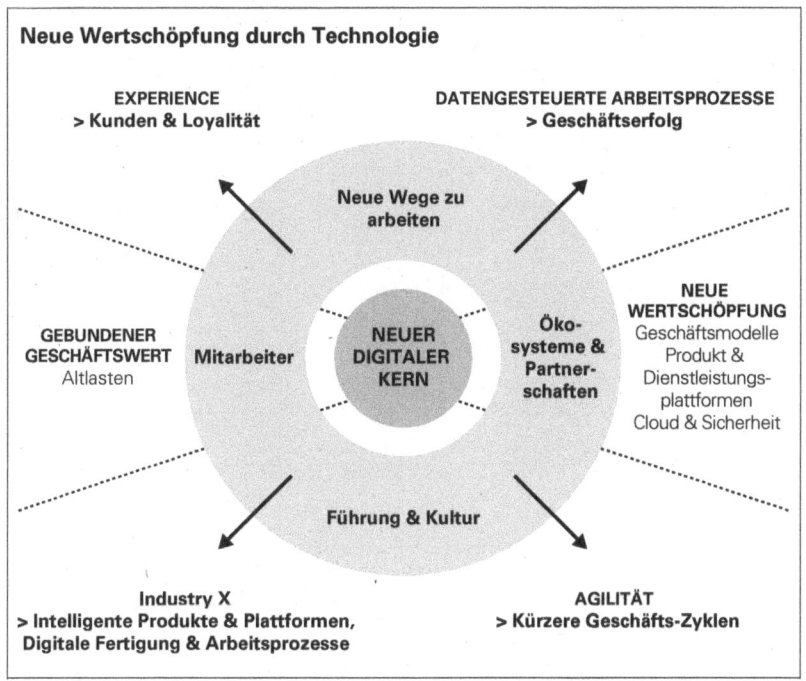

Neue Wertschöpfung durch Technologie

EXPERIENCE
> Kunden & Loyalität

DATENGESTEUERTE ARBEITSPROZESSE
> Geschäftserfolg

Neue Wege zu arbeiten

GEBUNDENER
GESCHÄFTSWERT
Altlasten

Mitarbeiter

NEUER
DIGITALER
KERN

Öko-
systeme &
Partner-
schaften

NEUE
WERTSCHÖPFUNG
Geschäftsmodelle
Produkt &
Dienstleistungs-
plattformen
Cloud & Sicherheit

Führung & Kultur

Industry X
> Intelligente Produkte & Plattformen,
Digitale Fertigung & Arbeitsprozesse

AGILITÄT
> Kürzere Geschäfts-Zyklen

Quelle: Accenture

Digitale Infrastruktur

Voraussetzung sind neue Architekturen für intelligente Produkte, also Maschinen und Anlagen, die speziell für die Plattformökonomie entwickelt wurden. Basierend auf Software und Daten können sie dynamisch durch neue Funktionen aktualisiert werden. Notwendig sind auch digitale Konstruktions- und Fertigungsmethoden, die Kostenvorteile bieten und eine hohe Wettbewerbsfähigkeit und Skalierbarkeit auf globaler Ebene ermöglichen. Ein »*Operate*«-Ansatz ermöglicht die Analyse von Echtzeit-Betriebsdaten in Kombination mit der Fähigkeit, auch in Echtzeit reagieren zu können. Durch das Verständnis der zugrunde liegenden strategischen Wertschöpfungsketten und die Nutzung plattformbasierter Netzwerkeffekte kann die Wertschöpfung für Benutzer erheblich gesteigert werden. Neue Ergebnisversprechen und -vorteile bilden die Grundlage für neue digitale Geschäftsmodelle und damit eine höhere Rentabilität.

Airbus: ein Verteidigungssystem für die Industrie

Eine faszinierende Vision, wenn es um die Stärkung der europäischen und deutschen digitalen Souveränität geht, ist die Nutzung einer neuen, umfangreichen Verteidigungstechnologie – auch durch die Industrie. 2019 vereinbarten die Verteidigungsministerinnen von Frankreich und Deutschland die gemeinsame Konzipierung eines Future Combat Air System (FCAS). Belgien und Spanien sind inzwischen ebenfalls beteiligt. Bemannte Kampfjets neuester Generation werden von unbemannten ferngesteuerten Begleitflugzeugen flankiert. FCAS ist aber nicht nur ein wichtiges verteidigungspolitisches Projekt, sondern auch ein Meilenstein für die Entwicklung von Hochtechnologie in Europa. Das Projekt bietet Chancen, bei wegweisenden Zukunftstechnologien wie Künstliche Intelligenz (KI), *Big Data Analytics*, Krypto-Komponenten oder Mensch-Maschine-Interaktion eine führende Rolle einzunehmen.

FCAS hat offene Systemarchitekturen, die es erlauben, auch bestehende Plattformen zu integrieren. Airbus arbeitet zusammen mit internationalen Partnern an der Gestaltung einer Cloud-Lösung, die auch für als sicherheitssensibel eingestufte Daten verwendet werden kann.

Eine wichtige Komponente dieses neuen Gesamtsystems wird die sogenannte »Multi Domain Combat Cloud« sein; eine anlässlich FCAS unter technologischer Federführung von Airbus zu entwickelnde Cloud-Architektur, in der alle missionsrelevanten Informationen zusammenlaufen, analysiert und aufbereitet werden, und den beteiligten Akteuren im Rahmen einer qualitativen Aufbereitung sowie intelligenten Zuteilung in Echtzeit zur Verfügung gestellt werden. Der Pilot führt so seine Mission verantwortlich und im engen Austausch mit den ihn (oder sie) unterstützenden sonstigen Kräften am Boden, zu Wasser und in der Luft und auf diese Weise befähigt, die militärische Mission schneller, effektiver und zielgenauer durchzuführen. Dazu kommt, dass die Flexibilität der an der Mission beteiligten Akteure durch ein fortlaufend aktualisiertes und gegenüber heutigen Standards qualitativ und quantitativ deutlich verbessertes Lagebild signifikant erhöht wird. Hierdurch wird ein sogenanntes Echtzeit-*Re-tasking* unter sich fortlaufend verändernden Rahmenbedingungen und Informationslagen ermöglicht (»*Accelerated Mission Cycle*«).

Das Anwendungsfeld der Cloud muss – und sollte – sich daher keineswegs auf ein FCAS beschränken. Gleichermaßen denkbar wie wünschenswert ist es, dass auch andere militärische Komponenten, wie das sich derzeit ebenfalls in der Entwicklung befindende europäische Rüstungsprojekt »Main Ground Combat System« (MGCS), einbezogen werden. Fernziel sollte die umfassende Vernetzung der europäischen Verteidigungslandschaft sein, mit einer »Multi-Domain Combat Cloud« als »Gehirn« und wichtigem Baustein einer dafür erforderlichen IT-Architektur – von einer zentralen »Cloud« am Boden bis hin zu den jeweiligen kooperativen Systemen in den verschiedenen (militärischen) Domänen.

Voraussetzung dafür ist ein ganzheitlicher Ansatz, der die europäische Souveränität und Resilienz von der terrestrischen Infrastruktur über den Luftraum und die Stratosphäre bis hin zum niedrigen und geostationären Erdorbit sicherstellt. Dabei gilt es die Aspekte Hardware, Software und Cyber vom Chip bis zum Produkt zu kontrollieren. Wie wichtig strategische Souveränität und Resilienz ist, wurde uns gerade im Zuge der globalen Covid-19-Krise eindrücklich vor Augen geführt, als binnen kürzester Zeit eine Vielzahl an – auch datensensibler – Tätigkeiten digital neu aufgesetzt werden musste (Meetings, Arztbesuche, E-Learning etc.).

Entsprechend groß und auch vielschichtig sind die Chancen, die mit der Entwicklung einer »Multi-Domain Combat Cloud« einhergehen: einerseits für das militärische Segment, wo derlei vernetzte Gesamtarchitekturen absehbar die Messlatte sowohl internationaler Verteidigungs- wie auch globaler Handlungsfähigkeit darstellen werden. Andererseits aber auch für den zivilen Sektor, wo der Markt kommerzieller Cloud-Anbieter bisher fast ausschließlich von US-amerikanischen und zunehmend auch chinesischen Akteuren beherrscht wird. Eine Erkenntnis, die sich in Europa immer stärker durchsetzt. Aus diesem Grund hat das Bundesministerium für Wirtschaft und Energie ja die Gaia-X-Initiative ins Leben gerufen. Sie stellt den Versuch dar, eine zivile europäische Cloud-Architektur zu schaffen (an der auch Airbus beteiligt ist).

Die »Multi-Domain Combat Cloud« kann bei solchen europäischen Bestrebungen einen wichtigen Beitrag leisten und sich – bei entsprechender finanzieller Ausstattung – als Nukleus einer gleichermaßen souveränen wie leistungs- und wettbewerbsfähigen europäischen Dateninfrastruktur erweisen. Solch eine FCAS-Cloud könnte schließlich nutzbar sein für Privatpersonen, Unternehmen und staatliche Einrichtungen, wobei sämtliche Daten und Prozesse entsprechend gemeinsamer europäischer Standards sicher gespeichert und ausgetauscht werden können. Die derartige – auch zivile – Nutzung einer technologisch weiterentwickelten FCAS-Cloud könnte sich als wichtiger Pfeiler einer avisierten europäischen digitalen Souveränität bewähren. Die dafür erforderliche dezentrale Architektur entspräche zudem den Anforderungen an eine »Multi-Domain Combat Cloud«, die grundsätzlich offen und interoperabel gegenüber unseren europäischen und außereuropäischen Partnern gestaltet werden muss.

Dirk Hoke, CEO Airbus Defence and Space resümiert: »Mit der Digitalisierung werden auch bei auf den ersten Blick dezidierten Verteidigungsprojekten die Grenzen zwischen militärischem und zivilem Anwendungspotenzial neuer Technologien fließend. Ein

Beispiel hierfür ist die Entwicklung einer ›Multi-Domain Combat Cloud‹ im Zuge eines FCAS inklusive der daraus resultierenden ›*Spill-over*‹-Effekte. Das Bewusstsein hierfür muss allerdings mitunter erst noch geschaffen werden, aufseiten der Industrie wie auch der Staaten. Unsere bisherigen Erfahrungen bei FCAS/ ›Multi-Domain Combat Cloud‹ sind hier ermutigend und weisen grundsätzlich in die richtige Richtung, sowohl in Hinblick auf neue Industrie- und Forschungskooperationen (Stichwort: Start-Ups) als auch die politische Bereitschaft, ein Thema wie FCAS zunehmend interministeriell zu adressieren. Klar ist, die digitale Transformation zu organisieren stellt alle Akteure vor eine große Herausforderung. Umso wichtiger ist, neben der Bereitstellung der erforderlichen Forschungsmittel, die enge Kooperation zwischen Industrie und staatlichen Einrichtungen, etwa wenn es um die Formulierung und Umsetzung übergeordneter strategischer Zielsetzungen geht, wobei die Gestaltung einer dezidiert europäischen Cloud-Architektur sicherlich unter diese Rubrik fiele.«

Grundsätzlich ist die Nutzbarmachung ziviler Potenziale im Rahmen großer Militärvorhaben alles andere als neu; in der Vergangenheit gab es immer wieder eindrucksvolle Beispiele für zivile Innovationen, die aus militärischen Entwicklungsprojekten hervorgegangen sind – in der Regel waren das jedoch US-amerikanische Projekte. Doch Europa kann daraus lernen. Eine Voraussetzung dafür wäre, nicht nur nationale, sondern auch kulturelle Barrieren zwischen dem militärischen und zivilen Sektor abzubauen.

Digitale Anbindung der physischen Welt

Im digitalen Zeitalter verschwimmen die Grenzen zwischen physischen Produkten und der virtuellen Welt. Daten werden zum entscheidenden Teil der Wertschöpfung. Sie entstehen während der Produktion und im Betrieb vernetzter Anlagen, Maschinen und Geräte und ermöglichen neue Geschäftsmodelle. Es braucht einen

»*Operate*«-Ansatz, der die Produkte und Anlagen im laufenden Betrieb ständig beobachtet, optimiert und nachkonfiguriert.

Open Manufacturing Platform

Im industriellen Bereich hat die BMW Group mit Microsoft und anderen Manufacturing-Unternehmen die *Open Manufacturing Plattform (OMP)* etabliert und 2019 auf der Hannover Messe vorgestellt. Sie basiert auf der Idee, für Cloud-basierte Anwendungen im Manufacturing-Bereich Open-Source Lösungsbausteine zur Verfügung zu stellen. Sie will damit als Technologieplattform und offene Community in der Fertigungsindustrie die Entwicklung von industriellen IoT-Anwendungen maßgeblich beschleunigen. Hintergrund ist, dass das übliche Verfahren von *Deployment* von *Use Cases* in der einzelnen Fabrik nicht die gewünschte Skalierung gebracht hat. Die Skalierung aber muss im Zentrum stehen. Bei OMP wird also nicht umständlich mit der Entwicklung von Standards begonnen. Stattdessen haben die OMP Kernmitglieder eine Referenzarchitektur entwickelt, die schnelle Lösungen für die Betriebe forciert. Die Hoffnung ist, dass sich später daraus, *top-down*, Standards entwickeln.

OMP ist *Platform-Agnostic* und »Open Source« aufgesetzt, um die Skalierung des Ökosystems zu befördern, für das es rund 60 interessierte Unternehmen gibt. Die Trägerorganisation wurde als Limited Liability Company (LLC, eine Art Gesellschaft mit beschränkter Haftung) in den USA gegründet, auf Basis der Joint Development Foundation (JDF), Teil der Linux Foundation. Hier haben die USA einen Standort-Vorteil. Die Einschätzung der Verantwortlichen war, dass ein vergleichbar leistungsfähiges rechtliches Konstrukt in Deutschland nicht existiert und der Aufbau Jahre gedauert hätte.

BOSCH: *Cross-Domain Computing Solutions* vereint Kompetenzen

Dieser neue Geschäftsbereich von Bosch mit rund 17000 Mitarbeiter an über 40 Standorten in über 20 Ländern führt Mitarbeiter aus den Bereichen Fahrerassistenz, automatisiertes Fahren, Car Multimedia sowie Antrieb und Body Electronics in der neuen Einheit zusammen. Er bündelt Kompetenzen aus den Bereichen Software, Elektrik sowie Elektronik, um zukünftige Kundenwünsche und Anwendungswissen mit technischen Möglichkeiten deutlich schneller, gezielter, individueller und marktgerecht umzusetzen.

Ein hervorragendes Beispiel für die gesamte Industrie, nicht nur für Fahrzeuge, zielt auf Individualisierung nach Kundenwunsch, perfekten Service, höchste Sicherheit, stetige Anpassungsfähigkeit, *Power on demand* und *High-End-Entertainment*. Dr. Eberhard Veit von der Robert Bosch Treuhand stellt klar:»Unser hohes Anwendungswissen, die gesammelten Daten und die Hardware-Expertise, sind der eigentliche Content für den Software-Code und macht die Elektrik und Elektronik (E/E) erst wertvoll. Ein wichtiger Vorteil der deutschen Industrie, den es zu nutzen gilt!« Noch vor 10 Jahren hatte ein Auto 10 Mio. Zeilen Software-Code, heute bereits 100 Millionen Zeilen und im automatisiert fahrenden Auto gibt es dann 300 bis 500 Millionen Zeilen.

Dr. Stefan Hartung, Geschäftsführer der Robert Bosch GmbH und Vorsitzender des Unternehmensbereichs Mobility Solutions:»Die Zukunft der Mobilität kann nur gestalten, wer über umfassende Elektronik- und Softwareexpertise verfügt.«

Dr. Veit ergänzt für den Maschinenbau, dass mit intelligenter Sensorik ein weiterer Wettbewerbsfaktor hinzukomme, und da sei heute nach wie vor Deutschland führend. Der neue Geschäftsbereich Cross-Domain Computing Solutions wird künftig sowohl die Basissoftware der Fahrzeugcomputer und Steuergeräte als auch die Software der Fahrzeugfunktionen entwickeln. In Folge kommen neue Funktionen künftig deutlich schneller, flexibler und sicher via Software-Update zu den Nutzern. Auch deshalb will Bosch neben der Softwareentwicklung auch die E/E-Architektur von Fahrzeugen weiterentwickeln und bündelt die Entwicklung von Fahrzeugcomputern, Steuergeräten und Sensoren in dieser Einheit. »Kernaufgabe von *Cross-Domain Computing Solutions* wird es sein, die Komplexität der Elektroniksysteme beherrschbar und darüber hinaus so sicher wie möglich zu machen«, erläutert Harald Kröger. Wichtig, auch für andere Industrieanwendungen, ist es, auf Hochleistungsrechner als technische Basis für die Digitalisierung zu setzen. Im Auto bündelt der Hochleistungsrechner die immer umfassenderen Funktionen und übernimmt die Aufgaben einzelner Steuergeräte. »Mehr als 100 einzelne Steuergeräte sind in aktuellen Premiumfahrzeugen verbaut, selbst in Kleinwagen sind es heute bereits 30 bis 50«, erklärt Kröger weiter. Auch die neue Halbleiterfabrik in Deutschland wird in der ersten Hälfte 2021 starten. Die komplette Fertigung der Fahrzeugelektronik mit 24 000 Menschen ist bereits zusammengelegt.

Und der Ausblick: »Im Jahre 2025 kommt die Zeit, dass die ausführende Hardware durch intelligente Systeme an neue Grenzen kommt. Es ist DIE Chance der Firmen mit zusätzlicher Hardware-Expertise und am besten aus EINER Organisation für ›Cross Functional Solution‹«, meint Bosch Treuhand-Vertreter Dr. Veit.

Neue Wertschöpfung: Ökosysteme und Partnerschaften

Die Frage der Skalierung und Monetarisierung bildet die entscheidende Herausforderung für die weitere Entwicklung digitaler Wertschöpfungsnetzwerke – unabhängig von der jeweiligen Unternehmensgröße. Darüber hinaus treten bei der wirtschaftlichen Nutzung und dauerhaften Einbindung von Partnern in Ökosystemen weitere Fragen auf, die etwa technische Fragen bezüglich der

Schnittstellen, Datenformate und Interoperabilität der beteiligten Systeme betreffen, aber auch das Vertrauen in die beteiligten Partner und die Sicherheit der Systeme. Zwei Beispiele erläutern, wie dies adressiert werden kann.

DataConnect: Interoperabilität zwischen Wettbewerbern

Wie wertvoll und kreativ digitale Ökosysteme sein können, zeigt das Beispiel der miteinander im Wettbewerb stehenden Unternehmen Claas (Deutschland) und John Deere (USA). Gemeinsam mit dem Softwareanbieter 365FarmNet (Deutschland) bieten sie ihren Kunden mit DataConnect erstmalig herstellerübergreifende Lösungen für Maschinendaten an. Damit können Landwirte und Lohnunternehmer mit gemischten Fahrzeugflotten per DataConnect von einer Plattform oder einem Portal auch die Daten von Maschinen der jeweils anderen Datenplattform aufzeichnen, verarbeiten und dokumentieren. Diese Interoperabilität wird bei Freigabe durch den Maschinenkunden über eine direkte Cloud-to-Cloud-Verbindung ermöglicht. DataConnect ist für die Übertragung wichtiger Maschinendaten vorgesehen wie die Maschinenposition, der historische Verlauf der Position, der Dieseltank-Füllstand, der aktuelle Arbeitsstatus und zum Beispiel die Geschwindigkeit der Maschine. Zukünftig ist auch die Übertragung agronomischer Daten geplant. Die Hersteller New Holland, Case IH und Steyr haben sich DataConnect ebenfalls angeschlossen.

Siemens und SAP: neue Wertschöpfung durch neue Partnerschaften

Im Juli 2020 gaben SAP und Siemens eine Partnerschaft bekannt, in der die Unternehmen ihre Kompetenzen für eine integrierte Lösung für ein durchgängiges Produkt- und Asset Lifecycle-Management bündeln. Die beiden DAX-Konzerne und Marktführer für Industrie-

und Unternehmenssoftware bringen ihre jeweiligen Kompetenzen zusammen, um über einen »digitalen Faden« in der Cloud die Silos in den Unternehmen aufzubrechen und über einen *Digital Twin* eine ganzheitliche Sicht auf das Unternehmen zu schaffen. Bis dato wird dies über Schnittstellen zwischen den verschiedenen PLM-, CRM-, Supply Chain-, Produktions- und Servicemanagement-Systemen und den dahinter liegenden Prozessen realisiert. Nun sollen Konstruktionsdaten, Geschäftsdaten und Kundenerfahrungsdaten die Technik- und Geschäftswelt über Daten verbinden, damit Kunden die Fertigung von Produkten *end to end* optimieren können. Die Verbindung von *shop floor* to *top floor* kann damit nahtlos realisiert werden, es entsteht neue Transparenz in der Verknüpfung der physischen und digitalen Welt. Beide Unternehmen erweitern damit ihre jeweiligen Ökosysteme, zentrale Grundlage für Innovation, Skalierung und Produktivitätssteigerung.

Neue Art zu arbeiten – hohe Reaktionszeiten, kurze Zyklen

Datenbasierte Wertschöpfung, Ökosysteme und umfassende Vernetzung: Technologie gibt zunehmend den Takt in der Arbeitswelt an. Kreativität, Teamfähigkeit und disruptives Denken haben Eigenschaften wie Pflichterfüllung und Ordnungsliebe als wichtigste Kernkompetenzen abgelöst. Führende Unternehmen haben sich bereits umfassend auf diesen kulturellen Wandel eingestellt.

otto group – *New Work* mit neuen Werten

Die otto group ist mehr als nur ein Versandhaus, mit dem das damalige Familienunternehmen in der Nachkriegszeit seinen Ruf begründete. Heute ist otto ein weltweit agierendes Handels- und Dienstleistungsunternehmen und mit einem Online-Umsatz von 8,1 Milliarden Euro eines der weltweit größten Unternehmen dieser Art. Die Basis dieses Erfolgs ist eine moderne Arbeitskultur, die auf Veränderung setzt und die Mitarbeiter aktiv in den Prozess der Gestaltung mit einbezieht. Im Mittelpunkt vieler Diskussionen stehen die Werte, welche die Zukunft der Arbeit mitbestimmen. Welcher Kulturwandel wird sichtbar, welche Potenziale tun sich auf, wie lassen sich Nachhaltigkeit implementieren und lebenslanges Lernen sicherstellen? »Transformiert Euch!« ist einer der Slogans, mit dem die otto group zur *Culture Development Experience* einlädt und ihre Mitarbeiter motiviert, zur Agilität des Unternehmens beizutragen. Kreativität und Innovation erhalten durch digitale Technologien neue Entfaltungsräume, virtuelle wie auch physisch reale. Werteorientiertes Management, sinnhaftes Arbeiten und eine offene Feedbackkultur sind bestimmende Elemente des *New Work*.[413]

Erlebbarer Nutzen für den Menschen

Die Maschinen, Anlagen und Geräte allein sind es nicht, die ihren Nutzen für den Menschen erlebbar machen, sondern es ist ihr intelligenter Einsatz, ermöglicht durch Datenanalyse und smarte Dienstleistungen.

AVE: Pünktlichkeit als Wertversprechen

Die spanischen Hochgeschwindigkeitszüge AVE, entwickelt von Siemens, schaffen es, durch datenbasierte Prozess- und Wartungsoptimierung zu 99,8 Prozent pünktlich zu sein. Das führt nicht nur zu einer Auslastung von 75 Prozent (die Fernzüge der Deutschen Bahn erreichten 2019 im Vergleich nur magere 56 Prozent) und macht die spanischen Reisenden zu zufriedenen Kunden, es kurbelt auch das Exportgeschäft an – denn der eigentliche Wettbewerbsfaktor ist nicht mehr der Zug, sondern das datenbasierte Know-how, mit ihm Pünktlichkeit zu erzeugen.[414]

Roche: der Patient im Zentrum

Das Life Sciences-Unternehmen Roche hat ein Produktportfolio geschaffen, mit dessen Hilfe das für den Erfolg einer komplexen Krebsbehandlung so wichtige Tumorkonferenz optimiert werden kann. NAVIFY ® portfolio führt die bislang auf verschiedene Datenbanken (Patientenakte, Diagnoseergebnisse, bildgebende Verfahren usw.) verstreuten Informationen zeitreduzierend zusammen und erleichtert und unterstützt individualisierte Behandlungsentscheidungen. Gleichzeitig erlauben die Datensammlungen Rückschlüsse auf Therapieerfolge und -verzögerungen. Das System wird durch spezielle Algorithmen unterstützt. Die Entscheidungen aber treffen die medizinischen Experten.

Andere Köpfe – andere Führung

Der technologische Paradigmenwechsel, der Wirtschaft und Wissenschaft, Politik und Gesellschaft erfasst, erfordert auf allen Ebenen einen neuen Führungsstil, der nicht reaktiv ist, sondern souverän, verantwortungsbewusst und innovativ. Denn Ambiguität, Komplexität und die Notwendigkeit, Entscheidungen auch ohne endgültige Fakten fällen zu müssen, ist das neue Normal von Führung.

Wir brauchen Eliten, die ihre Horizonte quer zu den üblichen Denkschemata entwickeln. Die existierende Versäulung der Gesellschaft behindert Innovation, weil sie überlieferte Strukturen stärkt. Wanderer zwischen den Welten sind äußerst selten: Querdenker werden in den jeweiligen Systemen glatt geschliffen. Jedes Mal, wenn ein Politiker in die Wirtschaft geht (wie Sigmar Gabriel oder Roland Koch) bzw. ein Unternehmer in politische Verantwortung tritt (wie der frühere France-Telekom-CEO und jetzige EU-Kommissar Thierry Breton), erregt das Misstrauen in der Öffentlichkeit, obwohl der Wechsel zwischen den Welten in jedem Fall bereichernd ist. Das zeigt auch das Beispiel von Thomas Sattelberger, in einem früheren Leben Telekom-Vorstand, heute FDP-Abgeordneter im Bundestag.

Außenseiter sind auch in der Wissenschaft wichtig. Die traditionelle Forschung leidet unter Konventionen etablierter Eliten, denn sie begrenzen die Fantasie und den Spielraum für neue Ideen. So hat der deutschstämmige Medizin-Nobelpreisträger Günter Blobel jahrelang im Keller der New Yorker Universität an der Idee von Signalproteinen in der Zelle geforscht, an der außer ein paar wissenschaftlichen Assistenten niemand in seinem Fachgebiet glaubte – bis sich herausstellte, dass er recht hatte. Diversity wird zum Fundament für Kreativität, ob es nun um Studienteilnehmer, Forschungsmethoden und auch die Wissenschaftler selbst geht.

Es geht um einen integrierten Ansatz, der Technologie, Wertschöpfung und die Organisation des Unternehmens miteinander verflochten denkt. Und all das schnell. China setzt die Taktung für die Digitalisierung insbesondere in unseren Leitindustrien. Schneller Wandel ist notwendig. Ohne die Bereitschaft dafür ist modernes Unternehmertum nicht möglich.

NEUES WAGEN!

Wir müssen also unseren Fokus auf drei Bereiche richten. Der Aufbau und die Finanzierung eines europäischen Technologie-Stacks sowie die Schaffung der wettbewerbsfördernden rechtlichen Rahmenbedingungen ist das zentrale Projekt für die nächste Dekade. Anfangen müssen wir jetzt mit einer Aufbau- und Durchführungsstrategie, die eine gesamteuropäische Governance mitdenkt. Das Ziel: der systematische Aufbau digitaler Infrastruktur zum digitalen Betrieb der physischen Welt. Ähnlich der Datenschutz-Grundverordnung brauchen wir ein Regelwerk, das für alle Marktteilnehmer unabhängig vom Sitz des Headquarters gilt. Mitspielen darf jeder, aber die Regeln macht Europa.

Zweitens gilt es, die Verwaltung sehr viel ambitionierter zu digitalisieren als bisher. Deutschland hat dieses Defizit schon vor Dekaden erkannt, jetzt muss es in die Umsetzung gehen. Und drittens schließlich brauchen wir neue Lösungen für den digitalen Betrieb der physischen Welt »*Made in* und *Operated by Germany*«, die mit Wertversprechen für die Menschen verbunden sind wie »saubere Luft« oder »fließender Verkehr«. Gerade in den Bereichen Nachhaltigkeit und Kreislaufwirtschaft könnte die deutsche und europäische Industrie die Führung übernehmen.

Vieles hängt dabei an den europäischen Antworten auf zentrale Fragen: Wird es ein gesetzlichen Rahmenwerk für eine Europäische souveräne Infrastruktur geben – oder sind das nationale Lösungen? Wie kommt man zu einer technischen Einigung? Wer treibt die Umsetzung? Wie hoch sind die notwendigen Investitionen und wer bringt diese auf? Wer kann die Infrastruktur(en) betreiben?

Zentral ist, dass die deutsche Industrie ausreichend Fantasie hat, ihre »Produkte« neu und digital zu denken. Sie muss den Mut aufbringen, neue, digitale Geschäftsmodelle zu entwickeln und sich strategisch in neuen Wachstumsfeldern zu positionieren. Der Rohstoff für diese Vision ist da.

Wir sitzen auf einem Datenschatz aus der Nutzung von über einer Milliarde Maschinen und Geräten »*Made in Germany*«. Um diese Betriebsdaten zu nutzen, müssen unsere Produkte weiterentwickelt und mit neuen digitalen Infrastrukturen betrieben werden. Dafür werden digitale Werkzeuge benötigt, die kaum ein Unternehmen mehr allein entwickeln kann. Wir brauchen also Betriebssysteme für die Produkte und die industrielle Produktion, Marktplätze für Maschinendaten und neue Regeln für den Umgang und den Handel mit diesen Daten.

Das bedeutet, in Technologien zu investieren, disruptive Geschäfts-
aktivitäten zu entwickeln oder zu übernehmen und die Mitarbeiter
dafür weiterzubilden. Und ganz wichtig: Nur ein europäischer Weg
kann auch Deutschland befähigen, im Wettbewerb mit den USA
und China zu bestehen.

Was braucht es dafür?

Das Allerwichtigste: die Ambition und den Mut, **Neues zu wagen**.

Dank

China auf seinem Weg in die digitale Transformation – das für uns spannendste Kernstück dieses Buches waren die Erfahrungen, die wir, kurz vor Ausbruch der Covid-19-Pandemie, auf unserer Reise durch China machten. Das hat uns zu vielen Erkenntnissen und Inspirationen verholfen und, wir geben es zu, häufig auch begeistert, vor allem der Optimismus und der Elan, mit dem die Chinesen neue Herausforderungen angehen. Mit auf der Reise waren unsere Kolleginnen und Kollegen Emela Alihodzic, Dr. Moritz Hagenmüller, Catrin Hinkel, Götz Erhard, Jürgen Pinkl, Tobias Regenfuss, Sigrid Stinnes, Alexander Voss und Dr. Mei Wang, die mit ihren Beobachtungen und Analysen dieses Buch stark beeinflusst haben.

Prof. Dr. Henning Kagermann von der Deutschen Akademie der Technikwissenschaften hat wie immer die richtigen Anregungen und Impulse gegeben. Seine industrie- und innovationspolitische Weitsicht und sein unermüdliches Engagement haben den Standort Deutschland tief geprägt und sind uns ein Vorbild. Prof. Dr. rer. nat. Dr. h.c. mult. Wolfgang Wahlster, Gründungsdirektor des Deutschen Forschungszentrums für Künstliche Intelligenz (DFKI), hat unser Denken zur künstlichen Intelligenz nachhaltig geprägt und und bei der Einordnung ihrer Potenziale geholfen. Dirk Hoke, CEO von Airbus Defense und Space öffnet uns den Blick dafür, was in Europa nötig und möglich ist. Peter Weckesser, Chief Digital Officer bei Schneider Electric, hat uns unterstützt, die für unsere Wettbewerbsfähigkeit zentralen digitalen Bausteine zu identifizieren. Thomas Boeck, CEO von Claas, hat mit pointierten Beispielen gezeigt, was der Standort Deutschland heute schon alles kann.

Karl-Heinz Streibich, Präsident der Deutschen Akademie der Technikwissenschaften hat unsere Thesen zur digitalen Souveränität tief geprägt. Die Expertise von Dr. Norbert Gaus, Leiter der Hauptabteilung Research and Development for Digitalization and Automation bei Siemens Corporate Technology, hat unsere Ideen zur Skalierung von Geschäftsmodellen signifikant weitergebracht.

In unserer Arbeit im Hightechforum haben wir von den Inspirationen von Ministerin Anja Karliczek und Prof. Dr.-Ing. habil. Reimund Neugebauer, Präsident der Fraunhofer-Gesellschaft e.V., zur Zukunft der Wertschöpfung enorm profitiert.

Wolf-Dieter Lukas, Staatssekretär im Bundesministerium für Bildung und Forschung, hat uns immer wieder als *Sounding Board* für unsere Ideen zur Verfügung gestanden, auch dafür großen Dank!

Herzlich danken möchten wir auch den Mitgliedern der Lenkungskreise der Plattform Industrie 4.0 und der Plattform Lernende Systeme für das gemeinsame Nachdenken über die Zukunft des Standortes. Besonders verbunden fühlen wir uns Dr. Johannes Winter, Leiter Themenschwerpunkt Technologien und der Geschäftsstelle Plattform Lernende Systeme der acatech sowie der AG 6 zu »Digitalen Geschäftsmodellen in der Produktion«, die mit Expertise und Augenmaß die Themen der Zukunft zu adressieren weiß.

Bei der Einordnung des Gesehenen und Gelernten hat uns Prof. Dr. Kristin Shi-Kupfer von der Universität Trier sehr geholfen. Die ehemalige Leiterin des Forschungsbereichs Politik, Gesellschaft und Medien des Berliner Mercator Institutes for China Studies hat uns mit Kritik und Anregungen auf unserem Weg ein enormes Stück weitergebracht. Dr. Eberhard Veit, Gesellschafter der 4.0-veIT GmbH, hat mit seinen kenntnisreichen Impulsen und seiner kritischen Lektüre unseren Blick auf den Industriestandort und die Umsetzbarkeit von digitalen Geschäftsmodellen enorm geschärft.

Corinna Krezer hat unseren Blick für die Dynamiken und Trends in der öffentlichen Verwaltung geschärft und unsere Ideen zu Staat und Verwaltung entscheidend geprägt. Tobias Regenfuss hat das Manuskript mit seiner Cloud-Expertise umfassend bereichert und zum

Chinakapitel zahlreiche Anregungen beigetragen. Der Leiter unser Rechtsabteilung Marco Lechner hat bedeutenden Input gegeben.

Viele Kolleginnen und Kollegen von Accenture Research haben Inhalten, Ideen und Inspriration beigetragen: Stefan Bongardt, Shiva Adari und Patricia Faust aus dem deutschen Team sei herzlichst gedankt. Aus dem internationalen Research haben Tomas Castagnino, Doug Chandler, Laura Converso, María Frugoni, Taylor Li Guo, Francis Hintermann, Samyukta Mallapragada, Kelly Monahan, Surya Mukherjee, Pradeep Roy, Swati Sah, Vedrana Savic und Nataliya Sysenko mit Industrieexpertise, Daten und Insights unterstützt.

Emela Alihodzic hat in allen Stadien dieses Buches stets den Überblick gehabt, notwendige Materialien beigesteuert, auch selbst wichtigen Input gegeben und für nahtlosen und spannungsfreien Kontakt zwischen allen Beteiligten gesorgt. Das hat die Arbeit sehr erleichtert – herzlichen Dank dafür. Herzlichen Dank auch an Nadja El Maimouni und Sabine Fernandes, die für uns die Fäden zusammengehalten haben!

Dr. Petra Thorbrietz hat unser Projekt als Science Writer begleitet und durch ihre vielen Fragen viele Antworten provoziert, die hoffentlich zum besseren Verständnis dieses doch komplexen Themas beitragen. Petra, Du bist großartig!

Jens Schadendorf hat wichtige Anregungen und Hilfestellungen für dieses Buch geliefert und uns nicht nur bei der verlegerischen Seite beraten, sondern auch über Abgabefristen und formale Hürden hinweggeholfen.

Auch diese Mal haben unsere Familien Renate, Kim, Francis und Phil, Insa, Gorden, Tina und Arnika mit Geduld und Interesse unterstützt. Das Cover basiert auf einer Designidee von Finn Falk, dem Sohn der Autorin Svenja Falk, dafür einen großen Dank.

Stimmen zum Buch

»Wir müssen die Debatte um digitale Souveränität in Europa viel ambitionierter und lösungsorientierter führen. Dieses Buch hilft uns dabei!«

Dirk Hoke, CEO Airbus Defence and Space

»Frisches Denken, innovative digitale Perspektiven, neue Wettbewerbschancen für Deutschland und Europa. Frank Riemensperger und Svenja Falk haben ein wegweisendes Buch geschrieben.«

Prof. Dr. Henning Kagermann, Vorsitzender des Kuratoriums der Deutschen Akademie der Technikwissenschaften (acatech)

»›Neues wagen‹ bündelt Einflussfaktoren im digitalen Zeitalter und bietet ein schlüssiges Komplettpaket für digitale Vorreiter. Ein wegweisendes Buch zur richtigen Zeit.«

Prof. Dieter Kempf, Präsident des Bundesverbands der Deutschen Industrie e.V.

»Svenja Falk und Frank Riemensperger zeigen, dass man die Wirtschaft nicht ohne die Politik verstehen kann und umgekehrt. Wegweisend auch für die Wissenschaft.«

Prof. Dr. Andrea Römmele, Hochschulleitung Hertie School

»Die Autoren zeigen neue Perspektiven für digitale Plattformen & Ökosysteme in Deutschland und Europa auf – eine echte Chance und eine Pflichtlektüre für digitale Pioniere.«

Dr. Tanja Rückert, CEO/President BOSCH Building Technologies

»Riemensperger und Falk inspirieren mit ihrem Buch und machen Mut, neue Wege zu gehen. Pflichtlektüre für digitale Vordenker – spannend, aktivierend und am Puls der Zeit.«

Karl-Heinz Streibich, Präsident der Deutschen Akademie der Technikwissenschaften (acatech)

»Das Buch liefert eine echte Motivation zum Handeln für die nächste Dekade und zeigt auf, wie wir uns in Deutschland schnellstens transformieren müssen. Großer Lesetipp!«

Dr. Eberhard Veit – Geschäftsführender Gesellschafter 4.0-VeIT GmbH

»Das Buch schlägt einen Plan vor, wie Deutschland die globalen Herausforderungen nutzen kann, um sich neu aufzustellen – konkret, innovativ, inspirierend.«

Prof. Dr. Dr. h.c. mult. Wolfgang Wahlster, CEA des Deutschen Forschungszentrums für Künstliche Intelligenz GmbH (DFKI)

»Ein authentisches, wertvolles Buch – mit umfassenden Beispielen und voller praxisorientierter Erkenntnisse. Absolut empfehlenswert.«

Dr. Peter Weckesser, Chief Digital Officer Schneider Electric

Über die Autoren

Frank Riemensperger ist Vorsitzender der Geschäftsführung von Accenture für die Ländergruppe Deutschland, Österreich und Schweiz und Teil des Accenture Global Management Committee. Als Experte für Digitalisierung und komplexe IT-gestützte Business-Transformation sitzt er im Senat der Deutschen Akademie der Technikwissenschaften acatech und im Präsidium des IT-Branchenverbandes Bitkom.

Svenja Falk ist Managing Director Accenture Research. Sie verantwortet Markt- und Trendstudien sowie die Strategieentwicklung zur Accenture-Agenda für Vorstände weltweit. Sie ist Expertin für digitale Geschäftsmodelle und Honorarprofessorin an der Justus-Liebig-Universität Gießen sowie Fellow an der Hertie School, Berlin.

Anmerkungen

[1] Jin Wu et al: *How the Virus Got Out*. In: The New York Times. 20.3.2020 (Online: https://www.nytimes.com/interactive/2020/03/22/world/coronavirus-spread.html?referringSource=articleShare, Zugriff 10.6.2020).

[2] Yuval Harari: *The World after Coronavirus*. In: Financial Times 20.3.2020 (Online: https://www.ft.com/content/19d90308-6858-11ea-a3c9-1fe6fedcca75, Zugriff am 10.6.2020).

[3] Jennifer Rankin: *Coronavirus could be final straw for EU*. In: The Guardian, 1.4.2020 (Online: https://www.theguardian.com/world/2020/apr/01/coronavirus-could-be-final-straw-for-eu-european-experts-warn, Zugriff 10.6.2020).

[4] Sigmar Gabriel: *Mehr Mut! Aufbruch in ein neues Jahrzehnt*, Freiburg 2020.

[5] Christian Geinitz: *Kliniken erhalten mehr Geld zur Coronabekämpfung*. In: FAZT 23.3.2020 (Online: https://www.faz.net/aktuell/wirtschaft/kliniken-erhalten-mehr-geld-zur-corona-bekaempfung-16692360.html, Zugriff 10.6.2020).

[6] Annelies G.Blom et al: *Mannheimer Corona-Studie: Das Leben in Deutschland im Ausnahmezustand*. Mai 2020 (online: https://www.uni-mannheim.de/media/Einrichtungen/gip/Corona_Studie/08-05-2020_Ergebnistabellen_zum_Tagesbericht.pdf, Zugriff 10.6.2020).

[7] https://www.bitkom.org/Presse/Presseinformation/Corona-Pandemie-Arbeit-im-Homeoffice-nimmt-deutlich-zu (Zugriff 10.6.2020).

[8] https://de.statista.com/infografik/21121/umfrage-zum-arbeiten-im-home-office-wegen-des-coronavirus/(Zugriff 16.4.2020).

[9] Lisa Brack: *Deutschland ist zuhause*. In: Chip, 27.3.2020 (Online: https://www.chip.de/news/Deutschland-ist-zuhause-Haelt-das-Netz-von-Telekom-Vodafone-und-Co.-das-aus_182552718.html, Zugriff 10.6.2020).

[10] https://onlinemarketing.de/unternehmensnews/coronakrise-apple-google-tracking-apps (Zugriff 10.6.2020)

[11] Statista Oktober 2020 (online: https://de.statista.com/infografik/17818/iwf-prognose-zur-weltwirtschaft/; Zugriff am 4.11.2020)

[12] Adam Tooze: *How coronavirus almost brought down the global financial system*, The Guardian 14.4.2020 (online: https://www.theguardian.com/business/2020/apr/14/how-coronavirus-almost-brought-down-the-global-financial-crisis, Zugriff 10.6.2020).

[13] https://www.atlanticcouncil.org/blogs/geotech-cues/supply-chains-and-the-effects-of-covid-19-geopolitics-and-technological-innovation (Zugriff 10.06.2020).

[14] Francis Fukuyama: *Das Ende der Geschichte*, München 1992.

[15] O.V: *The Retreat of the Global Company*. In: The Economist 28.1.2017 (Online: https://www.economist.com/briefing/2017/01/28/the-retreat-of-the-global-company, Zugriff 10.6.2020).

[16] *ARD/ZDF-Onlinestudien 1998 – 2007* (https://www.bundestag.de/resource/blob/414768/797fa31a4e17ca56bef9ebb6fb0306fc/wd-10-070-07-pdf-data.pdf, Zugriff 20.2.2020).

[17] https://de.wikipedia.org/wiki/Grafische_Benutzeroberfl%C3%A4che, Zugriff 10.6.2020.

[18] O.V.: *Der typische Facharbeiter hat ein Problem*. In: DIE ZEIT, 19.9.2017 (Online: https://www.zeit.de/arbeit/2017-09/kuenstliche-intelligenz-roboter-arbeitsmarkt-studie, Zugriff 10.6.2020)

[19] Alan M.Webber: *Whats so New about the New Economy?* In: Harvard Business Review, 1/2 1993 (Online: https://hbr.org/1993/01/whats-so-new-about-the-new-economy, Zugriff 10.6.2020).

[20] Philipp Staab: *Digitaler Kapitalismus: Markt und Herrschaft in der Ökonomie der Unknappheit*, Berlin 2019.

21 Kevin Kelly: *New Rules for the New Economy*. In: Wired, 9.1.1997 (Online: https://www. wired.com/1997/09/newrules/, Zugriff 10.6.2020).

22 Michael Mandel: *The Triumph Of The New Economy*. 30.12.1996 (Online: https://www.bloomberg.com/news/articles/1996-12-29/the-triumph-of-the-new-economy, Zugriff 10.6.2020).

23 https://www.internetworldstats.com/emarketing.htm (Zugriff 10.6.2020).

24 Joseph Nocera: *Do You Believe? How Yahoo! Became A Blue Chip. A tale of how Wall Street and the rest of us learned to stop worrying and love an insanely valued Internet stock.* In: Fortune Magazine, 7.6.1999 (Online: https://archive.fortune.com/magazines/fortune/fortune_archive/1999/06/07/261087/index.htm, Zugriff 10.6.2020).

25 O.V.: *Die Online-Revolution*. In: DER SPIEGEL 3/2000 (Online: https://magazin.spiegel.de/EpubDelivery/spiegel/pdf/15433393, Zugriff 10.6.2020).

26 Upload-Magazin, 4.8.2019 (Online: https://upload-magazin.de/37969-google-facebook-amazon-anzeigen-vergleich/, Zugriff 10.6.2020)

27 Andrea Ovans: *What is a Business Model?* In: Harvard Business Review, 23.1.2015 (Online: https://hbr.org/2015/01/what-is-a-business-model, Zugriff 25.2.2020)

28 HBR's 10 Must Reads 2017: *The Definitive Management Ideas of the Year from Harvard Business Review*, Seite 28 (Übersetzung durch Autorin).

29 YangZhaoa, Stephan von Delft, Anna Morgan-Thomas, TrevorBuck: *The evolution of platform business models: Exploring competitive battles in the world of platforms*. https://doi.org/10.1016/j.lrp.2019.101892 (Online: https://www.sciencedirect.com/science/article/pii/S0024630118306368#!, Zugriff 10.6.2020).

30 Hans-Jürgen Papier: *Die Warnung*, München 2019, S. 152.

31 Commerzbank-Studie: *Finanzkrise kostet über 10 Billionen Dollar*. In: Handelsblatt 29.8.2009 (Online: https://www.handelsblatt.com/politik/konjunktur/oekonomie/nachrichten/commerzbank-studie-finanzkrise-kostet-ueber-10-billionen-dollar/3247524.html?ticket=ST-6511691-RlCdEIpW3VlBbPzgV7gm-ap4, Zugriff 10.6.2020).

32 Adam Tooze: *Crashed. How a decade of financial crisis changed the world*, Viking 2018.

33 Stiftung Wissenschaft und Politik. Deutsches Institut für Internationale Politik und Sicherheit: Themendossier Finanz- und Schuldenkrise. (Online: https://www.swp-berlin.org/swp-themendossiers/finanz-und-schuldenkrise/ Zugriff 12.5.2020).

34 O.V: *Dreaming with BRICs: The Path to 2050*. (Online: https://www.goldmansachs.com/insights/archive/brics-dream.html, Zugriff 10.6.2020).

35 O.V: *Globalisation has Faltered*. In: The Economist, 24.1.2019 (Online: https://www.economist.com/briefing/2019/01/24/globalisation-has-faltered, Zugriff 10.6.2020).

36 We are Social: *Digital in 2020* (Online: https://wearesocial.com/digital-2020, Zugriff 10.6.2020).

37 Svenja Falk, Andrea Römmele und Michael Silvermann: *The Promise of Digital Government*, Springer Switzerland 2017.

38 Jeremy Rifkin: *The Age of Access*. New York City 2001.

39 Hans-Jürgen Papier: *Die Warnung*, München 2019, S. 47 f.

40 https://en.wikipedia.org/wiki/WikiLeaks (Zugriff 10.6.2020).

41 David E. Sanger/ David McCabe: *Huawei Is Winning the Argument in Europe, as the U.S. Fumbles to Develop Alternatives*. In: The New York Times, 17.2.2020 (Online: https://www.nytimes.com/2020/02/17/us/politics/us-huawei-5g.html, Zugriff 10.6.2020).

42 The White House (ed): *Remarks by President Obama to the Australian Parliament*, 17.11.2011 (Online: https://obamawhitehouse.archives.gov/the-press-office/2011/11/17/remarks-president-obama-australian-parliament, Zugriff 10.6.2020).

43 O.V.: *The Retreat of the Global Company*. In: The Economist, 28.1.2017 (Online: https://www.economist.com/briefing/2017/01/28/the-retreat-of-the-global-company, Zugriff 10.6.2020).

[44] Munich Security Report 2020: *Westlessness*. (Online: www.securityconference.org/en/publications/munich-security-report/, Zugriff 19.2.2020).

[45] Gordana Mijuk: *Die Herrschaft der westlichen Welt ist zu Ende. Das sagt ein Mann, der es wissen muss*. In: NZZ am Sonntag, 21.4.2018 (Online: https://nzzas.nzz.ch/hintergrund/die-herrschaft-der-westlichen-welt-ist-zu-ende-ld.1379558?reduced=true, Zugriff 10.6.2020).

[46] Kishore Mahbubani: *Has the West lost it?*, London 2018.

[47] Asienhaus-Rundbrief 11/2008 (Online: https://www.asienhaus.de/public/archiv/hansen-interview-mahbubani.pdf, Zugriff 10.6.2020).

[48] Edelman (ed): *Twenty Years of Trust* (Online: https://www.edelman.com/20yearsoftrust/#09-essay-4, Zugriff 10.6.2020)

[49] Parag Khanna: *The Future is Asian*, London 2019, S. 18.

[50] https://www.edelman.com/sites/g/files/aatuss191/files/2020-01/2020%20Edelman%20Trust%20Barometer%20Global%20Report.pdf accessed 4.10.2020

[51] Branko Milanovic: *The future of the system that rules the world*, Harvard University Press 2019.

[52] Ibidem.

[53] Niall Ferguson: *Wir sind alle Staatskapitalisten*. In: DIE ZEIT, 17.11.2011 (Online: https://www.zeit.de/2011/47/Kapitalismus-Ferguson/komplettansicht, Zugriff 10.6.2020).

[54] Centre for the Future of Democracy (ed.): *Report. Global Satisfaction with Democracy 2020*. Cambridge 2020.

[55] Ibidem, S. 23.

[56] Unctad (ed): *Global Investment Trends and Prospects. World Investment Report 2019* (Online: https://unctad.org/en/PublicationChapters/WIR2019_CH1.pdf, p. 4f, Zugriff 10.6.2020).

[57] https://unctad.org/en/PublicationsLibrary/wir2019_en.pdf

[58] Peterson Institute for International Economics (ed): *What is Globalization?* (Online: https://www.piie.com/microsites/globalization/what-is-globalization, Zugriff 10.6.2020).

[59] O.V.: Donald Trump: *Die Zukunft gehört Patrioten*. In: Zeit Online, 24.9.2019 (Online: https://www.zeit.de/politik/ausland/2019-09/donald-trump-usa-patriotismus-globalisierung-iran-drohung, Zugriff 10.6.2020).

[60] Josef Braml: *Donald Trump, der Sieger des G20-Gipfels*. In: Cicero, 20.6.2019 (Online: https://www.cicero.de/aussenpolitik/donald-trump-g20-gipfel-osaka-japan, Zugriff 10.6.2020).

[61] Tanja Brühl: *Krise des Multilateralismus – Krise der Vereinten Nationen?* In: Vereinte Nationen. O. D. (Online: https://zeitschrift-vereinte-nationen.de/suche/zvn/artikel/krise-des-multilateralismus-krise-der-vereinten-nationen/, Zugriff 10.6.2020).

[62] Robert Schwarz: *Demokratie unter Druck: Polarisierung und Repression nehmen weltweit zu*. O.D. (Online: https://www.bertelsmann-stiftung.de/de/themen/aktuelle-meldungen/2018/maerz/demokratie-unter-druck-polarisierung-und-repression-nehmen-weltweit-zu/, Zugriff 10.6.2020).

[63] https://www.welt.de/politik/ausland/article207040107/Coronavirus-in-Grossbritannien-Die-historische-Rede-der-Queen.html

[64] Andrea Dernbach: *Zahl der Covid-19-Neuansteckungen verlangsamt sich*. In: der Tagesspiegel. Update 25.3.2020. (Online: https://www.tagesspiegel.de/politik/hoffnungszeichen-fuer-italien-zahl-der-Covid-19-neuansteckungen-verlangsamt-sich/25680276.html, Zugriff 10.6.2020).

[65] Tagessschau.de, 20.3.2020 (Online: https://www.tagesschau.de/inland/merkel-rede-109.html, Zugriff 1.6.2020).

[66] https://www.statista.com/statistics/263264/top-companies-in-the-world-by-market-capitalization/ (Zugriff 10.6.2020)

[67] Thomas Philippon: The Great Reversal. The Great Reversal: How America Gave Up on Free Markets. Harvard University Press 2019.

[68] Thomas Philippon: Monopolies cost Americans $300 a month. We're no longer the land of free markets. In: The Guardian, 13.11.2019 (online: https://www.theguardian.com/commentisfree/2019/nov/13/america-was-once-the-land-of-free-markets-now-theyre-becoming-a-myth, Zugriff 27.4.2020)

[69] IMF (ed.): *World Economic Outlook, Growth Slowdown, Precarious Recovery*, April 2019 (Online: https://www.imf.org/en/Publications/WEO/Issues/2019/03/28/world-economic-outlook-april-2019#Chapter%202, Zugriff 27.4.2020).

[70] Heise online 9/2017: *Putin: Wer bei KI in Führung geht, wird die Welt beherrschen* (Online: https://www.heise.de/newsticker/meldung/Putin-Wer-bei-KI-in-Fuehrung-geht-wird-die-Welt-beherrschen-3821332.html, Zugriff 10.6.2020).

[71] Ralph Thiele: *Technologie und Resilienz im Spiegel der Münchner Sicherheitskonferenz 2020*. In: PI Politik Spezial (Online: https://politik.der-privatinvestor.de/start/technologie-und-resilienz-im-spiegel-der-muenchner-sicherheitskonferenz-2020, Zugriff 10.6.2020).

[72] Thomas Reichart: *Das Feuer des Drachen. Was Chinesen antreibt, wo sie dominieren und warum sie über uns lachen*, München 2020: S. 11 ff.

[73] Clifford Geertz: *Available Light: Anthropological Reflections on Philosophical Topics*, Princeton 2001, S. 121.

[74] https://merics.org/en/report/tracing-testing-tweaking

[75] Jean-Pierre Voiret: *China – Wiege des Wissens*. In: Spektrum.de, 1.1.1996 (Online: https://www.spektrum.de/magazin/china-wiege-des-wissens/822791, Zugriff 10.6.2020).

[76] Sebastian Heilmann and Elizabeth J. Perry: *Embracing Uncertainty: Guerrilla Policy Style and Adaptive Governance in China*. In: Mao's Invisible Hand: *The Political Foundations of Adaptive Governance in China*, Harvard University Press, 2011, 1-29. (Online: http://www.chinapolitik.org/files/no_103.pdf, Zugriff 7.1.2020).

[77] Sebastian Heilmann: *Red Swan: How Unorthodox Policy-Making Facilitated China's Rise*, The Chinese University of Hong Kong Press 2018.

[78] Sigmar Gabriel: *Mehr Mut! Aufbruch in ein neues Jahrzehnt*; Herder 2020, S. 38.

[79] https://en.wikipedia.org/wiki/Economic_history_of_China_(1949%E2%80%93present)#Reform_and_opening,_beginning_in_1982 (Zugriff 7.1.2020).

[80] Wolfgang Hirn, Shenzen. *Die Weltwirtschaft von morgen*. Frankfurt 2020; S. 15 ff.

[81] https://sites.google.com/site/fengbozhang/, Zugriff 10.6.2020.

[82] Wolfgang Hirn, Shenzen. Die Weltwirtschaft von morgen. Frankfurt 2020, S. 168 f.

[83] Stephan Bosshart, Thomas Luedi, and Emma Wang: *Past lessons for China's new joint ventures* (Online: https://www.mckinsey.com/business-functions/strategy-and-corporate-finance/our-insights/past-lessons-for-chinas-new-joint-ventures, Zugriff 7.1.2020).

[84] https://en.wikipedia.org/wiki/Automotive_industry_in_Germany (Zugriff 7.1.2020).

[85] Sebastian Viehmann: *Neue Regeln: Wie deutsche Autobauer von Chinas Automarkt profitieren*. In: Focus Online 24.4.2018. (Online: https://www.focus.de/auto/china-schafft-joint-venture-zwang-ab-was-wirklich-hinter-chinas-oeffnung-steckt-und-warum-es-auch-deutschen-autobauern-hilft_id_8791406.html, Zugriff 7.1.2020).

[86] https://en.wikipedia.org/wiki/Economic_history_of_China_(1949%E2%80%93present)#Reform_and_opening,_beginning_in_1982 (Zugriff 7.1.2020).

[87] Seth Falson: *China's Leader Announces Sell-Off of State Enterprises*. In: The New York Times, 13.9.1997.

[88] https://en.wikipedia.org/wiki/Economic_history_of_China_(1949%E2%80%93present)#Reform_and_opening,_beginning_in_1982 (Zugriff 7.1.2020).

[89] Tagesschau, 4.3.2020 (Online: https://www.tagesschau.de/investigativ/ndr/zwangsarbeit-china-101.html, Zugriff 24.8.2020)

[90] Hong Jiang: *Die Bedeutung der weichen Erfolgsfaktoren im Management der chinesisch-deutschen Joint Ventures in China aus chinesischer Perspektive*. Dissertation zur Erlangung des Doktorgrades Doktorin der Philosophie (Dr. phil.) des Fachbereichs Kultur-und Sozialwissenschaften der Universität Osnabrück, 2018 (Online: https://repositorium. ub.uni-osnabrueck.de/handle/urn:nbn:de:gbv:700-2018032816746, Zugriff 7.1.2020).

[91] CNN: *China passes Germany in Economic Rankings*, 15.1.2009 (Online: http://edition. cnn.com/2009/WORLD/asiapcf/01/15/china.economy.index.html?iref=topnews, Zugriff 10.6.2020).

[92] Angela Monaghan: *China surpasses US as world's largest trading nation*. In: The Guardian 10.1.2014 (Online: https://www.theguardian.com/business/2014/jan/10/china-surpasses-us-world-largest-trading-nation, Zugriff 7.1.2020).

[93] World International Property Organization (WIPO) (ed): *China Becomes Top Filer of International Patents in 2019 Amid Robust Growth for WIPO's IP Services*, Treaties and Finances, 7.4.2020 (Online: https://www.wipo.int/pressroom/en/articles/2020/article_0005. html, Zugriff 10.6.2020).

[94] http://german.china.org.cn/txt/2016-01/26/content_37666142.htm

[95] Thomas Reichart: *Das Feuer des Drachen. Was Chinesen antreibt, wo sie dominieren und warum sie über uns lachen*, München 2020: S.13.

[96] Quan Heng: *Navigating China's Economic Development in the New Era: From High-Speed to High-Quality Growth*. In: China Quarterly of International Strategic Studies, Vol. 4, No. 2, 177–192 DOI: 10.1142/S2377740018500161.

[97] China-Britain Business Council: *MADE IN CHINA 2025*. China Manufacturing in the 21st Century – Opportunities for UK-China Partnership (Zugriff 7.1.2020).

[98] Sebastian Heilmann and Elizabeth J. Perry: *Embracing Uncertainty: Guerrilla Policy Style and Adaptive Governance in China*. In: Mao's Invisible Hand: The Political Foundations of Adaptive Governance in China, Harvard University Press, 2011, p 4 (Online: http://www.chinapolitik.org/files/no_103.pdf, Zugriff 7.1.2020).

[99] Julia Lovell: *Maoism. A Global History*, London 2019.

[100] Matthew Cranston: *Australia's export share to China hits record high 38pc. In: Financial Review*, 1.10.2019 (Online: https://www.afr.com/policy/economy/australia-s-export-share-to-china-hits-record-high-38pc-20190930-p52w9y, Zugriff 7.1.2020).

[101] Parag Khanna: *The Future is Asian*, London 2019, S. 1 ff.

[102] https://www.focus.de/politik/experten/in-der-coronakrise-die-leisetreterei-der-europaeer-oeffnet-chinas-machtausbau-tuer-und-tor_id_11968446.html Zugriff 4.10.2020

[103] Markus Gatzke et al: *Höher, weiter, schneller*, China. In: DIE ZEIT, 7.5.2018 (Online: https://www.zeit.de/2018-04/wirtschaft-china-entwicklung-digitalisierung-staedte-konzerne-zahlen/komplettansicht, Zugriff 8.1.2020).

[104] The World Economic Forum, 2.7.2019 (Online: https://www.weforum.org/agenda/2019/07/china-and-the-world/, Zugriff 10.6.2020).

[105] https://www.statista.com/statistics/456342/realtive-comparison-of-value-added-in-manufacturing-of-leading-countries Zugriff 10.4.2020

[106] https://de.statista.com/statistik/daten/studie/37013/umfrage/ranking-der-top-20-export-laender-weltweit/ (Zugriff 10.6.2020).

[107] https://www.economist.com/special-report/2019/07/11/supply-chains-for-different-industries-are-fragmenting-in-different-ways Zugriff: 4.10.2020

[108] *Wall Street Journal*. In: You Tube (Online: https://www.youtube.com/watch?v=WwX6tkiCNOo, Zugriff 10.6.2020).

[109] Andrea Durkin: *American and Chinese Consumers are Shopping like there is no trade war*. In: Global Trade, 9.12.2019 (Online: https://www.globaltrademag.com/american-and-chinese-consumers-are-shopping-like-theres-no-trade-war/, Zugriff 18.8.2020).

[110] Liang Bai, Sebastian Stumpner: *Estimating US Consumer Gains from Chinese Imports.* In: America Economic Review, vol. 1, no. 2, September 2019 (Online: https://www.aea-web.org/issues/561, Zugriff 18.8.2020).

[111] Pressemeldung der International Federation of Robotics, 18.9.2019 (Online: https://ifr.org/downloads/press2018/IFR%20World%20Robotics%20Presentation%20-%2018%20Sept%202019.pdf, Zugriff 7.1.2020).

[112] Kristin Huang: *China's spending on research and development up 11.98 percent to US $_275 billion in 2018:* In: South China Morning_ Post, 1.9.2019 (Online: https://www.scmp.com/economy/china-economy/article/3025268/chinas-spending-research-and-development-118-cent-us275, Zugriff 10.6.2020).

[113] Garment Industry Report, 2´5.7.2017 (Online: https://intrepidsourcing.com/industry-reports/garment-industry-report/, Zugriff 10.6.2020).

[114] Michael Wang: *Amid Trade War, A Look at cbina's Role in Global Economy.* In: medium 15.8.2019 (Online: https://medium.com/@miccowang/amid-trade-war-a-look-at-chinas-role-in-global-economy-8ba8fc6a11a8, Zugriff 7.1.2020).

[115] Software management: *Security imperative, business opportunity*, BSA Global Software Survey, BSA The Software Alliance, June 2018.

[116] Garment Industry Report, 25.7.2017 (Online: https://intrepidsourcing.com/industry-reports/garment-industry-report/, Zugriff 10.6.2020).

[117] Eamon Barrett: *Manufacturers Are Considering Leaving China. But It Isn't All Because of the Trade War*, In: Fortune 7.6.2019. (Online: https://fortune.com/2019/06/07/us-china-trade-war-manufacturers-leaving/, Zugriff 7.1.2020).

[118] phoenix plus: *Angst vor China? Die Neue Seidenstraße*, 14.5.2019 (Online: https://www.youtube.com/watch?v=QorqLs49ado, Zugriff 7.1.2020).

[119] McKinsey Global Institute: *China and the World.* June 2019, S. 67.

[120] Andreas Rostek-Buetti: China: *Auf dem Weg zum »qualitativen Wachstum«?* In: Deutsche Welle, 17.1.2020 (Online: https://www.dw.com/de/china-auf-dem-weg-zum-qualitativen-wachstum/a-52041925, Zugriff 26.1.2020).

[121] Congressional Research Service: *China's Economic Rise: History, Trends, Challenges, and Implications for the United States.* Updated 25.6.2019.

[122] Rebecca Fannin: *Tech Titans of China. How China's Tech Sector is Challenging the World by Innovating Faster*, Working Harder & Going Global. 2019.

[123] O.V: *Microprocessors. From Bottom to Top. China is slowly moving up the microprocessing value chain.* In: The Economist, January 4th, 2020, S. 11(Online: https://www.economist.com/technology-quarterly/2020/01/02/china-is-slowly-moving-up-the-micro-processing-value-chain, Zugriff 10.6.2020).

[124] BMBF (2018 b): *Quantentechnologien – von den Grundlagen zum Markt.* Rahmenprogramm der Bundesregierung.

[125] Chris Baraniuk: *China's Xinhua agency unveils AI news presenter.* BBC News 8.11.2018 (Online: https://www.bbc.com/news/technology-46136504, Zugriff 1.6.2020).

[126] Foundation for Law and International Affairs: *China's New Generation of Artificial Intelligence Development Plan.* 30.7.2017 (Online: https://flia.org/notice-state-council-issuing-new-generation-artificial-intelligence-development-plan/, Zugriff 9.1.2020).

[127] Stephen Chen: *Artificial intelligence, immune to fear or favour, is helping to make China's foreign polity.* In. South China Morning Post, 30.7.2018 (Online: https://www.scmp.com/news/china/society/article/2157223/artificial-intelligence-immune-fear-or-favour-helping-make-chinas, Zugriff 10.6.2020).

[128] O.V.: *The US just blacklisted 8 Chinese AI firms. It could be what China's AI industry needs.* In: MIT Technologie Review, 8.10.2019 (Online: https://www.technologyreview.com/f/614494/china-ai-firms-blacklisted-xinjiang-ai-chips/ Zugriff 10.6.2020).

[129] O.V.: *China's success at AI has relied on good data*. In: The Economist 20.1.2020 (Online: https://www.economist.com/technology-quarterly/2020/01/02/chinas-success-at-ai-has-relied-on-good-data, Zugriff 10.6.2020).

[130] Siehe Endnote 114.

[131] https://newzoo.com/insights/rankings/top-countries-by-smartphone-penetration-and-users/ (Zugriff 9.1.2020).

[132] The State of E-Commerce: *Asia-Pacific*, zitiert in https://mobilbranche.de/2019/04/mobile-schluessel-ecommerce-china / (Zugriff 8.1.2020).

[133] https://buildfire.com/mobile-ecommerce-stattistics-data/ (Zugriff 8.1.2020).

[134] https://techkou.net/business-it/meituan-grosse-verluste-bei-mobike-und-starker-umsatz/ (Zugriff 10.6.2020).

[135] Elad Natanson: *The Miraculous Rise Of Pinduoduo And Its Lessons*. In: Forbes 4.12.2019 (Online: https://www.forbes.com/sites/eladnatanson/2019/12/04/the-miraculous-rise-of-pinduoduo-and-its-lessons/#4715ae681f13, Zugriff 10.6.2020).

[136] Natalie Sherman: *Is China gaining an Edge in Artificial Intelligence*, BBC News, 12.11.2019 (Online: https://www.bbc.com/news/business-50255191, Zugriff 7.1.2020).

[137] 2019 Fortune Global 500 (Online: https://fortune.com/global500/2019/, Zugriff 8.1.2020).

[138] Howard Silverblatt, S&P 500 2017: *Global sales, S & P Dow Jones Indices*, August 2018 (Online: us.spindices.com/indexology/djia-and-sp-500/sp-500-global-sales, Zugriff 10.6.2020).

[139] Jeff Desjardins: *Tech's 20 largest companies are based in 2 countries*. In: Business Insider, 207.2018 (Online: https://www.businessinsider.com/techs-20-largest-companies-are-based-in-2-countries-2018-7, Zugriff 10.6.2020).

[140] Tiana Hsu: *Was ist Tiktok eigentlich?* In: Der Standard, 15.9.2019 (Online: https://www.derstandard.at/story/2000107408258/was-ist-tiktok-eigentlich, Zugriff 10.6.2020).

[141] https://www.bondcap.com/report/itr19/ Zugriff: 4.10.2020

[142] https://www.statista.com/statistics/226793/e-commerce-revenue-of-alibabacom/

[143] Yang Yang: *DJI seeks new round of financing with company value of $15b*. In: China Daily, 21.3.2018.

[144] Ingrid Lunden: *Didi confirms it has acquired 99 in Brazil to expand in Latin America*. In: TechCrunch, 8.2.2018.

[145] Kathy Gao: *Where Next For China's Technology Policy? Creatong the Industrial Internet*. In: Bloomberg NEF, 9.12.2019 (Online: https://about.bnef.com/blog/where-next-for-chinas-technology-policy-creating-the-industrial-internet/, Zugriff 10.6.2020)

[146] Ibidem.

[147] Winston Wenyan Ma: *Why the internet is yesterday's news in China's digital leap forward*. In: The World Economic Forum 16.9.2019 (Online: https://www.weforum.org/agenda/2019/09/why-the-internet-is-yesterdays-news-in-chinas-digital-leap-forward/ Zugriff 10.6.2020).

[148] Ana Cicenia: *China's Digital Economy: The Shape of Things to Come*. In: China Briefing, 4.1.2018 (Online: https://www.china-briefing.com/news/chinas-digital-economy-shape-things-come/, Zugriff 10.6.2020).

[149] *Notice on the Organization and Implementation of the Internet Plus Action, the Creation and Development of Artificial Intelligence and the Major Pilot Projects of Digital Economy in 2018*. Zitiert in: https://www.china-briefing.com/news/chinas-digital-economy-shape-things-come/ (Zugriff 9.1.2020).

[150] Kathy Gao: *Where Next for China's Technology Policy? Creating the Industrial Internet*. In: Bloomberg NEF, 9.12.2019 (Online: https://about.bnef.com/blog/where-next-for-chinas-technology-policy-creating-the-industrial-internet/Zugriff 10.6.2020).

[151] https://merics.org/sites/default/files/2020-06/MERICSReportDigitalPlatformEconomy-DE03.pdf Zugriff 4.10.2020

[152] https://www.accenture.com/_acnmedia/PDF-115/Top500-Studie-Deutschland-Weltmarktf%C3%BChrer-von-morgen.pdf#zoom=50 (Zugriff 10.6.2020).

[153] https://en.tuya.com (Zugriff 10.6.2020).

[154] O.V.: *Haier Unveils 5G-Empowered COSMOPlat at Hannover Messe, Illuminating the Future of the Industrial Internet*. In: Wallstreet online, 5.4.2019 (Online: https://www.wallstreet-online.de/nachricht/11364864-haier-unveils-5g-empowered-cosmoplat-at-hannover-messe-illuminating-the-future-of-the-industrial-internet, Zugriff 10.6.2020).

[155] Sino-German Company Working Group on Industrie 4.0 / Intelligent Manufacturing (AGU) Value Networks as the Foundation for Digital Business Models – Use Cases from Germany and China. 2019.

[156] https://blog.hootsuite.com/wechat-marketing/ (Zugriff am 10.1.2020).

[157] https://www.businessofapps.com/data/wechat-statistics/ (Zugriff 10.6.2020).

[158] Ibidem.

[159] https://www.itopnews.de/2020/08/trump-wechat-verbot-nur-in-den-usa-nicht-in-china/ (Zugriff: 24.8.2020).

[160] Tony DeGennaro: *The Ultimate Beginner's Guide to WeChat Official Accounts for Business*. In: Dragonsocial, 28.1.2019 (Online: https://www.dragonsocial.net/blog/beginner-guide-wechat-for-business/#Business, Zugriff am 10.1.2020).

[161] Sino-German Company Working Group on Industrie 4.0 / Intelligent Manufacturing (AGU): Value Networks as the Foundation for Digital Business Models – Use Cases from Germany and China. 2019.

[162] Shunfeng, *Annual Report* 2018, S. 16.

[163] https://de.statista.com/statistik/daten/studie/681259/umfrage/absatz-von-elektroautos-in-ausgewaehlten-maerkten-weltweit/ (Zugriff 10.6.2020).

[164] Klaus Hecking, Bernhard Zand: *Der lange Marsch zurück*. In: Der SPIEGEL, 4.1.2020 (Online: https://www.spiegel.de/wirtschaft/unternehmen/elektroautos-in-china-subventionen-gehen-zurueck-a-1302662.html, Zugriff 10.6.2020).

[165] https://ecomento.de/2019/05/15/elektroauto-startup-nio-expandiert-in-spaetestens-fuenf-jahren-nach-europa/ (Zugriff 10.6.2020).

[166] Christoph Hammerschmidt: *China shifts down in e-mobility, study says*. In: ee News Automotive, 15.1.2020 (Online: https://www.eenewsautomotive.com/news/china-shifts-down-e-mobility-study-says/page/0/1, Zugriff 10.6.2020).

[167] https://auto-institut.de/e-mobility/

[168] Aditya Chaturvedi: *The China way: Use of technology to combat Covid-19*. In: Geospatial World, 8.4.2020 (Online: https://www.geospatialworld.net/article/the-sino-approach-use-of-technology-to-combat-covid-19/, Zugriff 2.5.2020).

[169] Nicole Kobie: *The complicated truth about China's social credit system*. In: Wired, 7.6.2019 (Online: https://www.wired.co.uk/article/china-social-credit-system-explained, Zugriff: 2.5.2020).

[170] Ibidem.

[171] Kostka, Genia, China's Social Credit Systems and Public Opinion: Explaining High Levels of Approval, July 23, 2018 (Online at SSRN: https://ssrn.com/abstract=3215138 oder http://dx.doi.org/10.2139/ssrn.3215138, Zugriff 10.6.2020).

[172] Ibidem.

[173] Progressive Governance, Digital Summit 2020 (online: https://www.youtube.com/watch?v=iXJw-5dV6Ik&feature=emb_title; Zugriff 4.11.2020)

[174] Frank Riemensperger, Svenja Falk: *Titelverteidiger. Wie die deutsche Industrie ihre Spitzenposition auch im digitalen Zeitalter sichert*, München 2019.

[175] Vereinte Nationen (Hg): *Zeit für nachhaltige Entwicklung.* Bericht 2019 (Online: http://www.bmz.de/en/publications/languages/german/sMaterialie415_sdg_bericht.pdf, Zugriff 10.6.2020).

[176] Bundesverband der Deutschen Industrie, 6.10.2019 (Online: https://bdi.eu/artikel/news/globale-kraefteverschiebung0/ Zugriff 10.6.2020).

[177] Bundesministerium für Wirtschaft und Energie: Tourismus, O.D. (Online: https://www.bmwi.de/Redaktion/DE/Dossier/tourismus.html, Zugriff 10.6.2020).

[178] Siehe Endnote 157.

[179] Koen De Backer, Sébastien Miroudot, Davide Rigo: *Multinational enterprises in the global economy: Heavily discussed, hardly measured.* In: Vox CEPR Policy Portal (Online: https://voxeu.org/article/multinational-enterprises-global-economy, Zugriff 6.6.2020).

[180] Lee Branstetter et al: *The New Global Invention Machine: A Look Inside the R&D Networks of U.S. Multinationals, 2019* (Online: https://www.brookings.edu/wp-content/uploads/2019/12/Branstetter-et-al._The-New-Global-Invention-Machine_Brookings_v6.pdf, Zugriff am 22.2.2020).

[181] https://www.brookings.edu/wp-content/uploads/2019/12/Branstetter-et-al._The-New-Global-Invention-Machine_Brookings_v6.pdf Zugriff 4.10.2020

[182] https://www.oecd.org/sti/ind/analytical-amne-database.htm (Zugriff 10.6.2020).

[183] Siehe Endnote 160.

[184] Ibidem.

[185] Crédit Suisse: Global Wealth Report 2019. (Online: https://www.credit-suisse.com/about-us/en/reports-research/global-wealth-report.html, Zugriff am 19.1.2020).

[186] Ibidem, S. 26.

[187] https://www.credit-suisse.com/about-us/en/reports-research/global-wealth-report.html Zugriff: 4.10.2020

[188] Ibidem, S. 48.

[189] Sigmar Gabriel: *Mehr Mut! Aufbruch in ein neues Jahrzehnt.* Freiburg, 2020, S. 67.

[190] Ibidem, S. 67.

[191] https://de.statista.com/statistik/daten/studie/1929/umfrage/unternehmen-nach-beschaeftigtengroessenklassen/ (Zugriff 10.6.2020)

[192] Institut der Deutschen Wirtschaft (Hg): o.V. Hidden Champions: *Die Starken aus der zweiten Reihe.* In: iwd, 25.3.2019 (Online: https://www.iwd.de/artikel/hidden-champions-die-starken-aus-der-zweiten-reihe-424550/ Zugriff 10.6.2020)

[193] Ibidem.

[194] O.V.: *Deutschland als innovativste Nation der Welt eingestuft.* In: SPIEGEL Wirtschaft, 20.1.2020 (Online: https://www.spiegel.de/wirtschaft/unternehmen/deutschland-als-innovativste-nation-der-welt-eingestuft-a-a09f9e5a-6fad-4d8a-b58b-0172c29cbf39, Zugriff 10.6.2020).

[195] Stefan Reccius: *Eine Frage der Perspektive.* In: Börsen-Zeitung, 21.1.2020. (Online: https://www.boersen-zeitung.de/index.php?li=1&artid=2020013006&artsubm=ueberblick, Zugriff 16.3.2020).

[196] O.V.: *An awfully long expansion. For how long can today's global economic expansion last?* In: The Economist, 13.7.2019 (Online: https://www.economist.com/briefing/2019/07/13/for-how-long-can-todays-global-economic-expansion-last, Zugriff 10.6.2020).

[197] https://ec.europa.eu/info/business-economy-euro/economic-performance-and-forecasts/economic-forecasts/autumn-2019-economic-forecast-challenging-road-ahead_en (Zugriff 10.6.2020)

[198] O.V.: *Riding high. America's expansion is now the longest on record,* 11.7.2019 (Online: https://www.economist.com/leaders/2019/07/11/americas-expansion-is-now-the-longest-on-record, Zugriff 10.6.2020).

[199] https://www.worldbank.org/en/news/press-release/2020/01/08/modest-pickup-in-2020-amid-mounting-debt-and-slowing-productivity-growth (Zugriff 21.1.2020).

[200] O.V.: *Studie zu WTO-Mitgliedschaft USA, China und Deutschland profitieren am stärksten von Freihandel*, in: SPIEGEL 30.12.2019 (online: https://www.spiegel.de/wirtschaft/soziales/usa-china-und-deutschland-profitieren-am-staerksten-von-freihandel-a-1302609.html, Zugriff 10.6.2020).

[201] WTO: *World Trade Statistical Review 2019*, S. 5.

[202] Ibidem.

[203] Sigmar Gabriel: *Mehr Mut! Aufbruch in ein neues Jahrzehnt.* Freiburg 2020, S. 68.

[204] Federal Ministry for Economic Affairs and Energy (ed): *Facts about German Foreign Trade*, Berlin 2019 (Online: https://www.bmwi.de/Redaktion/EN/Publikationen/facts-about-german-foreign-trade.pdf?__blob=publicationFile&v=9, Zugriff 22.1.2020).

[205] Ilka Kopplin: *Globale Autobranche im Abwärtstrend.* In: FAZ, 28.8.2019 (Online: https://www.faz.net/aktuell/wirtschaft/auto-verkehr/ey-auswertung-globale-autobranche-im-abwaertstrend-16355408.html, Zugriff 6.6.2020).

[206] Jack Ewing: *The Car Industry is under Siege.* In: The New York Times, 6.6.2019 (Online: https://www.nytimes.com/2019/06/06/business/auto-industry-fiat-renault.html, Zugriff 10.6.2019).

[207] Michael Sivak: *Choosing not to drive: A transient or a permanent phenomenon?* In: Green Car Congress, 2.2.2019 (online: https://www.greencarcongress.com/2019/02/20190202-sivak.html, Zugriff 10.06.2019).

[208] https://www.destatis.de/DE/Themen/Gesellschaft-Umwelt/Bevoelkerung/Bevoelkerungsvorausberechnung/_inhalt.html (Zugriff 10.6.2020).

[209] https://www.economist.com/special-report/2019/07/11/supply-chains-are-undergoing-a-dramatic-transformation.

[210] O.V.: *Slowbalisation: Multinational companies are adjusting to shorter supply chains.* In: The Economist, 11.6.2019 (Online: https://www.economist.com/special-report/2019/07/11/multinational-companies-are-adjusting-to-shorter-supply-chains, Zugriff 10.06.2020).

[211] O.V.: *Three industries. Supply chains for different industries are fragmenting in different ways.* In: The Economist, 11.7.2019 (Online: https://www.economist.com/special-report/2019/07/11/supply-chains-for-different-industries-are-fragmenting-in-different-ways, Zugriff 10.6.2020).

[212] Siehe Endnote 190.

[213] O.V.: *Apple actions highlight diversification. In: Vietnam Investment Review*, 19.5.2020 (Online: https://www.vir.com.vn/apple-actions-highlight-diversification-76365.html, Zugriff 10.6.2020).

[214] https://www.atlanticcouncil.org/blogs/geotech-cues/supply-chains-and-the-effects-of-covid-19-geopolitics-and-technological-innovation/

[215] O.V.: *Digitisation is helping to deliver goods faster.* In: The Economist, 11.7.2019 (Online: https://www.economist.com/special-report/2019/07/11/digitisation-is-helping-to-deliver-goods-faster, Zugriff 10.6.2020).

[216] Lisandra Flach, Rahel Aichele, Martin Braml: *Status Quo und Zukunft globaler Lieferketten.* In: ifo Schnelldienst 5/2020 (Online: https://www.ifo.de/DocDL/sd-2020-05-goerg-moesle-etal-corona-globale-lieferketten.pdf, Zugriff 14.5.2020).

[217] Bezieht sich auf 2018, also auf die Zeit vor dem Brexit.

[218] Siehe Endnote 44.

[219] Bundesministerium für Wirtschaft und Energie (Hg.): *Fakten zum deutschen Außenhandel*, Berlin, September 2019 (Online: https://www.bmwi.de/Redaktion/DE/Publikationen/Aussenwirtschaft/fakten-zum-deuschen-aussenhandel.pdf?__blob=publicationFile&v=34, Zugriff 10.6.2020).

[220] Bundesministerium für Wirtschaft und Energie (Hg): *Fakten zum deutschen Außenhandel*, Berlin September 2020 (online: https://www.bmwi.de/Redaktion/DE/Publikationen/Aussenwirtschaft/fakten-zum-deuschen-aussenhandel.pdf?__blob=publicationFile&v=20; Zugriff 4.11.2020).

[221] Bundesverband der deutschen Industrie (Hg): *Auf dem Weltmarkt zuhause*. Deutschland im Welthandel (Online: https://bdi.eu/artikel/news/auf-dem-weltmarkt-zu-hause-deutschland-im-welthandel/, Zugriff am 27.4.2020).

[222] https://www.bpb.de/nachschlagen/zahlen-und-fakten/globalisierung/52842/aussenhandel

[223] Informationsdienst des Instituts der deutschen Wirtschaft (Hg): *Viele Jobs hängen am Export*. (Online: https://www.iwd.de/artikel/viele-jobs-haengen-am-export-459120/, Zugriff 10.6.2020).

[224] Bundesverband Großhandel, Außenhandel, Dienstleistungen e.V.: *Außenhandel*. (Online: https://www.bga.de/handeln/aussenhandel/, Zugriff 27.4.2020).

[225] Institut der Deutschen Wirtschaft (Hg.), Michael Grömling: *Zulieferstrukturen der deutschen Industrie*. In: IW-Kurzbericht Nr. 24, 19. März 2020 (Online: https://www.iwkoeln.de/studien/iw-kurzberichte/beitrag/michael-groemling-zulieferstrukturen-der-deutschen-industrie-463034.html, Zugriff 27.4.2020).

[226] Thomas Hanke et al: *Flucht aus der Globalisierung. Das Coronavirus verändert die Weltwirtschaft*. In: Handelsblatt 15.4.2020 (Online: https://www.handelsblatt.com/politik/international/wertschoepfungsketten-flucht-aus-der-globalisierung-das-coronavirus-veraendert-die-weltwirtschaft-/25730324.html?ticket=ST-37349-Qg4fmeGpuXZ5UYr-He66W-ap4, Zugriff 27.4.2020).

[227] *Ökonom erwartet »Lehman-Brüder-Moment« durch Coronavirus-Krise*. In: Deutschlandfunk, 26.2.2020 (Online: https://www.deutschlandfunk.de/globale-lieferketten-oekonom-erwartet-lehman-brueder-moment.694.de.html?dram:article_id=471115, Zugriff 27.4.2020).

[228] https://de.statista.com/statistik/daten/studie/36846/umfrage/anteil-der-wirtschaftsbereiche-am-bruttoinlandsprodukt/ (Zugriff 17.4.2020).

[229] Accenture: *Aus Innovationen Werte schaffen*, 2019 (Online: https://www.accenture.com/_acnmedia/pdf-98/accenture-aus-innovationen-werte-schaffen-1-pdf.pdf, Zugriff 10.6.2020).

[230] Siehe Endnote 206.

[231] Tesla (Online: https://www.tesla.com/de_DE/support/software-updates, Zugriff 10.6.2020).

[232] Volkswagen (Online: https://www.volkswagenag.com/de/news/2019/06/volkswagen-with-new-software-unit.html, Zugriff 10.6.2020).

[233] Volkswagen (Online: https://www.volkswagenag.com/de/news/2019/03/volkswagen-and-amazon-web-services-to-develop-industrial-cloud.html (Zugriff 10.6.2020).

[234] Tobias Kaiser: *Europas Angst vor dem Ausverkauf*. In: Die Welt, 31.3.2020 (Online: https://www.welt.de/wirtschaft/article206909029/Nach-Corona-Crash-Angst-vor-Ausverkauf-europaeischer-Unternehmen.html, Zugriff 14.5.2020).

[235] Accenture Research: *Analyse zum Investitionsverhalten deutscher Unternehmen*, 2019.

[236] Bundesministerium für Wirtschaft und Energie (2019): *Die volkswirtschaftliche Bedeutung von digitalen B2B-Plattformen im Verarbeitenden Gewerbe* (Online: https://www.plattform-i40.de/PI40/Redaktion/DE/Downloads/Publikation/Bedeutung-B2B-Plattformen.html, Zugriff 20.5.2020).

[237] https://www.zeit.de/2019/47/demografie-babyboomer-generationen-millennials-generationenkonflikt.

[238] Maximiliane Koschyk, Gianna-Carina Grün: *Europawahl 2019. EU-Wahl: Auf die Jungwähler kommt es an*, 24.5.2019 (Online: https://www.dw.com/de/eu-wahl-auf-die-jungw%C3%A4hler-kommt-es-an/a-48841475, Zugriff 10.6.2020).

[239] O.V.: *Greta Thunberg greift Politiker und Journalisten an: »Menschen leiden bereits ...«.*
In: Merkur.de,10.6.2020 (Online: https://www.merkur.de/politik/greta-thunberg-klima-
natur-aktivistin-klimawandel-twitter-umwelt-fridays-for-future-zr-13548525.html, Zugriff
10.6.2020).

[240] Daniel Rosenbloom, Jochen Markard: *A COVID-19 recovery for climate.* In: Science,
1.5.2020: Vol. 368, Issue 6490, pp. 447 DOI: 10.1126/science.abc4887.

[241] Sachverständigenrat zur Begutachtung der gesamtwirtschaftlichen Entwicklung: *Die
gesamtwirtschaftliche Lage angesichts der Corona-Pandemie, Wiesbaden, 22.3.2020*
(Online: https://www.sachverstaendigenrat-wirtschaft.de/sondergutachten-2020.html,
Zugriff 3.5.2020).

[242] Naomi Oreskes, Nicholas Stern: *Climate Change Will Cost Us Even More Than We Think.*
In: the New York Times, 23.10.2019 (Online: https://www.nytimes.com/2019/10/23/opini-
on/climate-change-costs.html, Zugriff 10.6.2020).

[243] Ruth de Vries et al: *The missing economic risks in assessments of climate change im-
pacts.* Policy Paper, September 2019 (Online: http://www.lse.ac.uk/GranthamInstitute/
wp-content/uploads/2019/09/The-missing-economic-risks-in-assessments-of-climate-
change-impacts-2.pdf, Zugriff 10.6.2020).

[244] Claudia Krapp: *Das »Phänomen Johnson«.* In: Forschung und Lehre, 1.8.2019 (Online:
https://www.forschung-und-lehre.de/politik/das-phaenomen-johnson-2003/ Zugriff
14.5.2020).

[245] Board of Innovation: *The Low Touch Economy is here to stay* (Online: https://www.
boardofinnovation.com/low-touch-economy/, Zugriff 10.6.2020).

[246] O.V.: *Bosses speed up automation as virus keeps workers home.* In: The Guardian,
30.3.2020 (Online: https://www.theguardian.com/world/2020/mar/30/bosses-speed-up-
automation-as-virus-keeps-workers-home, Zugriff 15.7.2020).

[247] https://automationspraxis.industrie.de/news/robotik-und-automation-helfen-beim-coro-
na-kampf/

[248] https://www.zew.de/presse/pressearchiv/unternehmen-wollen-auch-nach-der-krise-an-
homeoffice-festhalten.

[249] Catherine Thorbecke: *How businesses are adapting to a coronavirus pandemic economy.*
In: abcNews, 29.3.2020 (online:https://abcnews.go.com/Business/businesses-adapting-
coronavirus-pandemic-economy/story?id=69748107, Zugriff 10.6.2020).

[250] Dain Evans: *How Zoom became so popular during social distancing.* In: CNBC, 4.4.2020
(Online: https://www.cnbc.com/2020/04/03/how-zoom-rose-to-the-top-during-the-coro-
navirus-pandemic.html).

[251] Naomi Klein: *How Big Tech plans to profit from the pandemic* (Online: https://www.
theguardian.com/news/2020/may/13/naomi-klein-how-big-tech-plans-to-profit-from-
coronavirus-pandemic. Zugriff 18.5.2020).

[252] Lea Wolz: *China sitzt auf einem Pulverfass.* In: Spiegel, 30.3.2020 (Online: https://www.
spiegel.de/wissenschaft/medizin/coronavirus-und-wege-aus-dem-lockdown-china-sitzt-
auf-einem-pulverfass-a-9024de16-229c-4282-9467-e37e6f269ec6, Zugriff am 20.4.2020).

[253] *BMW fährt mit Produktion auch Vertrieb in China wieder hoch.* In: ZEIT Online, 20.2.2020
(Online: https://www.zeit.de/news/2020-02/20/bmw-faehrt-mit-produktion-auch-ver-
trieb-in-china-wieder-hoch, Zugriff 20.4.2020).

[254] ZDF heute, 18.4.2020 (Online: https://www.zdf.de/nachrichten/wirtschaft/coronavirus-
daimler-werke-produktion-neustart-100.html, Zugriff 10.6.2020).

[255] *Is China Winning? The Geopolitical Consequences of Covid-19.* In: The Economist,
18.4.2020 (Online: https://www.economist.com/weeklyedition/2020-04-18, Zugriff
10.6.2020).

[256] https://www.accenture.com/_acnmedia/PDF-121/Accenture-How-China-is-Using-Digi-
tal-and-Technologies-to-Combat-COVID-19.pdf.

[257] Everett M.Rogers: *Diffusion of Innovation*, Free Press 1962.

[258] IDC: *New IDC Spending Guide Shows Continued Growth for Digital Transformation*. In 2020, Despite the Challenges Presented by the COVID-19 Pandemic, 20.5.2020 (Online: https://www.idc.com/getdoc.jsp?containerId=prUS46377220, Zugriff 10.6.2020).

[259] O.V.: *Politik in Corona-Zeiten – Chance für die Online-Demokratie*, 17.5.2020, (Online: https://www.dw.com/de/politik-in-corona-zeiten-chance-f%C3%BCr-die-online-demo-kratie/a-53436150, Zugriff 18.5.2020).

[260] Stefan Loos, Martin Albrecht, Karsten Zich: *Zukunftsfähige Krankenversorgung*, Gütersloh 2019 (Online: https://www.bertelsmann-stiftung.de/fileadmin/files/BSt/Publikatio-nen/GrauePublikationen/VV_Bericht_KH-Landschaft_final.pdf).

[261] https://www.dkgev.de/dkg/coronavirus-fakten-und-infos/ (Zugriff 10.6.2020).

[262] Pamela Dörhöfer: *Was Kliniken in Deutschland jetzt schon tun können, um Szenarien wie in Italien zu verhindern*. In: Frankfurter Rundschau, 14.3.2020 (Online: https://www.fr.de/wissen/coronavirus-sars-cov-2-kliniken-deutschland-koennen-szenarien-italien-verhin-dern-13599076.html).

[263] Kat Ley et al: Covid-19: *Britain has higher rate of excess deaths than anywhere in Europe*. In: The Times, May 21 2020 (Online: https://www.thetimes.co.uk/article/covid-19-britain-has-higher-rate-of-excess-deaths-than-anywhere-in-europe-jd3fw3fg9, Zugriff 15.7.2020).

[264] Corinna Mühlhausen: Gesundheit in Zeiten von Corona (Online: https://www.zukunftsin-stitut.de/artikel/gesundheit-in-zeiten-von-corona/, Zugriff 18.5.2020)

[265] Bundesinstitut für Risikobewertung: *BfR Corona Monitor*, 28.4.2020 (Online: https://www.bfr.bund.de/cm/343/200428-bfr-corona-monitor.pdf, Zugriff 10.6.2020).

[266] www.accenture.com/healthtechvision.

[267] https://bdi.eu/artikel/news/plattform-industry-vs-virus/ (Zugriff 10.6.2020).

[268] https://www.dzif.de/de/entwicklung-von-impfstoffen (Zugriff 10.6.2020).

[269] https://www.dkgev.de/dkg/coronavirus-fakten-und-infos/ (Zugriff 6.6.2020).

[270] Martin Bayer: *Digitale Plattformen können mehr als nur kaufen und verkaufen*. In: Computerwoche, 25.5.2020 (Online: https://www.computerwoche.de/a/digitale-plattformen-koennen-mehr,3549095, Zugriff 5.6.2020).

[271] https://www.onlinehaendler-news.de/online-handel/haendler/132876-haendler-kreativen-geschaeftsideen-corona-reagieren (Zugriff 2.6.2020).

[272] Interview mit NBC am 30.4.2020 (Online: https://www.fmprc.gov.cn/mfa_eng/wjbxw/t1775016.shtml, Zugriff am 15.7.2020).

[273] https://www.weforum.org/agenda/2019/04/infrastructure-gap-heres-how-to-solve-it/ (Zugriff: 17.5.2020)

[274] https://www.infrastructurereportcard.org/ (Zugriff 17.5.2020).

[275] Kim Willsher et al: *Bridges across Europe are in a dangerous state, warn experts*. In: The Guardian, 16.8.2018 (Online: https://www.theguardian.com/world/2018/aug/16/bridges-across-europe-are-in-a-dangerous-state-warn-experts, Zugriff 17.5.2020).

[276] https://www.weforum.org/agenda/2019/01/digital-securities-trillion-dollar-infrastructure-gap (Zugriff 17.5.2020).

[277] OECD: *China's Belt & Road Initiative in the Global Trade, Investment and Finance Landscape*, Paris 2018 (Online: https://doi.org/10.1787/bus_fin_out-2018-6-en, Zugriff 17.5.2020).

[278] https://www.weforum.org/agenda/2019/01/infrastructure-around-the-world-failing-heres-how-to-make-it-more-resilient (Zugriff 10.6.2020).

[279] https://asia.nikkei.com/Business/China-tech/China-bets-on-2tn-high-tech-infrastruc-ture-plan-to-spark-economy.

[280] O.V.: *China bets on $2tn high-tech infrastructure plan to spark economy*. In: Nikkei Asian

Review, 1.6.2020 (Online: https://asia.nikkei.com/Business/China-tech/China-bets-on-2tn-high-tech-infrastructure-plan-to-spark-economy, Zugriff 10.6.2020).

[281] Le Yucheng, Stellvertretender chinesischer Außenminister, zit. nach Peter Frankopan: *Die neuen Seidenstraßen*, Berlin 2019.

[282] http://www3.weforum.org/docs/WEF_TheGlobalCompetitivenessReport2019.pdf, Seite 47 (Zugriff 10.6.2020).

[283] https://www.cfr.org/blog/mapping-chinas-health-silk-road (Zugriff 10.6.2020).

[284] https://www.bundesfinanzministerium.de/Content/DE/Standardartikel/Themen/Schlaglichter/Corona-Schutzschild/2020-03-13-Milliarden-Schutzschild-fuer-Deutschland.html.

[285] George Eaton: *The coronavirus crisis shows the era of big government is back*. In: New Statesman, 19.3.2020 (Online: https://www.newstatesman.com/politics/economy/2020/03/coronavirus-crisis-shows-era-big-government-back, Zugriff 10.6.2020).

[286] Ibidem.

[287] https://www.bfr.bund.de/cm/343/200428-bfr-corona-monitor.pdf (Zugriff 10.6.2020).

[288] René Höltschi: *Corona bringt den Deutschen «Big Government» zurück – das geht nicht ohne Nebenwirkungen*. In: NZZ 14.4.2020 (Online: https://www.nzz.ch/wirtschaft/corona-bringt-den-deutschen-big-government-zurueck-nzz-ld.1551310, Zugriff 10.6.2020).

[289] https://www.sueddeutsche.de/wirtschaft/lufthansa-hauptversammlung-corona-2020-1.4947280.

[290] Megan Specia: *Sugarcoating and Brutal Honesty: How Leaders Are Handling Coronavirus Crisis*. In: the New York Times, 17.4.2020 (Online: https://www.nytimes.com/2020/04/17/world/europe/leaders-coronavirus-france-new-zealand-philippines-germany html, Zugriff 10.6.2020).

[291] https://www.youtube.com/watch?v=JedBvr1Up4g.

[292] Gregory Scruggs, *Microsoft president talks 'tech Cold War' with China, which accounts for 2% of company's revenue*, 15. Januar 2020. (Online: https://www.geekwire.com/2020/microsoft-president-brad-smith-tech-cold-war-u-s-china-relations/, Zugriff am 27.4.2020).

[293] Kathrin Hille: China gears up to fight back in tech war over chips. in: Financial Times 3. 11. 2020 (online: https://www.ft.com/content/09c40e0c-df5b-4d4d-b7d5-46ccf06b2344; Zugriff 4.11.2020) und Mercator Institute for China Studies, China's new export control law. 23.10.2020 (online: https://merics.org/en/briefing/chinas-new-export-control-law; Zugriff 4.11.2020)

[294] https://www.china-briefing.com/news/the-us-china-trade-war-a-timeline/ (Zugriff 10.6.2020).

[295] https://www.piie.com/research/piie-charts/us-china-trade-war-tariffs-date-chart.

[296] The US-China Trade War: *A Timeline –China Briefing News* (Online: https://www.china-briefing.com/news/the-us-china-trade-war-a-timeline/, Zugriff 10.6.2020).

[297] https://edition.cnn.com/2020/03/24/politics/donald-trump-pull-back-coronavirus-chinese-virus/index.html (Zugriff 18.4.2020).

[298] Galina Kolev: Institut der Deutschen Wirtschaft: Wo die US-Wirtschaft am Wahltag steht. IV-Kurzbericht Nr. 110, 2.11.2020 (online: https://www.iwkoeln.de/studien/iw-kurzberichte/beitrag/galina-kolev-wo-die-us-wirtschaft-am-wahltag-steht-489536.html; Zugriff 4.11.2020)

[299] Evan Osnos: *The Future of America's Contest with China*. In: The New Yorker, 6.1.2020.

[300] http://theconversation.com/why-the-global-battle-over-huawei-could-prove-more-disruptive-than-trumps-trade-war-with-china-131828 (Zugriff 8.3.2020).

[301] Redaktionsnetzwerk Deutschland: *Streit um Huawei, China macht Großbritannien Vorwürfe*. 15.7.2020 (Online: https://www.rnd.de/politik/huawei-vom-5g-ausbau-ausgeschlossen-china-macht-grossbritannien-vorwurfe-2YFZNWOFMXWUAEUB4VDUKUG-6WU.html, Zugriff am 15.7.2020).

[302] Adam Segal: *How the tech industry got caught in the Trump-China trade crossfire.* In: wired 5.7.2018 (Online: https://www.wired.co.uk/article/china-usa-trump-trade-war-tech-companies, Zugriff 10.6.2020).

[303] Andreas Fulda: *Wie die Kommunistische Partei die Wissenschaft gefährdet.* In: Zentrum Liberale Moderne, 12.6.2019 (Online: https://libmod.de/china-wie-die-partei-die-freie-wissenschaft-gefaehrdet/, Zugriff 10.6.2020).

[304] CREATIVE ECONOMY OUTLOOK Trends in international trade in creative industries COUNTRY PROFILES 2002–2015; 2005–2014 (Online: https://unctad.org/en/Publications-Library/ditcted2018d3_en.pdf, Zugriff 5.5.2020).

[305] Franka Lu: *Europa darf sich nicht aufgeben.* In: DIE ZEIT 15.7.2020 (Online: https://www.zeit.de/kultur/2019-07/china-wirtschaftsmacht-softpower-autoritarismus-europa-demokratie/komplettansicht, Zugriff 5.5.2020).

[306] https://www.deraktionaer.de/artikel/medien-ittk-technologie/microsoft-der-tiktok-deal-rueckt-immer-naeher-20205607.html.

[307] Frédéric Krumbein: *China im Wettstreit mit den USA um globalen Einfluss*, in: SWP-Aktuell, Nr. 27, April 2019 (Online: https://www.swp-berlin.org/fileadmin/contents/products/aktuell/2019A27_krb.pdf, Zugriff 5.5.2020).

[308] https://www.tagesschau.de/ausland/taiwan-233.html.

[309] 275https://en.wikipedia.org/wiki/List_of_countries_by_military_expenditures#/media/File:Military_Expenditures_2018_SIPRI.png (Zugriff 10.6.2020).

[310] Statista (Online: https://de.statista.com/statistik/daten/studie/157935/umfrage/laender-mit-den-hoechsten-militaerausgaben/, Zugriff 24.8.2020).

[311] Tagesschau, 9.8.2019, 15:38 Uhr.

[312] Forbes, 29.12.2019 (https://www.forbes.com/sites/zakdoffman/2020/12/29/us-and-china-technology-conflict-heres-why-2020-is-so-critical/#29b168cc175e, Zugriff 10.6.2020).

[313] Justin Sherman: *Russia and Iran Plan to Fundamentally Isolate the Internet.* In: Wired 6.6.2019 (Online: https://www.wired.com/story/russia-and-iran-plan-to-fundamentally-isolate-the-internet/, Zugriff 9.3.2020).

[314] Ibidem.

[315] Computerwoche, 24.9.2014 (Online: https://www.computerwoche.de/a/wie-das-internet-of-thing-iot-die-handynetze-belastet,3068445, Zugriff 8.3.2020).

[316] Ulrich Ladurner: *Die Vertrauensfrage*, In: ZEIT 4.3.2019 (Online: https://www.zeit.de/wirtschaft/2019-03/huawei-5g-europa-china-usa-donald-trump/komplettansicht, Zugriff 8.3.2020).

[317] John Hendel: *Congress approves $1B for rural telecom companies to ditch Huawei.* In: Politico, 27.2.2020 (Online: https://www.politico.com/news/2020/02/27/congress-huawei-telecom-117963).

[318] Absatzwirtschaft, 11.2.2020 (Online: https://www.absatzwirtschaft.de/eu-bericht-zu-5g-was-heisst-das-fuer-huawei-und-deutschland-170103/, Zugriff 8.3.2020).

[319] Jane Zhang: *Huawei's European factory will improve supply chain efficiency, ease security concerns, analysts say.* In: South China Morning Post, 2.3.2020 (Online: https://www.scmp.com/tech/big-tech/article/3052919/huaweis-european-factory-will-improve-supply-chain-efficiency-ease, Zugriff 10.6.2020).

[320] *Britain Sides With China In Technology Cold War*, In: TIME Magazin, 30.1.2020 (Online: https://time.com/5774279/britain-china-technology-cold-war/, Zugriff 8.3.2020).

[321] Ibidem.

[322] Sarah O'Meare: *Will China lead the world in AI by 2030?* In: nature, 21.8.2019 (Online: https://www.nature.com/articles/d41586-019-02360-7, Zugriff 8.3.2020).

[323] https://www.nature.com/articles/d41586-019-02360-7, Zugriff 4.10.2020

[324] Ibidem.

[325] https://www.nature.com/articles/d41586-019-02360-7 (Zugriff 4.10.2020)

[326] Ibidem.

[327] Ibidem.

[328] https://www.bertelsmann-stiftung.de/en/topics/latest-news/2020/june/usa-still-patent-superpower-but-china-is-catching-up-fast.

[329] https://www.ft.com/content/e5a92892-1b77-11ea-9186-7348c2f183af (Zugriff 15.7.2020).

[330] Ibidem.

[331] David Ignatius: *The U.S.-China trade war is cooling off. But the tech war is heating up.* In: The Washington Post, 8 November 2019 (Online: https://www.washingtonpost.com/opinions/global-opinions/the-us-china-trade-war-is-cooling-off-but-the-tech-war-is-heating-up/2019/11/07/0c13a126-01ae-11ea-9518-1e76abc088b6_story.html, Zugriff 8.3.2020).

[332] Daisuke Wakabayashi, Scott Shane: *Google Will Not Renew Pentagon Contract That Upset Employees*, 1.6.2018 (Online: https://www.nytimes.com/2018/06/01/technology/google-pentagon-project-maven.html, Zugriff 8.3.2020).

[333] https://innovation.defense.gov/ai/ (Zugriff 9.3.2020).

[334] Adam Segal: *Year in Review 2019: The U.S.-China Tech Cold War Deepens and Expands* (Online: https://www.cfr.org/blog/year-review-2019-us-china-tech-cold-war-deepens-and-expands, Zugriff 8.3.2020).

[335] Ana Swanson, Paul Mozur: *U.S. Blacklists 28 Chinese Entities Over Abuses in Xinjiang.* In: The New York Times, 7.10.2019 (Online: https://www.nytimes.com/2019/10/07/us/politics/us-to-blacklist-28-chinese-entities-over-abuses-in-xinjiang.html, Zugriff 10.6.2020).

[336] Zak Doffman: *U.S. And China Technology Conflict– Here's Why 2020 Is So Critical.* In: Forbes, 29.12.2019 (Online: https://www.forbes.com/sites/zakdoffman/2020/12/29/us-and-china-technology-conflict-heres-why-2020-is-so-critical/#29b168cc175e, Zugriff 1.5.2020).

[337] Ibidem.

[338] Evan Osnos: *The Future of America's Contest with China.* In: The New Yorker, 6.1.2020.

[339] Financial Times, 22.3.2019 (Online: https://www.ft.com/content/ec9671ae-4cbb-11e9-bbc9-6917dce3dc62, Zugriff 9.3.2020).

[340] https://deutsche-wirtschafts-nachrichten.de/503485/Gegen-China-EU-fordert-Staaten-auf-Anteile-von-wichtigen-Unternehmen-zu-kaufen (Zugriff 5.5.2020)

[341] Henning Kagermann, Ulrich Wilhelm (Hrsg.): *European Public Sphere. Gestaltung der digitalen Souveränität Europas.* acatech IMPULS 2020; S. 5.

[342] https://www.ifw-kiel.de/fileadmin/Dateiverwaltung/IfW-Publications/-ifw/Kiel_Policy_Brief/Kiel_Policy_Brief_123.pdf, Zugriff 4.10.2020

[343] https://www.ifw-kiel.de/de/publikationen/medieninformationen/2019/china-sorge-um-flaechendeckenden-aufkauf-deutscher-firmen-uebertrieben/ (Zugriff 16.3.2020).

[344] https://de.statista.com/infografik/20802/weltweiter-marktanteil-von-cloud-infrastruktur-dienstleistern/ (Zugriff 10.3.2020).

[345] Frank Riemensperger, Svenja Falk: *Gaia X und die Public Cloud. I;* Computerwoche, 25.2.2020 (Online: https://www.computerwoche.de/a/gaia-x-und-die-public-cloud,3548425, Zugriff 16.3.2020).

[346] https://www.platformonomics.com/2019/02/follow-the-capex-cloud-table-stakes-2018-edition/ (Zugriff 10.3.2020).

[347] https://www.srgresearch.com/articles/hyperscale-operators-continue-ramping-share-cloud-markets (Zugriff 9.3.2020).

[348] https://merics.org/sites/default/files/2020-06/MERICSReportDigitalPlatformEconomy-DE03.pdf.

349 Catherine Stupp: *European Cloud Project Draws Backlash From U.S. Tech Giants*. In: Wallstreet Journal, 1.11.2019 (Online: https://www.wsj.com/articles/european-cloud-project-draws-backlash-from-u-s-tech-giants-11572600600, Zugriff 9.3.2020).

350 Ibidem.

351 Ibidem.

352 Bundesministerium für Wirtschaft und Energie: Pressemitteilung 19.2.2020 (Online: https://www.bmwi.de/Redaktion/DE/Artikel/Digitale-Welt/dateninfrastruktur.html, Zugriff 9.3.2020).

353 Open Source: Zum Beispiel Kubernetes (Container), PostgreSQL (Datenbanken), Tomcat (Application Server) und Hadoop/Spark (Big Data). Offene Frameworks: OpenShift Origin oder CloudFoundry.

354 Tyson Barker: *Europe Can't Win the Tech War It Just Started*, In: Foreign Policy, 16.1.2020 (Online: https://foreignpolicy.com/2020/01/16/europe-technology-sovereignty-von-der-leyen/, Zugriff 10.3.2020).

355 Ibidem.

356 Tyson Barker: Europe Can't Win the *Tech War* It Just Started, in: Foreign Policy, 16.1.2020, https://foreignpolicy.com/2020/01/16/europe-technology-sovereignty-von-der-leyen/, Zugriff 10.3.2020)

357 Jan Weidenfels: *Germany – no pivot for China*. In: Mario Esteban et al. (eds): *Europe in the Face of US-Rivalry, A Report by the European*. Think-tank Network on China (ETNC), Januar 2020, S. 75 ff.

358 Atlantik-Brücke (2019): *Vertrauen in der Krise: Landkarten geopolitischer Chancen und Risiken*, Atlantik-Brücke Argumente 05, Berlin (Online: https://www.atlantik-bruecke.org/wp-content/uploads/AtlantikBrueckeUmfrage2019.pdf).

359 Jan Weidenfels: *Germany – no pivot for China*. In. Mario Esteban et al. (eds): Europe in the Face of US-Rivalry, A Report by the European Think-tank Network on China (ETNC), Januar 2020, S. 75 ff.

360 Moritz Koch et al: *Mit aller Macht gegen Nord Stream 2: Weitere US-Sanktionen drohen*. In: Handelsblatt, 4.2.2020 (Online: https://www.handelsblatt.com/politik/international/ostseepipeline-mit-aller-macht-gegen-nord-stream-2-weitere-us-sanktionen-drohen/25505860.html?ticket=ST-8056749-3rcuWoa9e91clmKe5JnS-ap5, Zugriff 10.3.2020).

361 BDI (2019): *China – Partner and systemic competitor: how do we deal with China's state-controlled economy?, Strategic position Paper*, Januar (Online: https://english.bdi.eu/article/news/milestone-in-the-china-debate-bdi-presentsstrategic- position-paper, Zugriff 10.6.2020).

362 https://www.bundestag.de/dokumente/textarchiv/2020/kw27-pa-auswaertiger-china-699494.

363 Zak Doffman: *Cyber Warfare: U.S. Military Admits Immediate Danger Is ›Keeping Us Up At Night‹*, In: Forbes, 21.7.2020 (Online: https://www.forbes.com/sites/zakdoffman/2019/07/21/cyber-warfare-u-s-military-admits-immediate-danger-is-keeping-us-up-at-night/#3ad5fa821061, Zugriff 10.6.2020).

364 Ibidem.

365 Thomas Rid: *Mythos Cyberwar. Über digitale Spionage, Sabotage und andere Gefahren*, 2018. Originalausgabe: *Cyber War Will Not Take Place*, C. Hurst & Co. Publishers Ltd., London UK, 2017.

366 https://edition.cnn.com/2020/07/14/tech/huawei-uk-ban/index.html.

367 Victoria Klesty, Terje Solsvik: *Norway's Telenor picks Ericsson for 5G, abandoning Huawei*. Reuters, 13.12.2019 (Online: https://uk.reuters.com/article/us-telenor-ericsson-huawei-tech/norways-telenor-picks-ericsson-for-5g-abandoning-huawei-idUKKBN1YH0RM?il=0, Zugriff 10.6.2020).

368 Franz Kafka: *Beschreibung eines Kampfes: Novellen, Skizzen, Aphorismen*, aus dem

Nachlass, hg. von Max Brod, in: Franz Kafka, Gesammelte Werke in Einzelbänden, Frankfurt am Main 1954. S. 300.

369 *Warum Huawei die Politik so sehr spaltet*, In: Süddeutsche Zeitung, 29.1.2020 (Online: https://www.sueddeutsche.de/wirtschaft/huawei-5g-netzausbau-deutschland-1.4776270, Zugriff 8.3.2020).

370 European Commission. JOINT COMMUNICATION TO THE EUROPEAN PARLIAMENT, THE EUROPEAN COUNCIL AND THE COUNCIL: *EU-China – A strategic outlook*, 12.3.2019 (Online: https://ec.europa.eu/commission/sites/beta-political/files/communication-eu-china-a-strategic-outlook.pdf, Zugriff 10.3.2020).

371 Helene Bubrowski: *Huawei muss bangen*. In: FAZ 13.5.2020 (Online: https://www.faz.net/aktuell/wirtschaft/wer-baut-das-5g-netz-in-deutschland-auf-huawei-muss-bangen-16766713.html, Zugriff am 2.6.2020).

372 Niklas Záboji: *Deutschland braucht 450 Milliarden Euro*. In: FAZ: 24.10.2019 (Online: https://www.faz.net/aktuell/wirtschaft/konjunktur/infrastruktur-in-deutschland-iw-fordert-mehr-investitionen-16447528.html, Zugriff 17.5.2020).

373 Marcel Fratzscher: *Deutschlands Schwäche wird entlarvt*. In: DIE ZEIT, 7.2.2020 (Online: https://www.zeit.de/wirtschaft/2020-02/leistungsbilanz-deutsche-exportueberschuesse-sparen-wirtschaft, Zugriff 17.5.2020).

374 https://ec.europa.eu/digital-single-market/en/desi, Zugriff 4.10.2020

375 *eGovernment*MONITOR 2019 (Online: *eGovernment*MONITOR 2019 unter https://initiatived21.de/app/uploads/2019/10/*egovernment*-monitor-2019.pdf, Zugriff 12.3.2020).

376 https://netzpolitik.org/2019/e-governance-staat-und-digitalisierung-duerfen-nicht-auseinanderdriften/ (Zugriff 8.6.2020).

377 https://www.bundesregierung.de/breg-de/themen/digital-made-in-de (Zugriff 12.3.2020).

378 https://www.onlinezugangsgesetz.de/SharedDocs/downloads/Webs/OZG/DE/9-punkte-plan.pdf;jsessionid=429E9E2F1329AA09AF259F4FA1CCECBB.1_cid364?__blob=publicationFile&v=3.

379 https://initiatived21.de/app/uploads/2019/10/*egovernment*-monitor-2019.pdf, Zugriff 4.10.2020

380 https://www.heise.de/newsticker/meldung/E-Privacy-EU-Staaten-lassen-Verordnung-scheitern-Kommission-will-Neustart-4603164.html (Zugriff 10.6.2020).

381 https://www.bundeskanzlerin.de/bkin-de/aktuelles/rede-von-bundeskanzlerin-merkel-beim-digital-gipfel-am-4-dezember-2018-in-nuernberg-1557288 (Zugriff 8.6.2020).

382 https://www.heise.de/newsticker/meldung/Wegen-der-DSGVO-Facebook-verschiebt-Daten-von-1-5-Milliarden-Nutzern-aus-Irland-4027584.html (Zugriff 6.6.2020).

383 Susanne Dehmel: *Lobbyschlacht um den Datenschutz* (Online: https://www.bitkom.org/Themen/Politik-Recht/EU-internationale-Politik/Datenschutz-40.html, Zugriff 4.5.2020).

384 Accenture: *Technology Vision 2020: We, the post-digital people*. (Online: https://www.accenture.com/us-en/blogs/technology-innovation/daugherty-tech-vision-2020-we-the-post-digital-people, Zugriff 5.6.2020).

385 WBGU: *Ein europäischer Weg in unsere gemeinsame digitale Zukunft*, 2019 (Online: https://issuu.com/wbgu/docs/wbgu_pp11_2019?fr=sYzAyYzM4MDU3Mg, Zugriff am 2.6.2020).

386 Stefan Lechtenböhmer, Manfred Fischedick: *Wuppertal Institut Integrierte Klima-Industriepolitik als Kernstück des europäischen Green Deal*. In: Brief 09/2020 (Online: https://wupperinst.org/fa/redaktion/downloads/publications/InBrief_2020-9_de.pdf, Zugriff 10.6.2020)

387 https://ec.europa.eu/commission/presscorner/detail/de/ip_20_420.

388 http://www3.weforum.org/docs/WEF_ENV_TowardsCircularEconomy_Report_2014.pdf

389 Peter Lacy, Jakob Rutqvist: *Waste to Wealth: The Circular Economy Advantage*, 2015.

[390] https://www.accenture.com/us-en/insights/strategy/from-take-make-waste-to-sustainable-systems

[391] https://www.accenture.com/t20150523t053139__w__/us-en/_acnmedia/accenture/conversion-assets/dotcom/documents/global/pdf/strategy_6/accenture-circular-advantage-innovative-business-models-technologies-value-growth.pdf

[392] Ellen MacArthur Foundation; SUN und McKinsey Center for Business and Environment: *Growth Within – A circular economy vision for a competitive Europe*, 2015.

[393] China Statistical Yearbook 2019.

[394] China Statistical Yearbook on Environment; China Statistical Yearbook 2019.

[395] https://www.gtai.de/gtai-de/trade/branchen/branchenbericht/china/recyclingsektor-in-china-befindet-sich-im-ausbau-271038 (Zugriff 15.7.2020).

[396] https://www.bundesbank.de/de/presse/reden/banking-in-der-cloud-chancen-und-herausforderungen-bei-der-cloud-nutzung-825382.

[397] Accenture: *Weltmarktführer von morgen*. (Online: https://www.accenture.com/de-de/insights/consulting/top500-2020, Zugriff 10.6.2020)

[398] Jan Bremmer: *The Top 10 Geopolitical Risks for the World in 2020*. In: TIME Magazine, 6.1.2020 (Online: https://time.com/5758978/world-risks-2020/, Zugriff 22.2.2020).

[399] Robert Shiller: *Narrative Economics. How Stories go Viral and Drive Major Economic Events*. Princeton 2019.

[400] https://www.cisco.com/c/dam/en/us/solutions/collateral/industry-solutions/digital-vortex-report.pdf.

[401] https://capgemini.com/consulting/wp-content/uploads/sites/30/2017/07/digital_transformation_review_7_1.pdf.

[402] New York Business Journal, 4.6.2015.

[403] https://www.bitkom.org/sites/default/files/2020-01/200116_stellungnahme_digitale-souveranitat.pdf.

[404] https://www.welt.de/debatte/kommentare/plus207687477/Mathias-Doepfner-Wir-muessen-uns-zwischen-Amerika-und-China-entscheiden.html.

[405] https://www.faz.net/2.1690/kuenstliche-intelligenz-deep-learning-alleine-reicht-nicht-16942864.html.

[406] https://www.faz.net/2.1690/kuenstliche-intelligenz-deep-learning-alleine-reicht-nicht-16942864.html.

[407] Edgar Walk, *Chefvolkswirt Metzler Asset Management*: Vortrag Accenture Industrial Equipment Beirat, 3.7.2020.

[408] https://www.firmenkunden.commerzbank.de/portal/de/cb/de/firmenkunden/insights/pay_per_use.html (Zugriff 10.6.2020).

[409] Accenture Research Analysis on ECB data.

[410] O.V.: *Profitabilität deutscher Banken in Gefahr*. In: Die Bank, 17.12.2019 (Online: http://www.die-bank.de/news/profitabilitaet-deutscher-banken-in-gefahr-12832/Zugriff 10.6.2020).

[411] Accenture: Europe Banking Observatory, Juni 2020.

[412] https://de.wikipedia.org/wiki/Finanztechnologie (Zugriff 10.6.2020).

[413] https://www.ottogroup.com/de/ueber-uns/Daten-und-Fakten.php

[414] ARD: *Spaniens AVE – ein Erfolgsmodell*, 3.11.2008, https://www.tagesschau. (Online: https://www.tagesschau.de/wirtschaft/ave100.html, Zugriff am 7.1.2019).